权威·前沿·原创

皮书系列为
"十二五""十三五"国家重点图书出版规划项目

BLUE BOOK

智库成果出版与传播平台

北京市科学技术研究院首都高端智库研究报告

文化科技蓝皮书
BLUE BOOK OF CULTURE AND TECHNOLOGY

北京文化科技融合发展报告（2020~2021）

ANNUAL REPORT ON BEIJING'S CULTURE AND TECHNOLOGY INTEGRATED DEVELOPMENT(2020-2021)

主　编／方　力
执行主编／伊　彤
副主编／刘　兵　于爱晶　姜念云

社会科学文献出版社
SOCIAL SCIENCES ACADEMIC PRESS (CHINA)

图书在版编目(CIP)数据

北京文化科技融合发展报告.2020~2021/方力主编.--北京：社会科学文献出版社，2021.12
（文化科技蓝皮书）
ISBN 978-7-5201-9400-6

Ⅰ.①北… Ⅱ.①方… Ⅲ.①文化事业-技术革新-研究报告-北京-2020-2021 Ⅳ.①G127.1

中国版本图书馆CIP数据核字（2021）第238810号

文化科技蓝皮书
北京文化科技融合发展报告（2020~2021）

主　　编／方　力
执行主编／伊　彤

出　版　人／王利民
责任编辑／路　红　丁阿丽
文稿编辑／李惠惠　王小翠　王　娇
责任印制／王京美

出　　版／社会科学文献出版社（010）59367194
　　　　　地址：北京市北三环中路甲29号院华龙大厦　邮编：100029
　　　　　网址：www.ssap.com.cn
发　　行／市场营销中心（010）59367081　59367083
印　　装／天津千鹤文化传播有限公司

规　　格／开　本：787mm×1092mm　1/16
　　　　　印　张：16.5　字　数：245千字
版　　次／2021年12月第1版　2021年12月第1次印刷
书　　号／ISBN 978-7-5201-9400-6
定　　价／158.00元

本书如有印装质量问题，请与读者服务中心（010-59367028）联系

▲ 版权所有 翻印必究

《北京文化科技融合发展报告（2020~2021）》
编委会

主　　编　方　力

执行主编　伊　彤

副 主 编　刘　兵　于爱晶　姜念云

成　　员　（按姓氏笔画排序）

　　　　　王　冠　王忠清　王竞然　王海峰　帅千钧
　　　　　李晓雅　闫海英　刘　垠　江光华　许玥姮
　　　　　苏乾飞　杨　丽　杨　洋　肖丽妮　吴素研
　　　　　何雪萍　沈晓平　宋　慧　张　铮　张国会
　　　　　金立标　贺小宇　柴子墨　高士博　唐雄飞
　　　　　樊周杨　魏永莲

主要编撰者简介

方　力　中共北京市第十二届委员会委员，北京市科学技术研究院党组书记。曾任北京航空航天大学团委书记，北京市朝阳区科学技术协会主席，共青团北京市委员会副书记，北京市青年联合会主席，北京市环保局党组书记、局长。主要从事科技创新生态与文化建设研究。先后在《人民日报》《光明日报》《经济日报》《科技日报》《前线》等主流媒体发表多篇理论文章。研究成果多次受到领导肯定性批示。

伊　彤　北京市科学技术研究院创新发展战略研究所所长、研究员，第十三届全国人大代表，北京市第十五届人大代表、教科文卫委员会委员，中国科学学与科技政策研究会常务理事，北京科技政策与管理研究会副秘书长。主要研究方向为科技战略、科技政策和科技管理。牵头主持省部级以上软科学研究项目69项，发表学术论文和递送各级政府内参80余篇，参编、出版专著20余部。研究成果多次获省部级以上科技奖励。

摘 要

本书对《北京文化科技融合发展报告（2019~2020）》构建的区域文化科技融合评价指标体系1.0版进行了完善，形成区域文化科技融合评价指标体系2.0版，并基于2.0版对2014~2018年北京文化科技融合发展指数进行了测算。结果表明，北京文化科技融合基础不断夯实，融合产出数量和质量稳步提升，经济社会融合环境持续优化，融合投入总体平稳。通过北京与上海、广东、浙江、天津、四川等六省市的对比分析可以看出，北京文化科技融合水平总体优势突出，同时在文化企业对高新技术的转化应用能力以及文化科技融合的基础和环境等方面仍有提升空间。

2020年新冠肺炎疫情的蔓延，使院线、展演等文化业态发展受到较大影响，但与此同时，线上文化、数字旅游等业态蓬勃发展，"云看展""云旅游"等新业态不断发展，以"互联网+"为代表的文化新业态逆势上扬。一些文化科技企业抓住历史机遇，以创意为引领、以文化为灵魂、以科技为支撑，通过应用新技术、调整产品结构、优化产业布局，迅速成为国内外文化科技融合领域内具有代表性的企业。在数字技术的强劲支撑下，文化大数据、数字内容、媒体融合、智慧文旅、数字文博等领域已成为文化产业发展的新热点。2020年以来，北京鼓励文化科技融合的政策亮点纷呈，科技创新推动了文化产业的稳步发展与结构优化，并进一步催生了新业态、新产品。特别是在重点文化产业领域，出现了许多新场景、新模式。

"十四五"时期，北京需要进一步推进文化和科技融合，促进文化产业高质量发展，努力将北京打造成"首善之区"与"创新之城"。一是加强顶

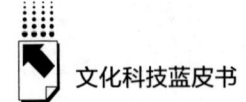

层文化战略与政策设计，以内容建设为根本，把握正确舆论导向，加快推进多要素深度融合与新业态发展；二是抓住"数字经济"的风口，进一步推动大数据、云计算、区块链、物联网、5G、人工智能等新一代数字信息技术与文化产业的结合运用与集成创新，促进文化产业实现高质量发展；三是深入挖掘历史文化资源，利用现代科技信息手段，打造北京文化IP，形成具有北京特色的可读、可视、可感数字文化产品和品牌；四是抓住机遇，加速推动文化服务业的信息化、智能化、网络化、社交化、互动化，推动数字文化产品消费与服务模式的创新与升级。

关键词： 文化科技融合　文化产业　非遗保护　文化旅游　创意设计　北京

目 录

Ⅰ 总报告

B.1 北京文化科技融合发展报告（2020~2021）
　　　　　　　　　　　　　　　　江光华　姜念云　伊　彤 / 001
　　一　国际文化科技融合发展的总体趋势 …………………… / 002
　　二　中国文化科技融合发展的趋势与特点 ………………… / 008
　　三　北京文化科技融合发展现状与趋势展望 ……………… / 017

Ⅱ 评价篇

B.2 北京文化科技融合发展评价报告（2021）
　　　　　　　　　　　　　　　　张国会　王海峰　伊　彤 / 037

Ⅲ 产业篇

B.3 北京文化产业科技创新发展报告（2020~2021）
　　　　　　　　…………"国内外文化科技创新发展跟踪研究"课题组 / 080

Ⅳ 案例篇

B.4 北京文化和科技融合发展典型案例报告
................"国内外文化科技创新发展跟踪研究"课题组 / 137

Ⅴ 专题篇

B.5 大运河非遗保护传承研究报告
——以通州段为例.................... 江光华 伊 彤 / 180

Ⅵ 附录

B.6 2020年北京地区文化科技融合发展大事记
.... 杨 丽 江光华 / 224

Abstract .... / 240
Contents .... / 242

皮书数据库阅读使用指南

总报告
General Report

B.1
北京文化科技融合发展报告
（2020~2021）

江光华　姜念云　伊彤*

摘　要： 随着科技的不断发展，加强文化与科技的融合已成为许多国家或地区推动文化产业发展的重要途径。对北京而言，通过推动文化与科技的深度融合促进文化产业高质量发展，已成为加快建设"四个中心"，实现经济高质量发展的重要途径之一。北京重点文化产业发展呈现可喜态势：数字技术助力北京文化旅游"融"出新活力，科技元素为北京"设计之都"建设赋能添彩，科技支撑北京文博非遗传承发展，科技助推北京形成特色全媒体高地等。为有效促

---

* 江光华，博士，北京市科学技术研究院创新发展战略研究所副研究员，研究方向为文化科技融合、文化产业、科技政策；姜念云，博士，北京市科学技术研究院创新发展战略研究所研究员，研究方向为文化科技创新、文化产业、科技政策；伊彤，北京市科学技术研究院创新发展战略研究所研究员，研究方向为科技战略、科技政策和科技管理。

进科技支撑引领北京文化产业高质量发展，相关扶持政策还有待落细落实，文化企业的科技创新能力还须提升，文化科技资源整合与品牌建设尚须加强，如何将疫情的"危"转为"机"仍待破解。"十四五"时期，北京须进一步加强顶层设计，优化政策环境，强化文化产业链与科技创新链的高效衔接，努力打造文化科技融合品牌，助推全国文化中心和科技创新中心建设。

关键词： 文化科技融合　文化产业　数字技术　北京

文化和科技融合是许多国家或地区推动文化产业发展的重要途径。对于北京来说，通过推动文化与科技的深度融合，抢占文化科技的制高点，促进文化产业高质量发展，已成为加快建设"四个中心"、实现经济高质量发展的重要途径之一。

一　国际文化科技融合发展的总体趋势

（一）科技创新促进文化产业发展的作用日益凸显

科技已成为全球文化产业发展的重要引擎和新型文化业态形成的核心动力。5G、VR/AR/MR、3D打印、人工智能等新技术对文化产业产生颠覆性影响，5G技术正在深刻改变文化内容的生产、传播和消费方式，3D打印技术催生文化制造领域的创客革命，VR/AR/MR技术给文化产业带来全新的文化体验，人工智能技术为文化内容生产、创意资讯传播、文化市场管理等领域带来诸多机遇。这些新兴技术的发展与应用，使得文化内容的生产、传播、消费和服务方式发生了深刻变革，也给文化产业的产业形态、商业模式带来巨大变化，信息传播更加人格化、数据化、个性化、智能化、体验化，技术的进步促进文化产业快速发展,并催生越来越多的新兴文化服务和文化消费业态。

英国是首个提出"创意产业"概念的国家。英国政府发布的2018年度报告显示,创意产业(Creative Industries)为英国经济贡献了1117亿英镑,较2010年增长43.2%;文化行业(Cultural Sector)为英国经济贡献了323亿英镑的毛附加价值(GVA,即GDP+政府补助-税收),占英国经济总量的1.7%;数字行业则为英国经济贡献了1490亿英镑的GVA,是文化行业的四倍有余,占全国整体的7.7%。[1]

日本实施"使用尖端技术的日本文化魅力推广事业"[2]项目,以提高旅客对区域文化、自然环境等旅游资源项目的停留概率与体验满意度,同时力图实现高先进性与高性价比的结合。该项目界定的目标对象主要包括:①使用VR/AR/MR等技术制作国家指定文化遗产内容公开展出;②制作国家指定文化遗产的4K或8K高精度、高辉度影像、图像公开展出;③制作国家指定文化遗产高精度复制品,实现可触摸、可拍摄的公开展出;④使用其他同等以上认定尖端技术的公开展出;⑤以上公开展出所需的多语种解说系统。

2019年韩国文化科技研发事业总规模为537.5亿韩元,其中用于提高文化产业科学技术竞争力的研究为479亿韩元,用于促进文化科技基础设施事业的研究为58.5亿韩元。[3] 韩国文化科技研发事业主要包括四大类:一是文化产业先导型技术研发,主要包括Hologram AR平台研发、游戏与动漫人工智能3D研发、空间体验文化内容等;二是文化服务扩散性技术研发,主要包括老年人游戏技术与服务、艺术教育平台、传统非遗体验服务等;三是文化产业主导型技术研发,主要包括融合VR/AR技术的E-sports系统研

---

[1] Department for Digital, Culture, Media & Sport, "DCMS Sectors Economic Estimates 2018: Employment," https://assets.publishing.service.gov.uk/government/uploads/system/uploads/attachment_data/file/811903/DCMS_Sectors_Economic_Estimates_2018_Employment_report.pdf.

[2] 日本文化厅:《使用尖端技术的日本文化魅力推广事业》,2019。

[3] 韩国文化体育观光部:《2019年韩国内容产业报告书》,2020年9月。

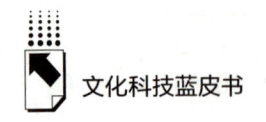

发、使用 AR 技术的演唱会技术等；四是智能内容技术研发与共同合作，通过与政府机关等的合作进行研发。

（二）各国纷纷出台促进文化科技融合的政策措施

世界各国尤其是发达国家对利用先进技术促进文化发展十分重视，纷纷采取措施。例如，英国实施文化数字化战略，英国数字、文化、媒体和体育部（DCMS）推出了政策文件《文化即数字化》，① 从受众、技术和内容等方面对文化和科技融合进行规划，密切关注数字技术对文化受众的影响，文化机构整体数字化水平的提高，以及通过数字技术创新文化内容的生产。针对这些方面，英国政府在政策规划中充分调动了英格兰艺术委员会、英国遗产彩票基金、英国广播公司、慈善机构内斯塔等多个国有文化机构或非营利组织，发挥其对文化企业的支持作用。为了推动文化机构整体的数字化进程，英国数字、文化、媒体和体育部给出了五点政策承诺。其一，英格兰艺术委员会和英国遗产彩票基金一起与相关合作伙伴协作，在文化行业中创建和试行一套数字化成熟度指数（Digital Maturity Index），让各文化机构可以通过这一指数了解和衡量自己的数字化能力，并有针对性地制订改进计划。其二，英格兰艺术委员会和英国遗产彩票基金建立起一套数字文化守则（Digital Culture Code），用于设立文化机构数字化建设的标准。其三，英格兰艺术委员会将建立一个数字文化网络（Digital Culture Network）②，在两年内对其投资110万英镑，用于在英格兰各个地区建立一个专业知识和最佳实践分享的网络，来提高行业内的数字技术和能力。其四，由英国遗产彩票基金为所支持的各个行业提供资金来提高其数字能力，遗产彩票基金将以100万英镑资助一项为期两年的数字化运动，每年提供50万英镑的赠款来吸引高质量的项目，进而提升行业数字能力。其五，为了深化文化行业对知识产权的理解，英国知识产权局将和大英图书馆的商业和知识产权中心以及文化

---

① Department for Digital, Culture, Media & Sport, "Culture Is Digital," https：//www.gov.uk/government/publications/culture – is – digital/culture – is – digital.

② "Digital Culture Network," https：//digitalculturenetwork.org.uk.

行业代表合作，共同制定指导和培训方案，以便文化机构更好地了解知识产权框架及其与这些机构的关联性。

日本早在1996年就公布实施《21世纪文化立国方案》，提出了"文化艺术立国"的目标，并在这种目标基础上拟定了六大战略，其中一个战略专门强调了政府应对文化与科技的融合予以支持。再加上"2020东京奥运会""2025大阪世博会"两场国际盛会，日本政府抓住这些机遇出台了很多支持性的政策，政策下设专项资金为符合要求的项目提供支持。日本政府在全国范围开展了"日本博"系列项目[1]，其中不乏文化与科技融合项目，如京都国立近代美术馆的"从圆山应举到近代京都画坛——VR与日本画技法体验"[2]项目（2019年11月2日至12月15日展出）通过VR技术实现了日本重要文化遗产圆山应举的襖绘（纸拉门上的画）立体再现。在此之前，人们只能在东京艺术大学看到这一文物的右半边、在京都国立近代美术馆看到这一文物的左半边。

加拿大联邦和省政府为数字媒体企业提供了优惠政策，针对电脑动画、数字特效、数字媒体等领域制定税收减免政策。在国家层面，加拿大媒体基金（CMF）给予电视和数字媒体产业大量财政支持，科学研究与试验发展计划（SR&ED）为算法设计、系统性能改善、与第三方产品的互操作性和渲染、帧速率改进和物理模拟等领域符合条件的企业提供所得税返还及减免优惠。为促进文化科技融合，许多地方政府制定了相应政策，如不列颠哥伦比亚省为互动数字媒体和影视相关产业制定了税收减免政策；艾伯塔省为交互式数字媒体相关产业制定了税收抵免政策；安大略省的计算机动画、特殊效果、互动数字媒体等领域享有税收优惠；魁北克省的多媒体艺术、电影及电视节目制作相关产业享有税收减免。[3]

韩国自1998年提出"文化立国"战略以来，陆续制定出台了《文化产业发展五年计划》、《21世纪文化产业的设想》及《文化产业发展推进计划》等

---

[1] 日本文化厅：《关于"日本博"》，2020。
[2] 京都国立近代美术馆：《从丸山大京到现代京都画家》，2019。
[3] 加拿大：《投资、娱乐及传媒》（Invest Entertainment and Media），2019。

发展规划及相关政策，有力推动了韩国文化产业发展。为顺应文化和科技融合发展潮流，韩国出台了不少相关政策措施。2020年出台了《韩国新政》，阐明了韩国文化内容产业数字化的发展规划；同时，韩国的文化体育观光部门发布了 Digital New Deal 文化内容产业成长战略，主要包括非接触环境下的内容产业数字化、开拓内容市场、强化 K-Contents 世界竞争力三种战略。

（三）新冠肺炎疫情促进全球文化产业发生数字化变革

2020年，新冠肺炎疫情在全球肆虐，对各国的公共卫生和经济发展造成了极大的威胁，文化产业也同样受到严重影响并面临严峻的挑战。为应对新冠肺炎疫情带来的影响，许多国家加大了对文化产业的支持力度并推进文化产业数字化。

英国加大对创意产业的支持力度并推进文化产业数字化。英国政府成立了"文化振兴特别工作组"（Cultural Renewal Taskforce）和八个工作小组来为文化企业复工提供指导和支持,[1] 英格兰艺术委员会还给受疫情冲击的文化企业提供资金援助。[2] 除政府及相关机构提供的支持之外，英国文化企业也在探索新的数字形式来应对疫情的影响。伦敦博物馆的公关部主管安德鲁·马库斯表示，伦敦博物馆和许多英国博物馆在疫情中采用数字化形式，除一些常规的线上参观项目之外，伦敦博物馆甚至在官网发起了一项名为"收集新冠肺炎"的项目。[3] 为了支持居家隔离和保持社交距离政策，英国国家剧院于疫情发生后推出了"家里的国家剧院"项目，在4个月时间里以每周一部的频率于线上免费发布了16部戏剧作品,[4] 其中包括《第十二

---

[1] UK Government, "Cultural Renewal Taskforce and Supporting Working Groups," https：//www.gov.uk/government/groups/cultural–renewal–taskforce–and–supporting–working–groups#entertainment–and–events–members.

[2] Arts Council England, "COVID-19 Support," https：//www.artscouncil.org.uk/covid19.

[3] Museum of London, "Museum for London: Collecting COVID," https：//www.museumoflondon.org.uk/discover/museum–for–london–collecting–covid.

[4] National Theatre, "National Theatre at Home," https：//www.nationaltheatre.org.uk/nt–at–home.

夜》《仲夏夜之梦》《弗兰肯斯坦》《一仆二主》等多部戏剧经典。2020年4月初至7月末，共有来自173个国家的900万家庭观看，总播放量达1500万次。慈善机构内斯塔对疫情发生后英国文化创意企业的举措进行了盘点，发现包括"旧宫廷"艺术中心、伯明翰皇家芭蕾舞团、"24文化"团队、水星剧院等多个不同领域和规模的文化机构在疫情发生后进行了数字化尝试，并取得了良好效果。①

日本文化厅专门列支了应对新冠肺炎疫情的文化概算，并委托一些团体向社会征集文化产业数字化项目。《令和3年度文化厅概算要求概要》对疫情部分的预算约为520.1亿日元（包括实现与新冠共存的"新日常"项目246.2亿日元、与新冠共存的文化艺术活动持续性支持项目252.9亿日元、建设不败于疫情的"安全、安心"的环境项目21.0亿日元），占年度预算的将近1/3。② 其中的"实现与新冠共存的'新日常'"就是指加强文化设施数字化、虚拟化建设来实现文化艺术经济效益的提升。

加拿大采用紧急支持资金、紧急工资补贴及免除相关监管费用、调整税收政策等支持文化产业发展，并着力推动博物馆等公共文化机构数字化转型。随着美术馆、博物馆的重新开放，为了营造安全、充实、愉快的体验，博物馆通过设计多样的参观方式，带领人们领略艺术的魅力。例如，皇家安大略博物馆（ROM）作为加拿大最著名的博物馆之一，实现了用户在Google Arts and Culture上探索建筑物的某些内部空间。同时，开启博物馆的虚拟之旅，整个建筑都以3D形式成像，为线上浏览的用户提供一种"娃娃屋"视图，该视图可让用户一次看到整个三层楼的建筑物，单击建筑物的任何区域都可以进行仔细查看，"漫步"在其中了解有关渥太华历史的知识，这种虚拟游览形式带用户身临其境感受拥有近200年历史的古老建筑的魅力。此外，展品旁边添加注释，以便用户了解详细信息。

韩国采用文化产业数字化等形式促进文化产业发展，积极推进非接触环

---

① Nesta, "How Arts & Culture Is Spreading Hope during COVID-19," https://www.nesta.org.uk/project–updates/how–arts–culture–spreading–hope–during–covid–19.

② 日本文化厅：《令和3年度文化厅概算要求概要》，2020年。

境下的内容产业数字化，支持非接触演唱会设施建设，支持相关机构使用VR/AR等技术来增强演唱会的实体感，支持独立艺术电影增设线上平台使用OTT模式支持电影上映等。此外，韩国还开设了可移动式的文化展览馆，此展览馆通过使用Hologram·AI等技术把平面的艺术品活化，能够以室外"Walk Through"的方式让市民欣赏艺术品。

二 中国文化科技融合发展的趋势与特点

2020年9月，习近平总书记在湖南马栏山考察时指出："文化和科技融合，既催生了新的文化业态、延伸了文化产业链，又集聚了大量创新人才，是朝阳产业，大有前途。"① 随着新一轮科技革命的到来，以移动互联网、数字技术、人工智能、大数据等为代表的前沿科技与文化加速融合，显著提高了文化产品的更新换代速度，不断催生文化新业态，文化科技融合成为推动文化产业提质增效的关键路径。

（一）我国文化科技融合呈现新特点新趋势

文化与科技的融合发展、破壁创新，使得我国的文化产品和服务的科技含量日益提高，文化消费逐步升级。尤其是2020年的新冠肺炎疫情，使得科技在文化产业发展中的作用更加凸显，文化和科技融合呈现诸多新特点新趋势。

1. 文化科技融合助推我国文化产业高质量发展

在构建国内大循环为主体、国内国际双循环相互促进的新发展格局的背景下，文化和科技融合驱动文化产业发展空间不断拓展。大数据、人工智能、5G、云计算、4K超高清、虚拟现实、增强现实、全息技术、物联网、3D打印等高新技术广泛渗透文化产业的创作、生产、传播、消费等各个环节，科技与文化全产业链、全行业的融合不断加深，从供给侧和需求侧两端

---

① 《习近平在湖南考察时强调　在推动高质量发展上闯出新路子　谱写新时代中国特色社会主义湖南新篇章》，新华网，2020年9月18日，http://www.xinhuanet.com/politics/2020-09/18/c_1126512380.htm。

"双向发力",促进文化产业迈向中高端,进一步推动文化产业与国民经济其他部门之间的跨界融合,形成了更多新的增长点。

文化及相关产业已成为我国经济发展重要增长点。2012～2019年,我国文化及相关产业增加值不断增长,从2012年的18071亿元增长到2019年的44363亿元,2019年比2012年增长145.5%,同比增长7.8%(未扣除价格因素);文化及相关产业增加值占同期GDP的比重从2012年的3.48%提高到2019年的4.50%,增加了1.02个百分点,同比增加0.02个百分点,占比呈现逐年提高的态势(见图1)。

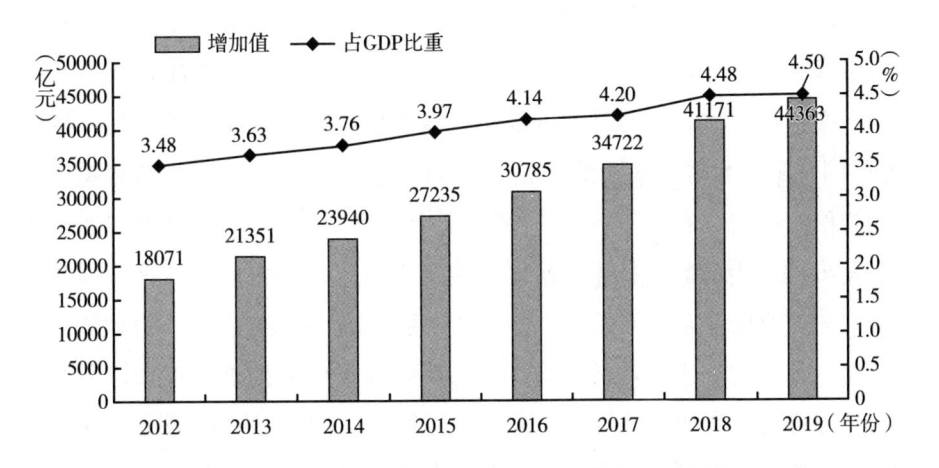

图1 2012～2019年全国文化及相关产业增加值及其占GDP比重

资料来源:国家统计局网站。

2019年文化服务业增加值达到28121亿元,占文化及相关产业增加值的比重为63.4%;文化制造业增加值为11899亿元,占比为26.8%;文化批发和零售业增加值为4342亿元,占比为9.8%。[①] 从九大行业类别看,增速较快的新闻信息服务、创意设计、文化传播渠道等行业,都是文化和科技融合较为紧密的行业。

---

① 《2019年全国文化及相关产业增加值占GDP比重为4.5%》,国家统计局网站,2020年1月5日,http://www.stats.gov.cn/tjsj/zxfb/202101/t20210105_ 1812052.html。

2. 疫情促使文化行业数字化转型加速

数字技术有效促进了对传统文化的价值提炼和文化再传播。2020年，疫情虽然对传统的线下文化产品或服务产生了较大冲击，但客观上也加速了传统文化行业的数字化转型，催生了"云看展""云旅游""云赏剧"等新业态。国家发展改革委、中央网信办启动了"上云用数赋智"行动，通过提供全面的数字化转型公共服务、普惠性金融支持、搭建虚拟产业网络化协同平台，助力中小企业加快数字化转型。2020年3月，国家发改委等23个部门联合印发了《关于促进消费扩容提质加快形成强大国内市场的实施意见》，从大力优化国内市场供给等六个方面提出了19条政策举措，鼓励开展线上线下融合等新消费模式。2020年9月，文化和旅游部印发《公共图书馆、文化馆（站）恢复开放疫情防控措施指南》等相关政策文件，搭建"互联网+"平台等形式提供丰富多彩的在线公共文化服务，支持相关机构的门户网站推出"在线图书馆""在线博物馆""在线剧院""在线非遗展示"等专题。借助数字技术、新媒体传播手段以及动漫游戏、直播等各种数字文化产业新业态，增强了传统文化与现代文化之间的交互，有效激活了博物馆、艺术馆及非遗元素。随着文化产业数字化的推进，越来越多博物馆、非遗等传统文化宝藏将被重塑，甚至重新成为当代的中国流行文化符号或者打造成具有世界影响力的文化IP（知识产权），为世界所关注。未来，随着文化和科技融合进一步向广度和深度拓展，将会有更多的新产品、新模式、新业态出现。

3. "文化+科技"成为文化消费新动能

通过文化与科技的融合，文化消费日益呈现多元化、个性化、体验化趋势，为文化产业的繁荣发展提供了强劲动力。疫情防控常态化时期，很多传统文化行业按下了暂停键，但数字文化消费却展现出强大的生命力。传统的观剧、观影、看展览方式因为疫情而封闭、停滞，"云演艺""云观展"却陆续登场。例如，春节档电影《囧妈》因疫情影响而无法走进电影院，但制作人以6.3亿元卖出影片播放权，通过与西瓜视频合作，以纯粹网络形态走进"春节档"，开播几天时间就有2亿人观影，播放量破6亿次，可谓取得了很大成功。①

随着以全息投影、互动投影、LED 天幕等为代表的数字技术，以 VR/AR、人工智能等为代表的场景技术的大量应用，一批新型展演关键技术，以及文化主题公园关键技术及装备的突破，强化了视觉表现力和震撼性，营造沉浸式体验感，推动了以剧场、实景空间为载体的传统旅游演艺转向以科技为支撑的多空间沉浸式新型展演，把在地文化 IP 与旅游的体验性、消费性进行融合，催生了一批沉浸式体验新业态，推动了文化旅游新兴消费产业集群发展。以公共集聚空间、商业消费空间、文化体验空间、旅游休闲空间四类空间为载体，通过引爆、支撑、延伸三级业态联动，打通了文化旅游消费链条，助力城市和景区引流聚客、消费升级，推动服务经济向体验经济转变。

4. 文化科技融合环境持续优化

2019 年 8 月，科技部等六部门联合印发了《关于促进文化和科技深度融合的指导意见》，提出了"加强文化共性关键技术研发""完善文化科技创新体系建设"等 8 项重点任务，进一步明确了我国文化科技融合的方向与路径。② 同年，科技部等六部门发布了《关于认定国家文化和科技融合示范基地的通知》，开展了第三批国家文化和科技示范基地认定工作。科技部与中宣部会同相关部门分别于 2012 年、2013 年、2019 年分三批共认定 55 家国家级文化和科技融合示范基地，鼓励加强产学研合作，推动文化科技产业集群发展。与前两批基地相比，第三批基地首次开展了以企业为主体的单体类基地认定，增加了苏州高新区、蚌埠高新区等 5 家集聚类示范基地和北京四达时代公司、利亚德公司等 16 家单体类示范基地。

为落实国家关于文化和科技融合的政策文件，山东、江苏、浙江、四川、天津、广东等省市陆续制定出台了推动文化和科技深度融合的实施意见或若干措施（见表 1）。从各地印发的实施意见或若干措施可以看出，文化和科技

---

① 高宏存：《后疫情时期文化产业新常态》，《中国文化报》2020 年 8 月 15 日。
② 《科技部等六部门印发〈关于促进文化和科技深度融合的指导意见〉的通知》，科技部网站，2019 年 8 月 27 日，http://www.gov.cn/xinwen/2019-08/27/content_5424912.htm。

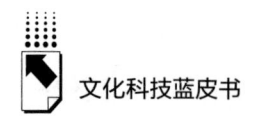

融合已成为各省（区、市）科研计划支持方向、财税补贴补助的重要方向，将培育一定数量的国家级或省级文化和科技融合示范基地、领军企业作为其推进文化和科技深度融合的重要目标之一，强调整合利用文化和科技资源，围绕文化产业链的各个环节并结合大中小文化科技融合企业的特点制定了具体措施。

表1　2020~2021年部分省（区、市）出台的文化和科技融合实施意见

印发日期	发布单位	文件名称
2020年4月3日	山东省科技厅、省委宣传部、省网信办、省财政厅、省文旅厅、省广电局、省税务局	《关于加快推动山东省文化和科技深度融合的实施意见》
2020年4月3日	宁夏回族自治区科技厅、区委宣传部、区委网信办、财政厅、文旅厅、广电局	《自治区文化和科技融合发展三年行动计划》
2020年4月26日	江苏省科技厅、省委宣传部、省委网信办、省财政厅、省文化和旅游厅、省广电局	《关于促进文化和科技深度融合的实施意见》
2020年5月9日	江西省科技厅、省委宣传部、省委网信办、省财政厅、省文化和旅游厅、省广电局	《关于推进文化和科技深度融合发展的实施意见》
2020年5月27日	辽宁省科技厅、省委宣传部、省委网信办、省财政厅、省文化和旅游厅、省广电局	《辽宁省关于促进文化和科技深度融合的实施意见》
2020年8月12日	广西壮族自治区科技厅、区委宣传部、区委网信办、区财政厅、区文化和旅游厅、区广播电视局	《广西壮族自治区关于促进文化和科技深度融合的若干措施》
2020年9月21日	浙江省科技厅、省委宣传部、省委网信办、省经信厅、省财政厅、省文旅厅、省广电局	《浙江省关于促进文化和科技深度融合的实施意见》
2020年12月17日	陕西省科技厅、省委宣传部、省委网信办、省财政厅、省文旅厅、省广电局	《陕西省关于促进文化和科技深度融合的实施意见》
2020年12月21日	四川省科技厅、省委宣传部、省委网信办、省财政厅、省文化和旅游厅、省广电局	《关于推动文化和科技深度融合的实施意见》
2020年12月29日	天津市科学技术局、市委宣传部、市委网信办、市财政局、市文旅局	《天津市关于促进文化和科技深度融合的实施意见》
2021年3月2日	广东省科技厅、省委宣传部、省委网信办、省财政厅、省文旅厅、省广电局	《广东省促进文化和科技深度融合实施方案（2021—2025年）》

资料来源：根据相关省（区、市）政府网站公示信息整理。

2020年10月，党的十九届五中全会明确提出，"繁荣发展文化事业和文化产业，提高国家文化软实力"，"实施文化产业数字化战略，加快发展新型文化企业、文化业态、文化消费模式"。① 面向"十四五"，文化科技创新环境将进一步优化，文化科技融合的广度和深度将进一步拓展，文化产业的数字化转型将进一步加速，文化产业的生产方式和传播方式将会不断改变，不断催生新技术、新产品、新模式、新业态，进而不断激发文化产业发展的新动能。

（二）科技驱动我国重点文化行业转型升级

下文以本书划定的文化旅游、创意设计、文博非遗、媒体融合四个重点文化产业领域为代表，试从文化和科技融合发展的视角，归纳概括我国科技支撑引领文化产业发展的特点和趋势。

1. 科技促进文化旅游业结构调整与布局优化

文化旅游行业是文化产业与旅游产业跨界融合而成的综合性产业，集游览、娱乐、体验、消费于一体，具有关联性高、涉及面广、辐射性强、带动性强等特点，是新时期经济社会发展中最具有活力的新兴产业。2020年，疫情虽然给我国文化旅游产业带来巨大的冲击与挑战，但随着疫情防控工作的不断推进，文旅行业逐步复苏，在科技的强力支撑下实现了产业格局的调整优化，主要体现在以下几个方面。

一是现代科技赋能文旅夜经济。夜间旅游已成为文化旅游的重要板块和夜间消费的重要组成部分。随着社会经济的不断发展，传统旅游模式已经不能满足游客日益多样化的需求。VR/AR、互动新媒体、声光电等现代科技在文化旅游领域的广泛应用，丰富了文化内容的表现形式，创造了全新的、富有科技感的旅游产品和服务，颠覆了传统的文化旅游体验形式和内容，促进了文旅产业的转型升级，并给繁荣夜间旅游带来了新的契机。

---

① 《中共中央关于制定国民经济和社会发展第十四个五年规划和二〇三五年远景目标的建议》，中国政府网，2020年11月3日，http://www.gov.cn/zhengce/2020-11/03/content_5556991.htm。

二是"万物互联"推动智慧景区建设。5G、大数据、物联网、人工智能等新一代信息技术正在开启"万物互联"的全新时代，加速了数字化景区和智慧景区的建设，促进了智慧旅游服务的产品研发与应用，助推了"资源保护智慧化、经营管理智能化、产业整合网络化"的实现，推动了"科技+文化+旅游"的融合发展。

三是沉浸式产业已成为文旅升级新引擎。沉浸式产业作为一种全新的经济业态，具有知识与技术密集、模式新、关注度以及附加值高等特征，发展势头强劲，现已出现了沉浸式演艺、沉浸式主题乐园、沉浸式博物馆、沉浸式餐厅、沉浸式营销等30多种新业态、新模式，几乎覆盖了文化旅游消费产业的所有领域，成为我国文旅产业转型升级的新引擎。

四是疫情倒逼文旅企业数字化转型。此次疫情推动了"互联网+文旅"的深度转型，开辟了文旅行业新的发展市场。疫情防控常态化时期，我国景区纷纷加大在互联网营销、数字化展示和品牌建设等方面的科技投入力度，推出门票在线预约、智慧导览、线上展览展示等旅游服务，有力地促进了我国文旅产品和服务的数字化营销。

五是大数据推动定制化文旅新消费。随着大数据技术在文旅产业领域的广泛应用，信息共享、线上线下融合互通的"大数据+文旅"产业生态正在加速形成，用户与市场、产品与服务、行业与政府等资源也不断得到整合，为定制化文旅新消费提供了强大的数据支撑。

2. 创意设计充分体现文化艺术与科技的融合

创意设计产业是一种以文化创意为基础、以设计服务为核心的产业形态，主要包括时尚设计、工业设计、工艺美术设计、动漫设计、展示设计、工程设计等十多个细分领域。创意设计与文化、科技联系紧密，充分体现了文化艺术与科学技术以及人类智慧的融合，主要体现在以下四个方面。

一是与相关行业跨界融合多元共生。创意设计是集成科学技术、文化艺术与社会经济要素，基于智力和创意，利用现代科技手段，提升生活品质的创新活动。它不再是单纯艺术家所玩味的色彩与造型的变幻，而是包含技术、产业、业态、模式创新的智慧与知识加工增值过程。当前文化创意和设计服务已贯穿经济社会的各领域和各行业，呈现多向交互融合发展的态势。

二是人工智能催生创意设计新业态新模式。人工智能不仅助推了设计的规范化、自动化、系统化，还为企业提供了个性化的设计服务。通过整合大数据，当前人工智能已经可以完成一些设计服务。未来，有了强人工智能的参与，还可能产生充满个性、艺术化的设计，重塑视觉、听觉体验，进而推动产业结构的转型与消费升级。

三是大数据技术赋能精准化设计。通过大数据技术，对大规模人群的喜好数据进行收集和分析，能够明确目标受众的品位和需求，有效解决文化产品供需脱节的矛盾，找到产品成本和运营收入之间的平衡点，延长文化产品的产业链，增加文化企业的盈利点。

四是创意设计引领美好生活。创意设计是文化的延伸，也是品牌的先导。在移动互联网、云计算、大数据等新一代信息技术的推动下，品牌设计、时尚设计等创意设计正在向人们的日常生活全面渗透，不断改变生活方式，提升生活品质。

3. 科技助力文博非遗的保护传承与创新应用

如何利用好博物馆传播优秀传统文化，保护好、传承好、利用好物质和非物质文化遗产，是当前我国面临的重要现实课题。促进文博非遗事业及相关产业的发展，必然离不开现代科技的支撑。这主要体现在以下四个方面。

一是科技创新助力博物馆文物"活"起来。博物馆是优秀传统文化最集中、最具代表性的展示地，也是文化产业发展的优质资源、核心要素和发展动力。利用互联网、VR/AR、8K超高清等现代科技，增强博物馆的数字化、智能化、体验化，大大缩短了博物馆和人们之间的距离，让收藏在博物馆里和书写在古籍里的文物"活"了起来，让博物馆更具活力、更有烟火气。

二是非遗数字化的优势日趋凸显。数字化已成为当前提升非遗保护、传承与利用水平的重要手段之一。当前，通过数字化方式，实现对非遗的记录、保存、传播和利用，其重要意义不言而喻。数字化既可以作为一种外在

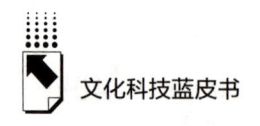

技术手段，优化非遗保护的建档、宣传、研究、保存、传承、利用等措施，确保非遗的生命力；同时，数字化还可以作为一种内在元素，通过内化到非遗保护、传承与利用实践中，进而保持非遗的生命力。

三是VR/AR/MR、AI结合泛娱乐开启非遗新体验。VR/AR/MR、AI等新技术直接推动了消费体验革命，越来越多的"体验式博物馆"开始上线，在刷新了人们对博物馆、非遗认知的同时，也催生了新的沉浸式互动消费体验，拓展了博物馆、非遗资源保护利用的新业态、新产品、新模式。

四是互联网带来了文博馆教育方式的变革。文博馆作为我国社会公益机构，能够较好地实施非强制性学习和终身校外教育。近年来，为满足广大公众的需求，许多文博馆开始利用手机App、微信公众平台、网页客户端等平台，通过在线教育与社交分享的现代教育技术和形式，加强了博物馆与社会间的互动，丰富了我国的教育方式和内容。

4.信息技术支撑引领各级各类媒体融合发展

媒体融合（Media Convergence）最早由美国科学家尼古拉斯·尼葛洛庞蒂提出，此后美国麻省理工学院教授浦尔在其著作《自由的技术》中写道，媒介融合是指各种媒介呈现多功能一体化的趋势。近年来，在全球化媒体日益融合形势的催逼下，我国的多种媒体融合步伐也不断加快，报纸、电视台、电台等传统媒体正在与互联网、手机、智能终端等新兴媒体加速结合，有效集成各种类型的信息产品和服务，实现资源互补与共享，进而满足不同平台受众的需求。当前我国媒体融合发展总体趋势突出表现在以下四个方面。

一是中央级媒体融合领跑。新华社、《人民日报》、中央广播电视总台等中央级媒体机构依托强大的资金、技术、人力等优势，处于媒体融合发展的前列。目前中央级媒体单位主要从"中央厨房"统筹配置、渠道拓展、5G赋能、跨界融合等多角度，进一步深化了媒体融合的发展，增强了媒体传播力。

二是省级融媒体平台发力。继"中央厨房"之后，北京、上海、广东、浙江等各省市陆续开始建设省级融媒体平台，如浙江省的"中国蓝云"、上海的"阿基米德"等。目前，省级融媒体形成移动为先、构建多元生态传播矩阵的发展模式，普遍建成"两微一端"传播矩阵，并凭借具有自主品牌效应的自建客户端开展精细化运营。

三是县级融媒体中心建设成为热点。县级融媒体作为上下贯通、打通舆论引导的"最后一公里"，是直达基层群众的重要环节。在《关于加强县级融媒体中心建设的意见》《县级融媒体中心建设规范》等国家政策文件的指引下，全国各地基层媒体单位正在着力推进县级融媒体中心建设。

四是新兴媒体表现出色。当前新兴媒体已经成为我国民众获取新闻信息的主要渠道，以微信、微博、抖音为代表的社交媒体是民众获取新闻信息最重要的新媒体类型。新兴媒体在给传统主流媒体带来了巨大挑战的同时，也丰富了媒体融合的业态和模式，对促进我国媒体深度融合发展起到积极的推动作用。

三 北京文化科技融合发展现状与趋势展望

（一）北京文化科技融合发展现状与特点

1. 促进文化科技融合政策亮点纷呈

北京正在全力建设"四个中心"，大力推进文化和科技融合，在落实首都功能定位、推进文化事业发展、推进文化产业高质量发展等方面，出台了一系列政策和保障措施。

一是强化顶层设计，制定相关规划和政策。2019年，北京立足当前、着眼长远、科学谋划，编制了《北京市推进全国文化中心建设中长期规划（2019年—2035年）》，明确了全国文化中心建设的目标、任务与路径，从加强老城文化传播的科技支撑、加快公共文化服务数字化建设、丰富公共文化服务智能化应用场景、发展文化科技融合新业态等方面为北京文化和科技融合发展指明了方向。2020年，北京发布了《中共北京市委关于新时代繁荣兴盛首都文化的意见》《北京市文化产业发展引领区建设中长

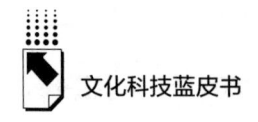

期规划（2019年—2035年）》《北京市文化产业高质量发展三年行动计划（2020—2022年）》，在相关的实施内容中明确文化和科技融合的路径。《中共北京市委关于新时代繁荣兴盛首都文化的意见》提出，实施"文化+"融合发展战略，推动文化与科技等深度融合发展。《北京市文化产业发展引领区建设中长期规划（2019年—2035年）》绘制了北京文化产业发展新蓝图，提出加强文化产业与相关领域融合发展，全面对接首都科技、体育、教育等资源，积极探索推动文化新业态发展。[1]《北京市文化产业高质量发展三年行动计划（2020—2022年）》明确了文化产业发展的目标，从开展文化科技领域关键技术攻关和应用、开展文化科技融合示范基地和示范企业认定、加快发展文化科技领域高端装备制造等方面强化科技对文化的支撑作用。

二是创新政策手段，发挥科技对文化产业的支撑引领作用。围绕文化产业的多个领域、多个层次，制定出台一系列创新政策举措，内容涉及传统文化、文博非遗、文旅融合、文化消费、文化金融、文化贸易等多个方面，文化经济政策体系进一步完善。例如，围绕保护传承利用传统文化、激发文博非遗活力，出台了《北京市非物质文化遗产条例》和《北京市博物馆展览备案管理规定》等文件；围绕推动文化产业各行业领域健康发展，印发了《关于推动北京影视业繁荣发展的实施意见》《关于推动北京音乐产业繁荣发展的实施意见》《关于推动北京游戏产业健康发展的若干意见》《北京市提升广播电视网络视听业国际传播力奖励扶持专项资金管理办法（试行）》等政策文件。[2] 为促进文化和旅游融合发展，北京于2019年出台了《关于推进北京市文化和旅游融合发展的意见》《2019年北京市文化和旅游促消费措施十二条》《北京市关于进一步繁荣夜间经济促进消费增长的措施》等政策措施。为优化文化产业的营商环境，北京于2019年制定印发了《北京市

---

[1] 《北京推动文化产业高质量发展 重点建设"五都一城两中心"》，人民网，2020年7月17日，http://bj.people.com.cn/gb/n2/2020/0717/c82846-34164685.html。
[2] 北京市国有文化资产管理中心、中国传媒大学文化产业管理学院：《北京文化产业发展白皮书（2020）》，2020年11月。

文化创意产业园区和市级文化创意产业示范园区"服务包"工作方案》《保护利用老旧厂房拓展文化空间项目管理办法（试行）》等文件。此外，北京还印发了《关于进一步建立健全市属国有文化企业法人治理结构的实施意见》《北京市国有文化企业境外投资及境外资产监督管理暂行办法》等相关政策文件，以推动国有文化企业改革及资产监管，更好地利用好北京的文化资源，促进文化产业提质增效。

三是积极应对疫情影响，打出政策"组合拳"。为应对新冠肺炎疫情给文化企业带来的冲击，北京打出了政策"组合拳"，并支持采用科技手段促进文化产业发展。2020年2月印发了《北京市文化改革和发展领导小组办公室关于应对新冠肺炎疫情影响促进文化企业健康发展的若干措施》，从凝聚共克时艰强大合力、保障精品内容创作生产、培育产业发展全新动能、加大金融服务支持力度、优化提升政务服务水平五个方面推出28条举措，并注重利用科技手段支撑文化产业发展，明确提出推进文化科技融合发展，支持5G、AI、4K/8K超高清、大数据、区块链等关键技术攻关，重点扶持开发一批5G、AI、8K超高清、智慧广电、智慧文旅、"互联网+中华文明"等应用场景建设项目。[1] 同年6月，北京发布了《中共北京市委 北京市人民政府关于加快培育壮大新业态新模式 促进北京经济高质量发展的若干意见》，从厚植数字经济发展根基、全力支持科技型企业创新发展、更好满足居民消费升级需求、不断提升开放型经济发展水平、着力营造国际一流营商环境五个方面推出了27项相关政策措施，系统推进新基建、新场景、新消费、新开放、新服务的建设与提升，进而为文化和科技融合营造良好环境。[2]

---

[1] 《北京市文化改革和发展领导小组办公室关于应对新冠肺炎疫情影响促进文化企业健康发展的若干措施》，中国经济网，2020年3月30日，http://www.ce.cn/culture/zt/2020/dfwlzy/dt/beijing/202003/30/t20200330_ 34578133. shtml。

[2] 《中共北京市委 北京市人民政府关于加快培育壮大新业态新模式 促进北京经济高质量发展的若干意见》，北京市人民政府网站，2020年6月10日，http://www.beijing.gov.cn/zhengce/zhengcefagui/202006/t20200610_ 1921162. html。

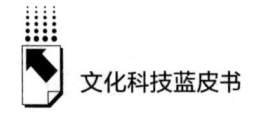

2. 科技创新支撑文化产业稳步增长

2012~2018年，北京文化产业的增加值从2012年的1569.4亿元增长到2018年的3075.1亿元，增长了95.9%；文化产业增加值占同期GDP的比重也从2012年的8.2%提高到2018年的9.3%，增加了1.1个百分点,[①] 成为北京的重要支柱产业（见图2）。

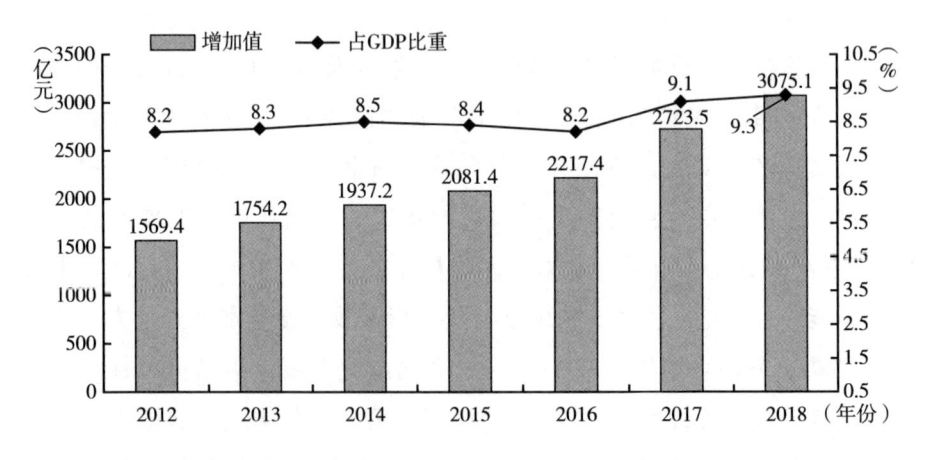

图2 2012~2018年北京文化产业增加值及其占GDP比重

资料来源：《北京统计年鉴2020》。

随着全国文化中心建设的推进，北京代表国家文化"走出去"的步伐也日益加快。2019年，北京市文化贸易进出口额达到72.8亿美元，同比增长20.9%。其中，文化服务进出口38.2亿美元，同比增长1%；文化产品进出口34.6亿美元，同比增长54.5%。同时，"走出去"的文化企业竞争力也在不断增强，2019~2020年，北京地区共有75家企业入选国家文化出口重点企业，占全国的22.4%，位居全国各省（区、市）之首。[②]

---

① 北京市统计局、国家统计局北京调查总队编《北京统计年鉴2020》，中国统计出版社，2020。
② 北京市国有文化资产管理中心、中国传媒大学文化产业管理学院：《北京文化产业发展白皮书（2020）》，2020年11月。

文化科技融合促进企业整体实力持续增强,龙头企业发展强劲。据统计,2019年,在全市规模以上文化产业收入中,"文化+科技"型文化企业实现营业收入占49.1%,文化核心领域文化企业实现营业收入占89.1%,比全国高29.6个百分点。[①] 2020年,北京地区的完美世界、光线传媒、保利文化3家企业进入"全国文化企业30强",歌华传媒、北京演艺集团、四达时代、掌阅科技4家企业被列入"全国文化企业30强提名",入选企业数居全国首位。2019年,科技部等部门认定了第三批国家级文化和科技融合示范基地,并首次认定了16家单体类示范基地,北京的四达时代、利亚德、掌阅科技、蓝色光标成功入选。

3. 科技助推文化产业结构优化升级

近年来,北京文化产业在保持稳步发展的同时,产业内部结构不断优化调整,文化科技融合业态的引领作用更加明显,与数字技术、"互联网+"等紧密相关的新领域、新业态、新模式蓬勃发展,助推文化产业转型升级。

2019年,北京市规模以上文化服务业企业营业收入为10328.4亿元,同比增长34.1%,占全市规模以上文化企业营业收入的比重为79.5%,比上年提升0.6个百分点;规模以上文化制造业企业营业收入419.6亿元,同比增长1.5%,占全市比重下降1.0个百分点;限额以上文化批发和零售业企业营业收入2249.3亿元,同比增长36.0%,占全市比重提升0.4个百分点。从具体行业领域来看,文化核心领域主导地位进一步巩固。2019年,北京市文化核心领域规模以上文化产业收入合计11972.6亿元,同比增长15.8%,占规模以上文化产业总收入的88.4%,比上年提升1.6个百分点。其中,创意设计服务、内容创作生产、文化传播渠道、新闻信息服务四大行业领域收入占全市规模以上文化产业总收入的87.3%,是带动全市文化产业高质量发展的四大主导产业。文化相关领域规模以上文化产业收入合计1571.6亿元,同比增长4.7%。其中,文化装备生产和文化消费终端生产两

---

① 《7家京企上榜文化企业30强及提名》,《北京日报》2020年11月19日。

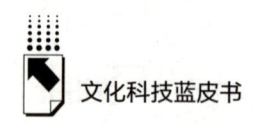

个领域收入出现了下降，而文化辅助生产和中介服务领域收入合计865.3亿元，同比增长14.3%，成为文化相关领域收入实现增长的主要动力。[1]

2020年，北京市文化核心领域的规模以上企业收入合计达12986.2亿元，同比增长3.6%，占全市规模以上文化企业总收入的比重为91.4%；文化相关领域收入合计为1223.1亿元，同比下降20.9%。从具体行业来看，文化核心领域的内容创作生产、新闻信息服务和文化投资运营三个行业领域收入依然实现了增长，而文化娱乐休闲服务、文化传播渠道、创意设计服务收入则出现负增长；文化相关领域的文化辅助生产和中介服务、文化装备生产、文化消费终端生产三个领域收入均出现了负增长。2020年北京市规模以上文化产业九大领域收入结构见图3。[2]

当前文化与科技、旅游、体育等相关产业融合在不断地向深度和广度拓展，数字文化、文化旅游等新型业态越来越成为文化产业发展的增长点，体现出北京文化产业向内涵化、高端化、品质化、绿色化发展的新特征。

4. 文化科技融合催生新业态新产品

近年来，北京积极推进文化科技融合，以科技力量赋能文化发展。网络直播、短视频、电子竞技、数字阅读、数字音乐、在线教育等文化新业态不断涌现，4D电影、互动影视、线上博物馆等数字文化产品层出不穷，成为产业发展的新动能和增长点。

随着我国正式迈入5G商用时代，北京新基建加快，5G建设全面提速，推动4K/8K超高清视频、VR/AR/MR技术释放潜力，实现在文化领域的多场景应用。如北京联通与北京首钢自动化信息技术有限公司等企业助力冬奥智慧园区建设，实现全球首次"5G+VR"冰球全景直播。利用人工智能技术，优化文化内容生产、审核和分发等环节，如新华社推出全球首个AI合

---

[1] 《规模以上文化产业情况》，北京市统计局网站，2021年2月1日，http://tjj.beijing.gov.cn/tjsj_31433/yjdsj_31440/wh/2020/202102/t20210201_2250444.html。

[2] 《规模以上文化产业情况》，北京市统计局网站，2021年2月1日，http://tjj.beijing.gov.cn/tjsj_31433/yjdsj_31440/wh/2020/202102/t20210201_2250444.html。

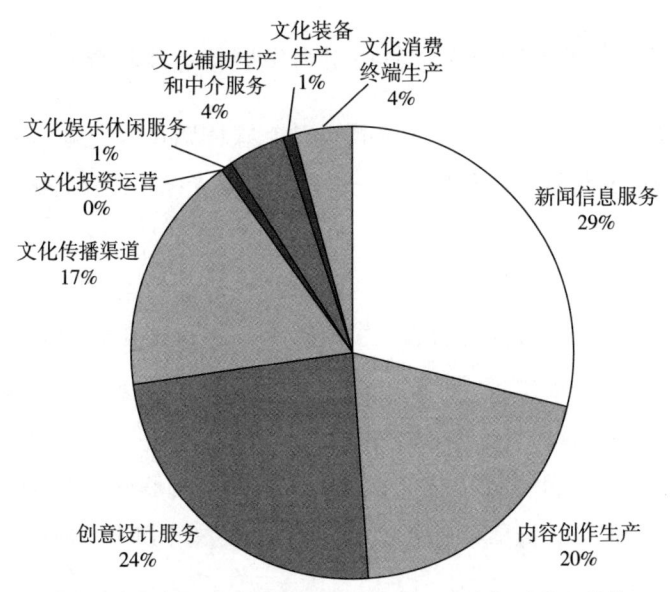

图3 2020年北京市规模以上文化产业九大领域收入结构

资料来源：北京市统计局网站。

成女主播，并以"短视频智能生产平台MAGIC"实现视频生产的自动化；国家中影数字制作基地研发的"中影·神思"AI系统运用于影视后期制作，提升了制作效率。此外，将区块链技术应用于版权领域，实现对版权使用全过程的追溯、监管与保护，如北京人民在线网络有限公司运用区块链技术搭建"人民版权"平台。新业态在文化与科技的互通共融中不断发展，引领文化产业提质升级。

"互联网+"塑造文化产业新业态。2019年，北京市移动互联网接入流量30.6亿GB，相比2018年增长68.5%。① 依托互联网、多媒体、人工智能等新技术的广泛应用，线上文化消费继续保持较快增长；以互联网为依托的文化新业态新模式也不断涌现，比如"剧场+互联网""博物馆+互联网""书店+互联网""游戏+互联网"等。

---

① 《北京发布2019年国民经济和社会发展统计公报》，中国统计信息网，2020年3月3日，http：//www.tjcn.org/tjgb/01bj/36179_2.html。

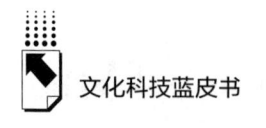

（二）北京重点行业文化科技融合发展特点及趋势

聚焦文化旅游、创意设计、文博非遗、媒体融合四个重点文化产业领域，北京地区文化科技融合发展呈现以科技全面支撑和引领文化产业发展的特点和趋势。

1. 数字技术助力文化旅游"融"出新活力

近年来，北京充分发挥科技与文化优势，推进文化旅游信息化、数字化、智能化建设，优化北京市文化旅游的产业结构及管理体系，促进文化旅游产品和服务价值创新，进而提升北京文旅品牌形象。当前北京正在深入挖掘京味文化内涵，利用5G、人工智能、VR/AR、物联网、大数据、云计算等现代科技，保护、传承和利用首都深厚的历史文化遗产，促进文化和旅游产业融合发展。

一是夜间旅游正在逐步释放经济复苏新动能。为繁荣夜间经济，推动夜间旅游发展，更好满足人民群众品质化、多元化、便利化消费需求，北京市商务局印发了《北京市关于进一步繁荣夜间经济促进消费增长的措施》。同时，北京还推出了"夜游景区""文化夜市""文化街区"等夜间旅游系列项目。

二是数字技术驱动文化旅游日益数字化。大数据、物联网、云计算、人工智能、超高清等数字技术在文化旅游领域深度应用，既提升了剧目创作、舞美设计、演出经纪、演出票务等传统文化旅游产业环节的效率与效果，又催生了沉浸式文化旅游体验等新业态，使文化旅游行业日益呈现数字化、智能化、网络化等特点。例如，首届北京国际光影艺术季（玉渊潭站）"万物共生"户外光影艺术沉浸式体验展于2020年8月20日晚在玉渊潭公园拉开序幕。此次北京国际光影艺术季主要借助玉渊潭公园落樱谷独特的地理和自然环境，运用灯光、音乐、新媒体艺术装置和互动体验设备，将艺术创作与自然环境完美融合，成功打造全国首个城市公园景观户外沉浸式光影艺术体验空间。

三是技术进一步助推文化旅游消费场景创新。在移动互联网、大数据、人工智能、虚拟现实等新技术的驱动下，场景创新日益成为一种新的商业思维。当前，北京的文化旅游产业正在从传统观光型经济向文化体验型经济转变，将文化旅游与数字技术、应用场景有效结合起来，通过提升用户体验，不断挖掘新的产业增长点。例如SKP-S沉浸式文商旅融合城市综合体就是一个成功的典范，SKP-S以"数字—模拟—未来"为主题，利用数字化技术和优秀的创意打造的文商旅融合城市综合体，给顾客制造了一个沉浸式的"科幻世界"购物场景，SKP-S仅在开业当天，销售额就高达10亿元。①

2. 科技元素为北京"设计之都"建设赋能添彩

自2012年联合国教科文组织授予北京"设计之都"称号以来，"设计之都"正逐步成为北京城市创新发展的新名片，在服务北京"四个中心"的建设中发挥着重要作用。在文化创新、科技创新的"双轮"驱动下，"互联网+"、云计算、物联网、大数据等新一代信息技术，加速了创意设计的市场化转化和文创设计、家居设计、建筑设计、时尚设计、环境设计等业态的发展。

一是汇聚资源推进"设计之都"建设。北京拥有丰富的设计资源，各类设计企业达2万余家，拥有北京工业设计创意产业基地、798艺术区、751D·PARK北京时尚设计广场、京外五十号路创新园、小米智慧园区等设计产业集聚区。为进一步利用好设计资源，持续推进"设计之都"建设，《北京市推进全国文化中心建设中长期规划（2019年—2035年）》明确将建设"设计之都"作为2019～2035年北京市城市发展的目标之一。

二是创意设计激发北京城市活力。近年来，北京致力于以创意设计带动产业策动和城市可持续发展，凭借自身设计资源平台优势及充分完备的产业整合能力，陆续打造出"大栅栏创意社区""白塔寺再生计划""遇

---

① 《北京商场开业狂卷10亿 LV、GUCCI等大品牌纷纷入驻》，网易家居网站，2020年1月5日，http：//home.163.com/20/0105/07/F2417BSG00108GL2.html。

见什刹海""青龙文化创新街区"等一批产业发展空间,并通过举办"国际设计周"、设立"中国设计红星奖"等活动,激发北京城市发展活力,进而促进产业转型升级。如北京的数字冬奥,北京影谱科技股份有限公司积极响应国家广播电视总局及中央广播电视总台的"5G + 4K/8K + AI"全新战略布局,在数字智能化演播室节目创作、数字赛事直播、智能内容生产、数字场馆、多终端智能推送等方面结合 AI 技术赋能体育赛事节目的智能应用,着力提高北京冬奥的品质与效率,全方位提升办赛、参赛、观赛互动体验。

三是科技赋能时尚设计。北京正在以时尚设计产业为抓手,以科技为支撑,推动设计与人工智能、智能制造、新能源汽车、新材料、节能环保等高精尖产业深度融合,打造城市新名片。例如,北京正在通过文化和科技融合,将张家湾设计小镇打造成国际设计与文创产业聚集区、存量资源再利用创新示范区、智慧科技绿色健康生活体验区。同时,北京以国际性服装设计大赛、服饰文化交流等活动为切入点,大力实施品牌化发展战略,搭建国际时尚设计交流平台,引导北京自有时尚品牌"走出去"。再比如,由北京灵动音科技有限公司(DeepMusic)研发的 AI 音乐引擎,将 AI 技术融入音乐的创作和制作,用户通过输入音乐风格和歌曲速度,AI 作曲系统即可根据初始旋律输入实时生成完整的乐曲,赋能音乐内容的制作生产。

四是以先进的设计理念激活传统文化。北京鼓励企业将传统文化与现代设计相结合,采用人工智能、3D 打印、虚拟现实等现代技术,促进传统文化资源与现代消费需求有效对接,把文博非遗的创新设计与现代服务业有效结合,丰富产品形态,延伸设计产业链条,使传统文化充分融入人们的日常生活。如小米科技公司的智能生态营销,始终秉持精品设计与设计精品相结合的产品理念,为更好地解决"用户、手机、设备"之间的关联问题,通过整合大数据、全场景和参与感等方面的能力,不断完善小米生态链,进而提高用户的生活品质。

3. 科技支撑文博非遗传承发展领航全国

北京作为全国文化中心和历史文化名城,文博非遗资源极其丰富。据统计，2018年北京市博物馆数量为179个，其中市级博物馆43个，区级博物馆44个；免费博物馆82个，占总数的45.8%，免费博物馆中市级24个，区级24个。文物藏品达到462.5万件，参观人次达3550万。①据悉，北京地区现有联合国教科文组织人类非遗代表作名录项目11个，国家级非遗代表性项目126个，市级非遗代表性项目273个，区级非遗代表性项目909个，全市普查到各类非遗信息12000余项。②文化与科技的日益融合，使科技正在成为支撑文博非遗保护传承利用的重要手段，在国内起到了很好的示范引领作用。

一是用数字技术等现代技术促进文博非遗的还原展现。借助VR/AR、人工智能等技术，可以让观众从历史年代、用途、赏析等方面，立体察看文物的信息、数据，使文化遗产"鲜活"起来，切身感受它的前世今生。北京文投大数据有限公司推出了"基于文物数据高还原互动展示技术"项目，并摘得了2019年北京市文化创意大赛西城赛区一等奖的桂冠。这项技术结合了三维扫描、数字影像逆向建模技术、后端视觉表现以及计算机互动体验技术，保障3D建模的真实再现能力，同时辅以后期加工制作，使数字模型能360度全方位观看，实现对场景或物体的逼真呈现，为观众提供了身临其境的视觉体验。③

二是区块链技术日益成为文博非遗保护的新方式。目前，区块链技术日益成为版权保护的强有力工具，在文博非遗及文创等相关领域的知识产权、中介信用、供应链管理等方面具有重要作用。在文化遗产数字化资源发行过程中，区块链可以系统地保护创作者的知识产权。据悉，版权确权及保护是百度区块链重点落地场景之一。百度超级链联合百度百科，基于区块链技术创建了"文博艺术链"，推动博物馆文物版权数字化。

---

① 北京市统计局、国家统计局北京调查总队编《北京统计年鉴2019》，中国统计出版社，2019。
② 《北京现有联合国教科文组织人类非遗代表作名录项目11个》，"新京报"搜狐号，2019年9月26日，https://www.sohu.com/a/343543202_114988。
③ 《高还原互动展示技术 让文物"鲜活"起来》，北京市西城区人民政府网站，https://www.bjxch.gov.cn/xcdt/xxxq/pnidpv826114.html。

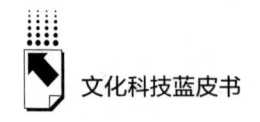

三是云端消费加速北京老字号转型升级。当前北京正在着力推动数字经济发展，通过开网店、做直播、运营粉丝、迭代产品，打造云端的新消费体验，加速老字号等非遗项目数字化转型。2020年，新冠肺炎疫情促使北京的老商圈、老字号加速数字化转型。据了解，目前北京直播人才需求居全国首位，北京一半以上老字号已经入驻淘宝直播，内联升、吴裕泰、同仁堂、义利、菜百、稻香村、百花蜂蜜、张一元等老字号都相继开播。

四是科技成为文创产品开发的助推器。在文博非遗文创产业体系构建过程中，从创意设计、产品制作、影视作品开发、游戏开发、播放平台再到文博文创的交易服务环节，科技载体贯穿始终。例如，数字故宫，故宫博物院的故宫VR电影《紫禁城：天子的宫殿》等，通过使用VR/AR等技术，丰富了文博资源的展览展示内容，提升了故宫对旅客的吸引力，成为文化和科技融合的成功典范。故宫博物院一直致力于使用先进技术保护、研究、展示故宫所珍藏的文化遗产。近年来，故宫博物院已完成1294件院藏文物三维数据采集工作，其中257件文物数据符合8K显示标准，[1]这些研究级的三维数据对于文物保护、修复以及研究都将具有极其重要的资源价值。在虚拟现实技术应用方面，故宫将进一步挖掘三维数字资源，切实将VR/AR技术应用于古建和文物修复、文物研究、考古、无障碍、观众服务等领域。

4. 科技助推北京形成最具特色的全媒体高地

随着新一代通信技术的蓬勃发展，社会公众对信息和文化传播的多样化需要日益增长，这助推了媒体融合日益深化。2019年1月，习近平在中共中央政治局第十二次集体学习时指出："推动媒体融合发展、建设全媒体成为我们面临的一项紧迫课题。要运用信息革命成果，推动媒体融合向纵深发展，做大做强主流舆论，巩固全党全国人民团结奋斗的共同思想基础"。[2]

---

[1] 《故宫博物院副院长王跃工：VR相关技术占据数字故宫重要一席》，"中国电子报_new"搜狐号，2020年10月23日，https://www.sohu.com/a/426843683_464075。

[2] 《推动媒体融合向纵深发展 巩固全党全国人民共同思想基础》，《人民日报》2019年1月26日。

为贯彻落实习近平总书记的重要指示精神，北京市各类媒体采取多种方式推动媒体深度融合发展。

一是以平台化思维推动媒体融合发展。2019年，歌华传媒集团歌华有线公司承接了"北京云·融媒体"市级技术平台的建设工作，并于同年11月23日正式上线运营。该平台向北京市委宣传部、北京4家市级媒体和17家区级融媒体中心提供功能接口和数据接口服务，形成了"1＋4＋17＋N"的全媒体传播矩阵和格局，开启了北京市媒体融合发展的新征程。

二是以先进技术为支撑和引领。北京市在推动媒体融合过程中，坚持技术创新驱动，强化关键核心技术攻关，推动5G、大数据、人工智能、云计算、区块链等新技术在媒体融合各流程、各环节的综合应用，结合庆祝新中国成立70周年活动、北京冬奥会筹办等，积极布局"5G＋8K"新技术应用场景，促进媒体形态和传播方式的加速升级。例如，"北京日报"客户端于2019年12月全新上线新媒体开放平台"北京号2.0版"，依托移动互联网新技术，为入驻平台的用户提供融媒体内容生产与精准分发服务，使政务信息、成就宣传、魅力推介等内容实现多介质、多渠道立体传播，打造最具北京特色的自主可控新媒体聚合平台。

三是以横向联合、纵向联动促进全媒体建设。为加快建设全媒体，北京发挥区域优势，通过横向联合、纵向联动的模式，贯通广播电视和网络视听，做大做强主流舆论。北京与天津、河北在2020年9月签署了《京津冀新视听战略合作协议》，加强京津冀三地在广播电视网络视听领域的全面合作，从共同设立中国（京津冀）广播电视媒体融合发展创新中心等10个方面构建具有京畿特色的新视听发展格局。[①] 同时，北京市率先启动了区级融媒体改革，实现了对区属广电中心、新闻中心，以及网管办新闻媒体的统一管理，打造了集内容汇聚、管理、发布于一体的融媒体平台。比如，昌平区融媒体中心以"北京昌平"App为主平台，通过聚合广播、电视、报纸、

[①] 《〈京津冀新视听战略合作协议〉签署》，国家广播电视总局网站，2020年9月11日，http://www.nrta.gov.cn/art/2020/9/11/art_ 114_ 52896.html。

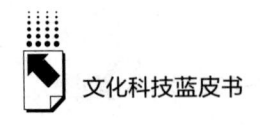

新媒体、运营资源等优质信息和服务资源,形成"一主五辅"的全媒体布局,构建完善的综合服务体系。

(三)北京文化科技融合面临的问题与挑战

1.相关政策机制有待落实落细

近年来,为促进文化和科技融合,中宣部、科技部、文旅部等多个国家部委制定了许多相关政策措施,上海、浙江、江苏等省市也陆续出台了针对文化科技融合的政策措施。北京虽然从不同的角度强化文化和科技融合并制定了相关政策措施,但文化和科技融合的体制机制仍须进一步完善。主要体现在两个方面。

一方面,政策的引导力不足,相关政策措施有待落实落细。目前来看,北京有关促进文化科技融合的政策主要散落在《北京市推进全国文化中心建设中长期规划(2019年—2035年)》等相关文件之中,尚未出台专门针对文化科技融合的规划及具体执行政策。文化和科技融合示范基地、示范企业认定管理办法尚待明确,具体的支持政策也尚未出台。

另一方面,政策整合力度不够,对文化科技融合的支持力度有待加大。文化和科技融合政策涉及文化与科技两大领域,存在政策整合力度不够问题。文化和科技融合的相关政策多由宣传、科委等部门印发,最终由各部门"归口管理",政策发文机关统筹不够。在众多的文化科技融合相关政策中,以规划、意见、通知等指导性、知照性公文居多,而条例、办法、细则等规范性文件较少,政策的引导力不够强,在一定程度上影响了政策效果。缺乏针对文化科技融合型企业的财税金融扶持政策,现有"投贷奖"资金规模与受惠企业数量、文化科技企业融资需求尚有较大差距。

2.文化科技创新能力仍须提升

近年来,北京在推进文化和科技融合方面取得了重要进展。研究发现,2014~2018年,北京文化科技融合发展规模指数由2014年基期的100上升到2018年的156.4,并且增速稳定,规模指数逐年上升,呈现稳定快速增长态势。2018年，北京地区文化科技融合发展指数虽然在上海、广东、浙江、四川等六省市对比中排名第一，综合指数为75.7，但必须看到，与北京作为全国文化中心、科技创新中心功能定位的要求相比，北京的文化和科技融合尚有较大的提升空间。与上海、广东等省市相比，北京的文化企业创新能力尚待增强。北京地区当年文化企业认定国家高新技术企业数量、文化及相关产业发明专利授权总数这两个指标的指数与广东省差距明显，且当年文化企业认定国家高新技术企业数量落后于上海。今后北京应进一步推进文化和科技深度融合，加强文化科技创新体系建设，提升文化科技创新能力，进一步优化文化科技融合发展环境，鼓励传统文化产业转型升级和新兴文化业态发展，依托高新技术增强文化产业的竞争力。

3. 资源整合与品牌建设尚待加强

北京是全国的文化中心和世界历史文化名城，拥有丰富多元的首都文化资源，古都文化源远流长，红色文化丰富厚重，京味文化特色鲜明，创新文化正在蓬勃兴起。北京拥有长达3000余年的建城历史，800多年的建都历史。北京作为我国"六朝古都"，具有非常丰富的历史文化资源，大运河文化带、长城文化带和西山永定河文化带"三个文化带"承载着北京宝贵的历史文化遗产。截至2020年底，北京共有博物馆197个，其中免费开放90个；公共图书馆24个，总藏量7208万册；档案馆18个，馆藏案卷977.3万卷件；群众艺术馆、文化馆20个。① 同时，北京还是科技创新中心，拥有全国最为丰富的科技创新资源，高等院校、科研机构无论是数量还是质量均居全国之首。截至2018年底，北京有6所大学入选"世界大学500强"，其中清华大学首次进入全球前20强；北京拥有"两院"院士781人，占全国"两院"院士总数的47%；北京研究与试验发展经费投入强度达6.17%，居全国之首；万人发明专利拥有量111.2件，位居全国第一；全员

---

① 《北京市2020年国民经济和社会发展统计公报》，北京市统计局网站，2021年3月11日，http://tjj.beijing.gov.cn/tjsj_31433/tjgb_31445/ndgb_31446/202103/t20210311_2304398.html。

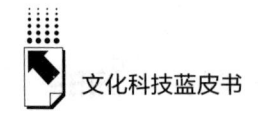

劳动生产率达24.4万元/人，全国最高；全国近一半"世界500强企业"总部和独角兽企业汇聚北京；全国1/3左右的创业投资额、技术合同成交额、国家科学技术奖项目发生在北京。①然而，如何有效整合这些文化资源和科技资源，加强文化科技的融合创新，提升文化科技的品牌影响力，依然是当前北京需要重点考虑的问题。

4. 面对疫情如何化"危"为"机"亟待破解

2020年，疫情对文化产业造成了巨大的冲击，社会文化消费骤减，部分文化企业无法复工复业，面临较大生存压力。据统计，2020年全市居民教育、文化娱乐人均消费支出2766元，同比下降35.8%。②传统的重点文化行业损失明显，文旅、演艺、院线等线下文化行业损失惨重。据统计，2020年，北京接待旅游总人数1.84亿人次，比上年下降42.9%；实现旅游总收入2914亿元，同比下降53.2%。③"祸兮福所倚，福兮祸所伏。"疫情在对文化旅游、演艺、休闲娱乐等传统产业造成打击的同时，客观上给网络直播、动漫游戏、云观展等新兴数字文化产业带来发展机遇。以"宅消费"和无接触服务为代表的消费模式迅速兴起，并与分享经济、直播经济、社群经济等新经济深度融合，推动直播带货、在线演艺迅速兴起，使消费摆脱了空间限制，为文化产业创新创业提供了新领域。可以说，疫情在对文化产业造成冲击的同时，也倒逼文化企业推进文化和科技融合。为此，如何更好地利用互联网、大数据、人工智能、"5G + AI"、VR/AR等新技术，促进文化产业链与科技创新链高效衔接，培育数字文化产业新型业态，拓展文化科技应用场景，以积极应对市场环境的变化，是北京当前面临的巨大挑战和难得机遇。

---

① 《北京全国科技创新中心指数2019发布》，北京市科学技术委员会网站，2019年10月18日，http://kw.beijing.gov.cn/art/2019/10/18/art_ 2410_ 56532.html。
② 《居民人均消费支出情况》，北京市统计局网站，2021年1月20日，http://tjj.beijing.gov.cn/tjsj_ 31433/yjdsj_ 31440/jmsz_ 32036/2020/202101/t20210120_ 2227760.html。
③ 《旅游业受疫情冲击 2020年北京接待旅游总人数下降42.9%》，中商情报网，2021年3月12日，https://www.askci.com/news/chanye/20210312/1052531382914.shtml。

（四）推进北京文化科技融合的思路与对策

"十四五"时期，北京需要进一步推进文化和科技融合，促进文化产业高质量发展，努力将北京打造成"首善之区"与"创新之城"。

1. 加强顶层设计，优化文化科技融合政策环境

加强顶层设计，提高政策层级。为推进文化和科技融合，北京还需要加强战略研究，并强化市科委、市委宣传部、市文化局等科技与文化管理部门之间的协调合作，制定专门针对文化和科技融合的中长期规划及相关实施意见，从前瞻性角度出发，实施科技带动战略，推动文化产业发展，并综合运用经济手段、行政手段以及法律手段，制定和完善科学、有效的政策，从多个方面为文化科技融合发展创造适当的环境和条件。

进一步落实落细文化科技融合相关政策。为落实国家及北京市的相关政策文件，制定北京的市级文化和科技融合示范基地认定管理办法，明确市级示范基地的认定目标、认定条件、认定程序、支持政策及管理考核办法等。根据国家级文化和科技融合认定办法，将示范基地分为两大类，明确其认定范围。将能够聚集一批文化科技融合相关要素和企业，并能为文化科技融合提供相应基础设施保障和公共服务的文化产业基地、科技产业基地等，列入集聚类示范基地认定范围；将在文化和科技融合发展领域取得突出成绩、具有先导性和示范性优势的文化科技领军企业，列入单体类示范基地认定范围，并将其列为单体类国家级文化和科技融合示范基地的候选对象。

通过完善相关财税金融政策、人才引进与培养政策、知识产权保护与运用政策、法规管理制度等政策与制度，进一步促进文化和科技资源要素的聚集与流动，为文化科技融合发展营造良好的外部环境。

2. 注重科技创新促进文化产业实现高质量发展

为有效推进全国文化中心建设和科技创新中心建设，北京还需要大力加强文化科技创新，使文化科技融合成为文化产业和文化事业发展的核心动力。围绕文化旅游、创意设计、文博非遗、媒体融合四个重点领域，进一步

加强以科技创新支撑文化产业高质量发展。

加强文化旅游科技支撑体系建设。搭建"互联网+"便捷消费平台，着力打造畅游北京电子商务一体化营销平台，整合各种文化旅游优势产品资源，推进文化旅游的预订、销售、支付等各环节与电子商务深度融合；丰富在线文旅超市，加快具有本地特色文化旅游的商品开发，利用线上线下客情数据分析，挖掘和激活潜在的旅游消费；大力发展智慧旅游，推进智慧景区建设，运用大数据、人工智能、虚拟现实等科技手段，丰富和发展新一代沉浸式体验型文化和旅游消费内容；聚焦"夜京城"，用科技手段培育和提升多元化夜间消费场景，促进传统文化产业数字化服务和消费升级。

推进创意设计与科技深度融合。依托人工智能、虚拟现实、5G等新技术丰富创意设计产业的内容，拓展创意设计产业的发展途径。鼓励广告会展、服装设计等传统产业实现数字化转型，支持创意设计企业开发适合互联网、移动终端的数字文化产品。加强动漫游戏产业的软件开发和产业化，推动3D技术、虚拟仿真技术在动漫游戏等产业中的集成应用。

加大科技支撑文博非遗的力度。加强对信息化、智能化的文化遗产保护与传承、数字化采集、文化体验、公共文化服务和休闲娱乐等其他装备的应用，提升公共文化服务的数字化、网络化、智能化水平。完善博物馆、图书馆、文化馆、展览馆等文博馆的信息化设施设备配备，建立业务管理信息化系统。推进数字图书馆、数字文化馆、数字展览馆、数字博物馆等建设，创新运营理念和模式，引入社会资源进行内容创意、场景搭建、体验产品开发与可持续运营，打造具有沉浸式体验的文博馆新场景。

以先进技术驱动媒体融合发展。加强新技术在新闻传播、新媒体等领域的前瞻性研究和应用，推动关键核心技术自主创新。加快智慧广电建设，充分利用大数据、云计算、物联网、5G、区块链、人工智能等新一代信息技术，结合4K超高清、3D立体声等先进广电技术，推进"云、网、端"设施建设，在内容制作、技术支撑、生态建设以及运行管理等方面实现智慧化发展。

3. 整合利用两种资源，打造文化科技融合品牌

深入挖掘文化资源，打造文化IP。深入挖掘中轴线、长城、大运河、西山永定、皇家建筑、寺庙祠观、老字号、胡同宅院、名人故居、物质文化遗产、非物质文化遗产等文化资源的文化价值、时代价值和市场价值等多重价值，探索形成系列文化IP。稳步推进北京文化IP资源采集和应用过程中的数字化、信息化和专业化，运用数字化设计、3D打印等技术，加强文化IP资源创造性转化和创新性开发，形成具有北京特色的可读、可视、可感数字文化产品和品牌。

加强国内外文化科技合作交流。以北京自贸试验区、国家服务业扩大开放示范区"两区"建设、北京2022年冬奥会与残奥会的举办和共建"一带一路"为契机，加强文化、科技领域的交流与合作。鼓励企业、科研院所、高校等创新主体用好"设计之都"这块金名片，以及北京国际服务贸易交易会、国际科技博览会等平台，展现北京乃至我国的文化特色和科技优势资源。

鼓励文化科技企业"走出去"。支持文化科技龙头企业建立对外输出版权资源库和公共服务平台，为有版权输出渠道和能力的企业和拥有优质内容的企业提供服务。鼓励文化科技企业通过产业链联合、强强联合、兼并重组等方式"抱团出海"，充分借助国内领先的科技企业在全球的用户积累和市场渠道，推动文化科技精品内容和产品"走出去"，提升北京文化科技品牌国际影响力。

4. 抓住机遇，力促文化科技融合

推进文化产业链和科技创新链高效衔接。立足文化产业发展重点和企业需要，依托文化产业园区、文化科技示范基地等载体，政府引导与服务作用，搭建文化企业与科技企业的对接平台，推动文化企业的产业链与科技机构的创新链协调合作。针对文化产业中技术约束明显的重要领域和关键环节，围绕文化产业链部署科技创新链。

加大文化科技研发投入力度。开展文化领域的关键共性技术攻关，将文化科技研发纳入市科技计划、市自然基金等支持范围，部署一批重大文化科

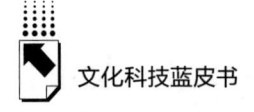

技融合项目。围绕文化产业的创作、生产、传播和消费等环节，开展文化领域的关键共性技术研究，开展5G、虚拟现实、人工智能、大数据、影视摄录、光学捕捉、高清制播、文化装备制造、数字化采集与管理等文化领域相关技术的研发与应用。支持文化科技企业申报各类科技计划项目，支持文化企业、科技企业与高校、科研机构联合参与文化关键共性技术的研发，以及国家和国际文化行业技术标准的制定。

加强数字文化产品消费与服务模式创新，培育发展数字文化产业新业态。推进文化街区、文化产业园区、实体书店、演艺剧院等文化场景消费和服务模式智慧化、数字化，推动"线上+线下""直播+带货"等多种新消费模式发展，创新数字文化产品消费模式。充分利用信息智能技术，推动5G高清视频、网络视听、新媒体、虚拟现实、数字出版、云观展、网络会展、4K/8K电视、沉浸式体验等文化产业新产品、新业态、新模式发展。加快文化服务业信息化、智能化升级，支持互联网信息技术在演艺娱乐、出版印刷、广播影视、广告会展等传统文化产业中的应用。

加大对文化科技企业的支持力度。大力培育和发展文化领域的高新技术企业和科技型中小企业。建立文化领域的高新技术企业培育库，并给予培训指导和资助支持。支持建设文化领域的众创空间、科技企业孵化器、大学科技园等孵化平台，助推文化科技企业发展壮大。

评价篇
Evaluation

B.2
北京文化科技融合发展评价报告（2021）

张国会　王海峰　伊彤*

摘　要： 本报告在上一年度研究成果基础上，部分调整并完善了北京市文化科技融合发展评价指标体系，从融合基础、融合投入、融合产出、融合环境4个维度，分8个二级指标、22个三级指标，对北京市2014～2018年文化科技融合发展情况进行了评价。分领域来看，北京文化科技融合基础、融合产出和融合环境三大指标指数较上年均实现不同程度的增长，但2018年北京文化科技融合投入指数同比下降。基于简化后的文化科技融合横向评价指标体系，本报告对2018年北京、上海、广东、浙江、天津、四川六省市的文化科技融合水平进行了测算。评价结果显

---

* 张国会，北京市科学技术研究院创新发展战略研究所副研究员，研究方向为文化科技融合；王海峰，泰康人寿保险有限责任公司高级统计师，研究方向为科技统计分析；伊彤，北京市科学技术研究院创新发展战略研究所研究员，研究方向为科技战略、科技政策和科技管理。

示，六省市中北京融合发展指数最高（75.7），广东居第二位（61.4），浙江位列第三（59.0），上海位列第四（56.7），四川、天津分别为第五、第六位，与前四位指数得分差距较大。依据具体指标指数进一步分析得出，北京虽整体优势突出，但仍有较大发展潜力，如需进一步重视文化高科技产业链条的完善；进一步增强北京文化领域的科技成果转化能力；持续优化北京文化科技融合发展基础与环境等。

关键词： 文化科技融合　文化产业　公共文化　北京

"十四五"时期，我国进入新的发展阶段。《中共中央关于制定国民经济和社会发展第十四个五年规划和二〇三五年远景目标的建议》明确提出，到2035年建成文化强国，并将"提升公共文化服务水平""健全现代文化产业体系"等作为重点任务。为此，未来一段时期必须把文化建设摆在更加突出的位置。当前，北京正在建设全国文化中心和科技创新中心，迫切需要通过文化和科技的融合发展支撑引领首都高质量发展。本报告在《北京文化科技融合发展报告（2019~2020）》"评价篇"的基础上，对原有区域文化科技融合评价指标体系进行改进与完善，形成新的评价指标体系，并据此对2014~2018年北京文化科技融合发展水平进行测算分析，同时对2018年北京同国内相关省市文化科技融合发展水平进行比较，把握北京文化科技融合的总体进展情况，明确北京文化科技融合的优势和短板，为推动首都文化科技融合发展提供理论研究支撑和政府决策参考。

由于北京市从2018年开始即不再公布文化创意产业相关统计数据，而是与国家相关数据工作统一口径，公布文化相关产业统计数据，因此，对于本报告中文化科技融合评价指标体系涉及的文化创意产业相关统计指标和数据，将依据具体情况将其替换为其他更能准确反映文化科技融合工作发展现状和趋势，并具有持续可获得性的统计指标与数据。

一 区域文化科技融合评价指标体系的调整与完善

（一）文化科技融合评价指标的变更

《北京文化科技融合发展报告（2019~2020）》"评价篇"，基于文化和科技融合发展的理论内涵，借鉴国内外学者众多关于文化创意城市评价、区域文化和科技创新能力评价、文化科技融合示范基地评价等研究框架以及评价指标体系等，设立了区域文化科技融合评价指标模型，构建了区域文化科技融合评价指标体系1.0版。随着研究的进一步深入，本报告对评价指标体系中的部分指标进行了变更和完善，形成了区域文化科技融合评价指标体系2.0版。与1.0版相同的是，2.0版也分为对北京地区文化科技融合连续5年的纵向评价，以及在评价年度对北京和上海、天津、浙江、广东、四川六省市的横向评价对比研究。以下分别就指标的调整情况进行说明。

1. 纵向评价指标的调整

在一级指标维持不变的情况下，对8个二级指标中的2个进行了调整，对21个三级指标中的8个进行了调整，并增加1个指标，总指标数由21个增加为22个（见表1）。

表1 北京文化科技融合评价指标体系1.0版与2.0版对比

一级指标	二级指标	三级指标1.0版	三级指标2.0版
融合基础	文化基础	文化体育与传媒支出占财政一般预算支出的比重	万人拥有博物馆、公共图书馆、艺术表演场馆数量
		地区居民人均文化娱乐消费支出	地区居民人均文化娱乐消费支出
		文化创意产业增加值占GDP的比重	规模以上文化企业营业收入

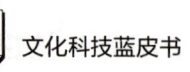

续表

一级指标	二级指标	三级指标1.0版	三级指标2.0版
融合基础	科技基础	研究与试验发展（R&D）经费投入强度	研究与试验发展（R&D）经费投入强度
		地区万人有效专利数	地区万人有效专利数
		知识密集型服务业增加值占GDP的比重	高技术产业增加值占地区GDP比重
融合投入	人力投入	人文社科类高校R&D人员数	人文社科R&D人员全时当量
		规模以上文化制造企业R&D人员折合全时当量	规模以上文化制造企业R&D人员折合全时当量
	财力投入	年度科普经费筹集额	年度科普经费筹集额数
		文化创意产业活动单位资产总额	规模以上文化制造业企业研发经费内部支出
融合产出	产出数量	规模以上文化制造企业新产品开发项目数	规模以上文化制造企业新产品开发项目数
		广播影视科技创新奖情况	文化及相关产业发明专利授权总数
		游戏、动漫企业营业收入总额	游戏、动漫企业营业收入总额
	产出质量	文化及相关产业发明专利授权总数	广播影视科技创新奖情况
		当年文化企业认定国家高新技术企业数量	当年文化企业认定国家高新技术企业数量
		外观设计专利授权量	国家文化出口重点企业数量
融合环境	经济环境	地区人均GDP	地区人均GDP
		上市文化企业数	人均社会消费品零售总额
			地方一般公共预算收入
	社会环境	互联网宽带接入端口数	人均互联网宽带接入端口数
		每万人口参加科普（技）讲座、展览人次	每万人口参加科普（技）讲座、展览人次
		万人拥有文化馆、图书馆、博物馆、艺术表演馆数量	国家文化和科技融合示范基地数

①在融合基础中，表征文化基础的指标，将"文化体育与传媒支出占财政一般预算支出的比重"变更为"万人拥有博物馆、公共图书馆、艺术表演场馆数量"，以更形象地体现一个地区的文化发展基础。

②在融合基础中，表征文化基础的指标，将"文化创意产业增加值占GDP的比重"变更为"规模以上文化企业营业收入"。因为上述文化创意产

业统计口径变化，采用规模以上文化企业营业收入数据更能够体现国家对文化产业发展的指导方向，同时数据具有历年可得性，能够满足指标的长期监测需求。

③在融合基础中，表征科技基础的指标，将"知识密集型服务业增加值占GDP的比重"变更为"高技术产业增加值占地区GDP比重"，以求更加全面地体现文化科技融合发展的科技基础与科技支撑力量。

④在融合投入中，表征财力投入的指标，将"文化创意产业活动单位资产总额"变更为"规模以上文化制造业企业研发经费内部支出"，这同样是基于文化创意产业统计口径变化的原因。

⑤在融合产出中，表征产出质量的指标，将"外观设计专利授权量"变更为"国家文化出口重点企业数量"，一是为避免与其他同类指标的交叉重复，二是因为"国家文化出口重点企业数量"指标可从进出口的角度增加对融合产出成效的描述维度。

⑥在融合环境中，表征经济环境的指标，将"上市文化企业数"调整为"人均社会消费品零售总额"指标，结合原有的"地区人均GDP"指标，希望从地区产值、地区人均消费水平层面描述地区文化科技融合发展的经济环境与条件。

⑦在融合环境中，表征社会环境的指标，将"互联网宽带接入端口数"变更为"人均互联网宽带接入端口数"，以期从人均占有现代社会科技资源角度描述文化科技融合发展的环境，消除人口规模影响因素。

⑧在融合环境中，表征社会环境的指标，将"万人拥有文化馆、图书馆、博物馆、艺术表演馆数量"调整为"国家文化和科技融合示范基地数"，从政府支持及政策角度体现地区文化科技融合发展的社会环境。

⑨在融合环境中，增加"地方一般公共预算收入"指标，配合其他指标，从政府财力水平等层面描述地区文化科技融合发展的经济基础环境。

⑩在融合产出中，原有思路是从文化繁荣与科技进步两个角度分别体现文化科技融合的成效，但既为"融合"，通常表现为促进文化繁荣与推动科技进步同时发生。因此，考虑从数量和质量两个维度来衡量地区文化科技融

合的产出水平，去除"促进文化繁荣"与"推动科技进步"两个二级指标，改为"产出数量"与"产出质量"两个二级指标，描述文化科技融合的融合产出情况。

经过上述改进与完善，北京文化科技融合评价指标体系2.0版包含4个一级指标，8个二级指标，以及22个三级指标（见表2）。

表2 北京文化科技融合评价指标体系2.0版

一级指标	二级指标	三级指标
融合基础 （1/4）	文化基础 （1/2）	万人拥有博物馆、公共图书馆、艺术表演场馆数量（个）
		地区居民人均文化娱乐消费支出（元）
		规模以上文化企业营业收入（万元）
	科技基础 （1/2）	研究与试验发展（R&D）经费投入强度（%）
		地区万人有效专利数（项）
		高技术产业增加值占地区GDP比重（%）
融合投入 （1/4）	人力投入 （1/2）	人文社科R&D人员全时当量（人年）
		规模以上文化制造企业R&D人员折合全时当量（人年）
	财力投入 （1/2）	年度科普经费筹集额数（万元）
		规模以上文化制造业企业研发经费内部支出（万元）
融合产出 （1/4）	产出数量 （1/2）	文化及相关产业发明专利授权总数（项）
		规模以上文化制造企业新产品开发项目数（个）
		游戏、动漫企业营业收入总额（亿元）
	产出质量 （1/2）	当年文化企业认定国家高新技术企业数量（家）
		广播影视科技创新奖情况（分）
		国家文化出口重点企业数量（家）
融合环境 （1/4）	经济环境 （1/2）	人均社会消费品零售总额（元）
		地区人均GDP（万元）
		地方一般公共预算收入（亿元）
	社会环境 （1/2）	人均互联网宽带接入端口数（个/人）
		每万人口参加科普（技）讲座、展览人次（人次）
		国家文化和科技融合示范基地数（个）

在文化科技融合基础方面，设置了"文化基础"与"科技基础"两个二级指标。区域文化与区域科技的各自发展基础，是区域文化科技融合发展的前提条件，将决定该区域文化科技融合发展的基础与起点，也在一定程度

上影响文化科技融合发展未来的高度与深度。其中,"文化基础"包括对区域文化基础设施、文化活动开展、文化产业发展等要素的考量;"科技基础"则包括对区域科技活动实施、科技资源基础、科技产业发展等方面的考量。

在文化科技融合投入方面,设置了"人力投入"与"财力投入"两个二级指标。融合投入,不简单等同于文化方面投入与科技方面投入的总和,在实践中更主要体现在文化领域的科技投入以及文化科技融合发展的相关投入方面,包括人力和财力的投入。

在文化科技融合产出方面,设置了"产出数量"和"产出质量"两个二级指标。通过在文化产业实践中可采集的统计指标与数据,体现文化科技融合在文化产业、企业、产品等方面所取得的效果与成绩。例如,反映文化产业中的科技活动直接成果的指标:文化及相关产业发明专利授权总数（项）、规模以上文化制造企业新产品开发项目数（个）。反映文化产业科技活动社会认可度与社会影响的指标:当年文化企业认定国家高新技术企业数量（家）、广播影视科技创新奖情况（分）。反映文化科技融合促成新业态发展的指标:游戏、动漫企业营业收入总额（亿元）。反映通过文化科技融合提升国际竞争力的指标:国家文化出口重点企业数量（家）,等等。

在文化科技融合环境方面,设置了"经济环境"与"社会环境"两个二级指标。通过对"经济环境"与"社会环境"相关指标的考量,可在一定程度上反映地区文化科技融合未来发展的广度与深度。其中,"经济环境"二级指标,包括对居民社会消费水平、人均地区增加值、财政预算收入等要素的测评;"社会环境"二级指标,包括对社会互联网发展水平、国家文化和科技融合示范基地等环境要素的考量。

2. 横向评价指标的变更

由于纵向评价指标体系中具体指标发生变动,用于省市之间横向比较的简化的文化科技融合评价指标也随之变动,形成了由4个一级指标、10个具体指标构成的简化的文化科技融合评价指标体系（见表3）。

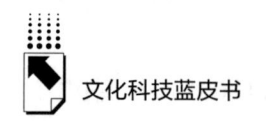

表3　简化的文化科技融合评价指标体系

一级指标	具体指标(2019)	具体指标(2020)
融合基础	文化创意产业增加值占GDP的比重	万人拥有博物馆、公共图书馆、艺术表演场馆数量
	研究与试验发展(R&D)经费投入强度	研究与试验发展(R&D)经费投入强度
融合投入	规模以上文化制造企业R&D人员折合全时当量	规模以上文化制造企业R&D人员折合全时当量
	年度科普经费筹集额	年度科普经费筹集额数
融合产出	文化及相关产业发明专利授权总数	文化及相关产业发明专利授权总数
	当年文化企业认定国家高新技术企业数量	当年文化企业认定国家高新技术企业数量
	游戏、动漫企业营业收入总额	游戏、动漫企业营业收入总额
	广播影视科技创新奖情况	国家文化出口重点企业数量
融合环境	地区人均GDP	人均社会消费品零售总额
	每万人口参加科普(技)讲座、展览人次	人均互联网宽带接入端口数

总体来说，简化的文化科技融合评价指标体系（2020）呈现以下结构特征。

对于"融合基础"一级指标，用文化场馆数量和科技研发经费投入强度两个指标整体反映各地区的文化基础与科技基础。

对于"融合投入"一级指标，从产业与社会两个角度，各选择一个指标，用文化制造企业研发人员投入与全社会科普经费两个指标，反映地区的整体融合投入水平。

对于"融合产出"一级指标，用文化产业专利授权数、文化企业认定国家高新技术企业数量、动漫游戏新业态营业收入、文化出口重点企业数等相关指标，从文化产业科技活动成果、新业态发展、国际经济影响等多个方面反映各地区文化科技融合产出与成效。

对于"融合环境"一级指标，选取人均社会消费品零售总额和人均互联网宽带接入端口数两个指标，从生活消费水平与现代社会网络条件两个方面，反映文化科技融合发展的综合环境。

简化的评价指标体系将用于对北京、天津、上海、浙江、广东、四川等文化科技融合发展较好、较有特色和亮点的省市的文化科技融合发展评价。通过评价指标体系测评以及结果分析,从全国多省市对比的角度,更加系统客观地评价与分析北京的文化科技融合发展水平、优势与短板,为全面、客观地认识北京文化科技融合态势提供定量分析和参考。

(二)权重变化与数据来源

1. 指标权重赋值

指标权重确定方法,仍然是在参考比较国内外相关研究赋权方法经验的基础上,结合文化科技融合指标体系特点,采用"逐级等权法",对文化科技融合发展纵向和横向评价指标进行权重的分配,基数为100。由于具体指标发生变动,赋值内容随之变动(见表4和表5)。

表4 北京文化科技融合评价指标体系指标权重赋值

一级指标及权重	二级指标及权重	三级指标及权重
融合基础(1/4)	文化基础(1/2)	万人拥有博物馆、公共图书馆、艺术表演场馆数量(个)(1/3)
		地区居民人均文化娱乐消费支出(元)(1/3)
		规模以上文化企业营业收入(万元)(1/3)
	科技基础(1/2)	研究与试验发展(R&D)经费投入强度(%)(1/3)
		地区万人有效专利数(项)(1/3)
		高技术产业增加值占地区GDP比重(%)(1/3)
融合投入(1/4)	人力投入(1/2)	人文社科R&D人员全时当量(人年)(1/2)
		规模以上文化制造企业R&D人员折合全时当量(人年)(1/2)
	财力投入(1/2)	年度科普经费筹集额数(万元)(1/2)
		规模以上文化制造业企业研发经费内部支出(万元)(1/2)
融合产出(1/4)	产出数量(1/2)	文化及相关产业发明专利授权总数(项)(1/3)
		规模以上文化制造企业新产品开发项目数(个)(1/3)
		游戏、动漫企业营业收入总额(亿元)(1/3)
	产出质量(1/2)	当年文化企业认定国家高新技术企业数量(家)(1/3)
		广播影视科技创新奖情况(分)(1/3)
		国家文化出口重点企业数量(家)(1/3)

续表

一级指标及权重	二级指标及权重	三级指标及权重
融合环境(1/4)	经济环境(1/2)	人均社会消费品零售总额(元)(1/3)
		地区人均GDP(万元)(1/3)
		地方一般公共预算收入(亿元)(1/3)
	社会环境(1/2)	人均互联网宽带接入端口数(个/人)(1/3)
		每万人口参加科普(技)讲座、展览人次(人次)(1/3)
		国家文化和科技融合示范基地数(个)(1/3)

注：各分领域的权重均为1/4，某一分领域内指标对所属领域的权重为1/n（n为该领域指标个数）。

表5 简化的北京文化科技融合评价指标体系指标权重赋值

分领域	指标名称	计量单位	权重
融合基础(1/4)	万人拥有博物馆、公共图书馆、艺术表演场馆数量	个	1/2
	研究与试验发展(R&D)经费投入强度	%	1/2
融合投入(1/4)	规模以上文化制造企业R&D人员折合全时当量	人年	1/2
	年度科普经费筹集额数	万元	1/2
融合产出(1/4)	文化及相关产业发明专利授权总数	项	1/4
	游戏、动漫企业营业收入总额	亿元	1/4
	当年文化企业认定国家高新技术企业数量	家	1/4
	国家文化出口重点企业数量	家	1/4
融合环境(1/4)	人均社会消费品零售总额	元	1/2
	人均互联网宽带接入端口数	个/人	1/2

注：各分领域的权重均为1/4，某一分领域内指标对所属领域的权重为1/n（n为该领域指标个数）。

2. 数据来源说明

为保证指标体系的科学准确和数据的可靠性，新调整的评价指标尽量采用国家和北京市权威统计部门多年常规公布指标数据。市场采集数据也尽量采用业内公认度较高的数据公司采集数据，并经多次数据验证。评价指标体系中各项指标的数据来源见表6。

表6 北京文化科技融合评价指标体系各项指标数据来源

指标	数据来源	是否调整
万人拥有博物馆、公共图书馆、艺术表演场馆数量(个)	《中国文化及相关产业统计年鉴》	是
地区居民人均文化娱乐消费支出(元)	《中国文化及相关产业统计年鉴》	否
规模以上文化企业营业收入(万元)	《中国文化及相关产业统计年鉴》	是
研究与试验发展(R&D)经费投入强度(%)	《中国科技统计年鉴》	否
地区万人有效专利数(项)	《中国科技统计年鉴》	否
高技术产业增加值占地区GDP比重(%)	《北京统计年鉴》	是
人文社科R&D人员全时当量(人年)	《中国科技统计年鉴》	否
规模以上文化制造企业R&D人员折合全时当量(人年)	《中国文化及相关产业统计年鉴》	否
年度科普经费筹集额数(万元)	《中国科技统计年鉴》	否
规模以上文化制造业企业研发经费内部支出(万元)	《中国文化及相关产业统计年鉴》	是
文化及相关产业发明专利授权总数(项)	《中国文化及相关产业统计年鉴》	否
规模以上文化制造企业新产品开发项目数(个)	《中国文化及相关产业统计年鉴》	否
游戏、动漫企业营业收入总额(亿元)	文投大数据	否
当年文化企业认定国家高新技术企业数量(家)	文投大数据	否
广播影视科技创新奖情况(分)	由广播影视科技创新奖计算得到	否
国家文化出口重点企业数量(家)	商务部网站	是
人均社会消费品零售总额(元)	《中国统计年鉴》《北京统计年鉴》	是
地区人均GDP(万元)	《中国统计年鉴》《北京统计年鉴》	否
地方一般公共预算收入(亿元)	《北京统计年鉴》	是
人均互联网宽带接入端口数(个/人)	国家统计局网站	是
每万人口参加科普(技)讲座、展览人次(人次)	《中国科普统计》	否
国家文化和科技融合示范基地数(个)	科技部网站	是

（三）经调整的指标解释及说明

1. 融合基础调整指标

万人拥有博物馆、公共图书馆、艺术表演场馆数量（个）：指标数值=（博物馆数+公共图书馆数+艺术表演场馆数）/地区年末人口数。

规模以上文化企业营业收入（万元）：规模以上文化企业营业收入体现了一个地区文化产业发展总体规模与水平。文化企业营业收入规模越大，一个地区的文化产业基础越雄厚，文化科技融合发展的基础越坚实。

高技术产业增加值占地区 GDP 比重（%）：指标数值 = 高技术产业增加值/地区 GDP。高技术产业反映了一个地区高科技产业的发展状态，也是对地区文化科技融合发展中科技发展实力与基础的检验与证明。高技术产业包括高技术服务业与高技术制造业两类。根据国家统计局发布的《高技术产业（服务业）分类（2013）》，高技术产业（服务业）是采用高技术手段为社会提供服务活动的集合，包括信息服务、电子商务服务、检验检测服务、专业技术服务业中的高技术服务、研发设计服务、科技成果转化服务、知识产权及相关法律服务、环境监测及治理服务和其他高技术服务 9 个大类。根据国家统计局发布的《高技术产业（制造业）分类（2013）》，高技术产业（制造业）是指国民经济行业中 R&D 投入强度（R&D 经费支出占主营业务收入的比重）相对较高的制造业行业，包括医药制造，航空、航天器及设备制造，电子及通信设备制造，计算机及办公设备制造，医疗仪器设备及仪器仪表制造，信息化学品制造 6 个大类。

2. 融合投入调整指标

规模以上文化制造业企业研发经费内部支出（万元）：该指标体现了文化制造业企业研发经费内部支出水平，一定程度上体现了文化与科技融合在产业实践层面的财力投入情况。

3. 融合产出调整指标

国家文化出口重点企业数量（家）：在现代科技手段支撑下，文化企业的创新力与竞争力正在逐步提升，并向国际文化企业看齐。一个地区获评进入国家文化出口重点企业目录的企业数量，在一定程度上能够体现该地区文化企业竞争能力和科技创新发展能力。

4. 融合环境调整指标

人均社会消费品零售总额（元）：指标数值 = 社会消费品零售总额/地区年末人口数。人均社会消费品零售总额，在一定程度上反映了地区文化产业与文化科技融合发展的消费基础。社会消费品零售总额是指企业（单位）通过交易售给个人、社会集团非生产、非经营用的实物商品金额，以及提供餐饮服务所取得的收入金额。指标体现了一个地区居民和企业（单位）的实际消费能力。文化消费与精神生活消费，是建立在一定的经济基础与消费能力之上的。只有在较为富裕和有一定消费能力的地区，文化消费、文化产业发展才能得到足够的市场和消费能力支撑。

地方一般公共预算收入（亿元）：该指标反映的是地方政府的财政情况。地方财政预算收入趋势良好，才能够将更多的预算与资金投入文化事业与人民精神生活追求领域，支持地区文化企业的规模发展与科技创新。一个地区只有地方财政预算充裕，其文化企业的发展与文化科技融合才能获得更好的政府公共条件支持与财政资金支持。

人均互联网宽带接入端口数（个/人）：指标数据＝互联网宽带接入端口数/地区年末人口数。网络化、信息化的社会环境，有利于文化科技融合发展的社会基础构建与长远发展。互联网宽带接入端口数，指用于接入互联网用户的各类实际安装运行的接入端口的数量，包括 XDSL 用户接入端口、LAN 接入端口、FTTH/O 端口及其他类型接入端口等的数量。指标反映的是地区网络基础设施条件与居民用网的习惯，以及现代网络生活方式等。

国家文化和科技融合示范基地数（个）：国家文化和科技融合示范基地由科技部、中宣部、中央网信办、文化和旅游部、国家广播电视总局五部门联合开展认定。被认定为国家文化和科技融合示范基地，既是地区文化科技融合发展成效的国家认可，也体现了地方政府、产业界等对文化科技融合工作的重视。同时，获得国家文化和科技融合示范基地认定，能够获得国家层面以及地方层面的配套政策支持，政策环境、社会发展环境与条件等方面具有相对明显优势。国家文化和科技融合示范基地数的具体数值计入方式：科技部与中宣部会同相关部门分别于 2012 年、2013 年分两批共认定 34 家基地，并于 2018 年开展第三批基地认定工作。第三批基地认定工作包含了对集聚类和单体类两类基地的认定工作。基于单体类基地体量明显小于集聚类基地体量，将两类基地分别乘以相应系数计入国家文化和科技融合示范基地个数。其中集聚类基地计入系数为0.8，单体类基地计入系数为0.2。

按照以上指标体系，本报告依据表6标明的数据来源，搜集整理了2014~2018年的相关数据（见表7）。

表7　2014~2018年北京文化科技融合评价指标原始数据

一级指标	二级指标	三级指标	2014年	2015年	2016年	2017年	2018年
融合基础	文化基础	万人拥有博物馆、公共图书馆、艺术表演场馆数量（个）	0.04	0.05	0.06	0.07	0.08
		地区居民人均文化娱乐消费支出（元）	2333.7	2592.1	2351.4	2395	2191.6
		规模以上文化企业营业收入（亿元）	6876.9	7548.1	8195.5	9586.0	10963.0
	科技基础	研究与试验发展（R&D）经费投入强度（%）	5.95	6.01	5.96	5.64	6.17
		地区万人有效专利数（项）	128	159	192	228	265
		高技术产业增加值占地区GDP比重（%）	21.59	22.01	22.73	22.76	23.01
融合投入	人力投入	人文社科R&D人员全时当量（人年）	13204	13522	14082	12964	13204
		规模以上文化制造企业R&D人员折合全时当量（人年）	1121	974	1062	906	824
	财力投入	年度科普经费筹集额数（万元）	217381	212622	251204	269586	261786
		规模以上文化制造业企业研发经费内部支出（万元）	29216	28584	27928	38600	35207
融合产出	产出数量	文化及相关产业发明专利授权总数（项）	945	1399	1840	2288	3176
		规模以上文化制造企业新产品开发项目数（个）	347	299	263	292	363
		游戏、动漫企业营业收入总额（亿元）	514.6	686.4	907.5	1050.2	1213.9
	产出质量	当年文化企业认定国家高新技术企业数量（家）	219	230	349	542	562
		广播影视科技创新奖情况（分）	90	91.4	91.1	97.8	106.6
		国家文化出口重点企业数量（家）	60	70	70	65	65

续表

一级指标	二级指标	三级指标	2014年	2015年	2016年	2017年	2018年
融合环境	经济环境	人均社会消费品零售总额（元）	44786	47619	50645	53318	54539
		地区人均GDP（万元）	9.91	10.60	11.81	12.90	14.08
		地方一般公共预算收入（亿元）	4027.16	4723.86	5081.26	5430.79	5785.92
	社会环境	人均互联网宽带接入端口数（个/人）	0.54	0.73	0.82	0.84	0.96
		每万人口参加科普（技）讲座、展览人次（人次）	21043	25050	21460	28524	66557
		国家文化和科技融合示范基地数（个）	0.8	0.8	0.8	0.8	1.6

二 北京文化科技融合发展纵向评价分析

依据调整完善后的北京文化科技融合发展纵向评价指标体系，进行数据的采集、整理，测算出2014~2018年北京文化科技融合发展规模指数及各分指标指数。

（一）北京文化科技融合发展总体情况

通过指标模型测算可以看出，以2014年为基期（指数为100），北京文化科技融合发展规模指数由100逐年递增至2018年的156.4，显示北京文化科技融合发展近5年来取得稳步且显著的成效。且指数增长趋势呈逐年加速的态势，指数由2014年的100增长到2015年的109.4，增长9.4，2016年指数增长10.6，2017年指数增长14.1，2018年指数增长22.3，最终达156.4。指数的逐年加速增长显示了北京文化科技融合发展的良好态势（见表8）。

表8 2014~2018年北京文化科技融合发展规模指数评价测算结果

评价指标	2014年	2015年	2016年	2017年	2018年	2018年较2017年变化
北京文化科技融合发展规模指数	100.0	109.4	120.0	134.1	156.4	增加
一、融合基础	100.0	112.2	120.9	132.6	145.1	增加
文化基础	100.0	115.3	123.3	139.0	151.1	增加
科技基础	100.0	109.1	118.5	126.1	139.1	增加
二、融合投入	100.0	96.2	103.1	108.8	103.6	减少
人力投入	100.0	94.6	100.7	89.5	86.8	减少
财力投入	100.0	97.8	105.6	128.1	120.5	减少
三、融合产出	100.0	115.1	137.4	165.8	193.3	增加
产出数量	100.0	122.5	149.0	176.8	225.5	增加
产出质量	100.0	107.7	125.7	154.8	161.1	增加
四、融合环境	100.0	114.1	118.7	129.2	183.6	增加
经济环境	100.0	110.2	119.5	128.0	135.8	增加
社会环境	100.0	118.1	117.9	130.4	231.4	增加

（二）分领域文化科技融合发展情况分析

分领域来看，文化科技融合基础不断夯实，融合产出规模成效显现，经济社会融合环境不断优化，文化科技融合发展规模再上新台阶。

1. 融合基础指数逐年增长

2018年，融合基础指数达145.1，实现逐年稳步增加，较2017年的132.6实现了较大增长（见图1）。

该领域中的两项指标均有所增加。2018年，文化基础指数为151.1，与基期2014年相比，文化基础规模保持逐年快速增长态势；科技基础指数为139.1，历年来也实现了稳步增长，特别是较2016年有较大增加，体现科技基础规模指数稳步增长的良好态势（见图2）。

2. 融合投入指数波动上升

2018年融合投入指数达103.6，较2017年的108.8有所下降（见图3）。

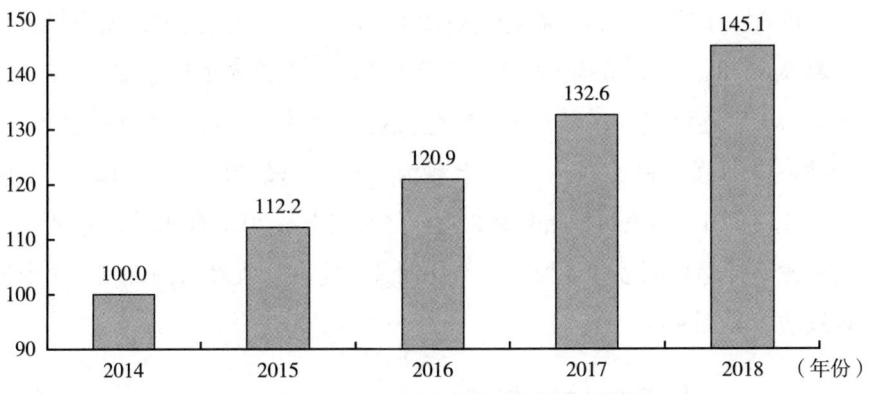

图1 2014~2018年融合基础指标规模指数

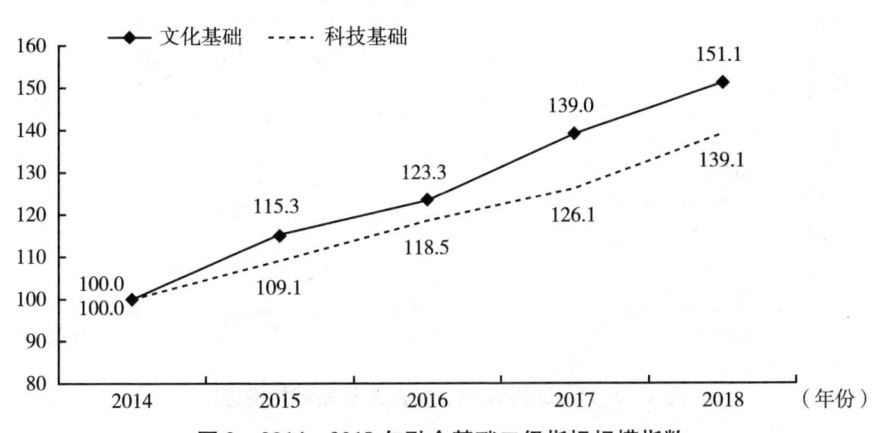

图2 2014~2018年融合基础二级指标规模指数

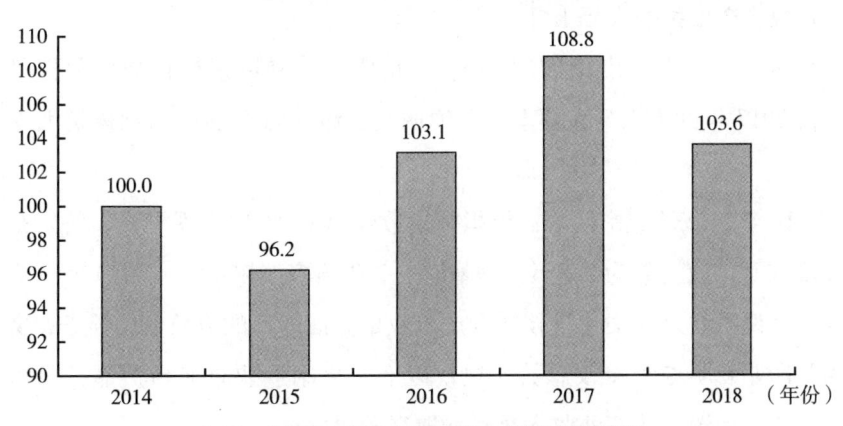

图3 2014~2018年融合投入指标规模指数

2018年，该领域中两个指标均较2017年有所下降。其中，人力投入规模指数为86.8，较2017年的89.5下降2.7，人力投入规模自2016年达最高值100.7后逐年减少，说明北京文化科技融合的人力投入发展态势不佳，有待进一步加强；财力投入规模指数为120.5，较2017年的128.1下降7.6，2015~2017年该指标指数呈现逐年增加态势，2018年的下降主要是由年度科普经费筹集额数和规模以上文化制造业企业研发经费内部支出有所减少导致的（见图4）。

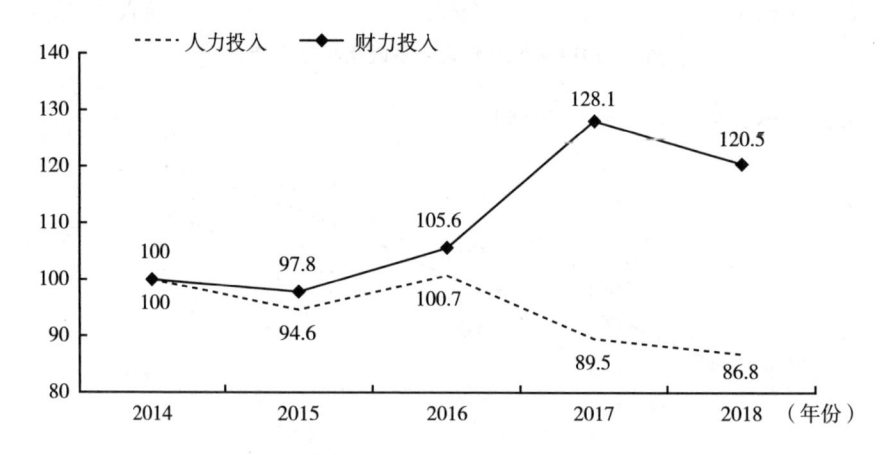

图4　2014~2018年融合投入二级指标规模指数

3. 融合产出指数大幅上升

2018年，融合产出指数达193.3，是所有分领域指标指数中数值最大的，较2017年的165.8大幅上升，说明文化科技融合的产出规模扩大（见图5）。

2018年，该领域中两个二级指标指数较2017年均出现上升，特别是产出数量方面，该指数为225.5，是基期的2.2倍多，较2017年的176.8大幅上升，这说明北京在文化科技融合产出数量方面取得的成效非常显著，文化及相关产业发明专利授权总数，规模以上文化制造业企业新产品开发项目数，游戏、动漫企业营业收入总额均取得较快发展。

在文化科技融合产出质量方面，2018年该指数为161.1，较2017年的

北京文化科技融合发展评价报告（2021）

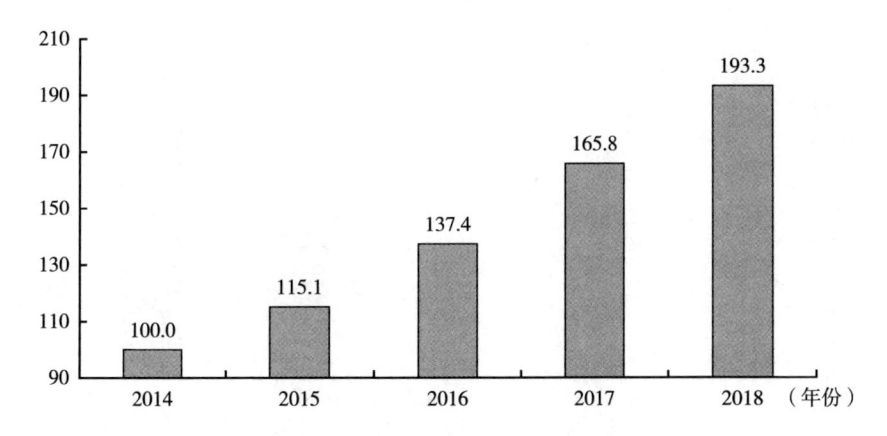

图5　2014~2018年融合产出指标规模指数

154.8同样出现一定的上升，较2016年的125.7也有较大增长。这说明北京文化科技融合在产出质量方面取得的成效也较为显著。当年文化企业认定国家高新技术企业数量、广播影视科技创新奖情况和国家文化出口重点企业数量均取得较好的成绩，高质量发展成效显著（见图6）。

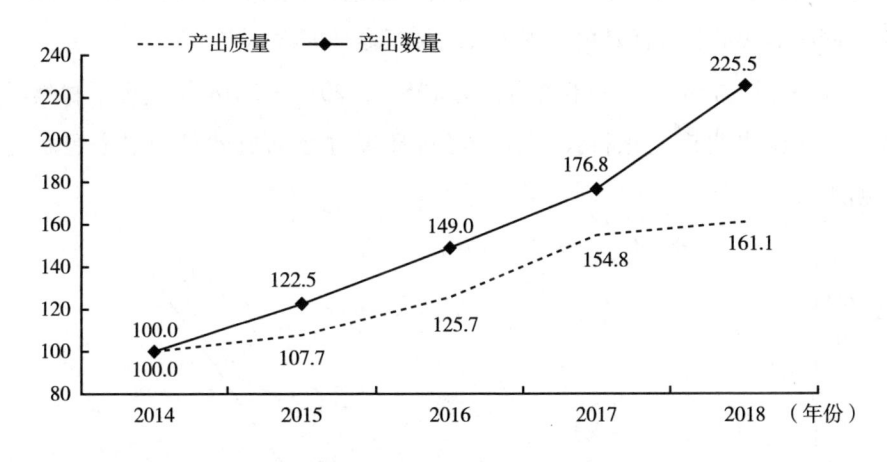

图6　2014~2018年融合产出二级指标规模指数

4. 融合环境指数显著增长

2018年，融合环境指数达183.6，较2017年的129.2显著增加（见图7）。

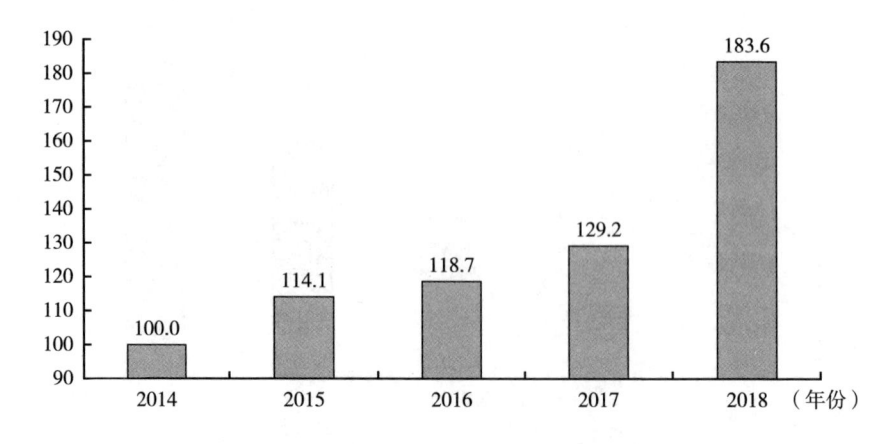

图7　2014～2018年融合环境指标规模指数

该领域两个二级指标指数值均呈现良好的增长态势。特别是社会环境指标指数，2018年达231.4，远高于2017年的130.4，是2014年基期的2.3倍多，这说明北京文化科技融合发展在社会环境方面取得较大的突破。主要指标影响因素是中央在京单位组织开展的全国性科普活动参加人次增加较多，网络形式的科普活动的开展大大增加了参加人次。

经济环境方面，2018年该指数为135.8，2014～2018年呈现平稳增长态势。这说明北京文化科技融合在经济环境方面的成效较为显著且稳定（见图8）。

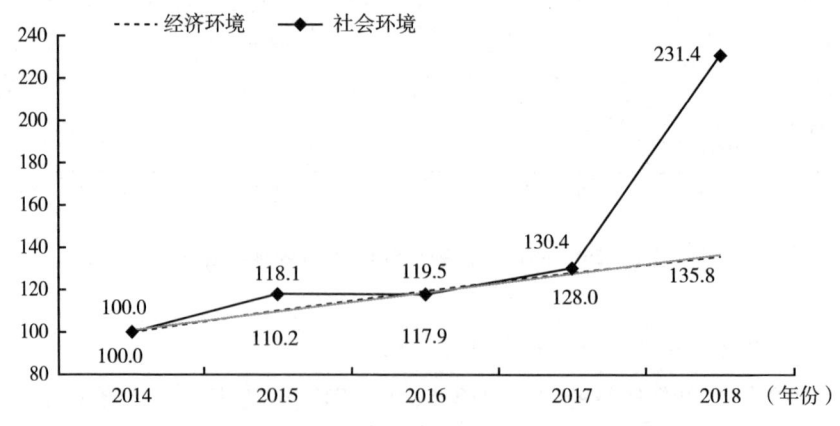

图8　2014～2018年融合环境二级指标规模指数

（三）文化科技融合发展增速情况分析

以2014年为基期，基数为100，对北京文化科技融合发展速度指数进行测算，测算结果显示，2018年北京文化科技融合发展速度指数首次突破140，达148.6，较上年大幅增长15.1%，增速较上年加快（见图9）。

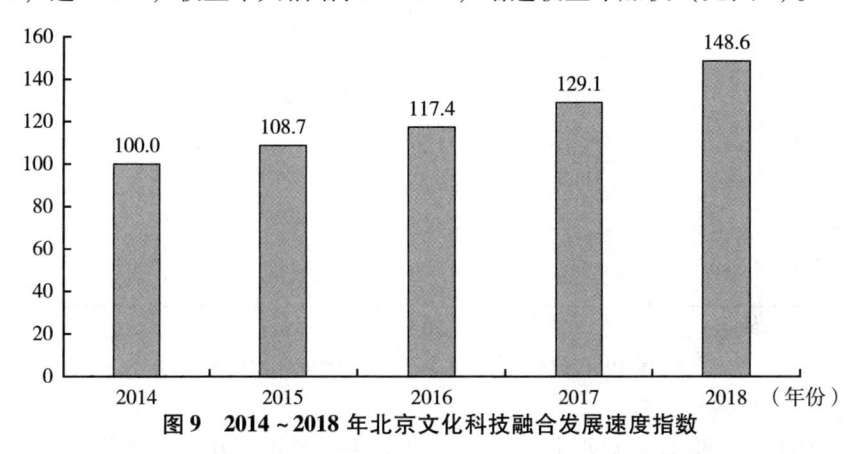

图9　2014~2018年北京文化科技融合发展速度指数

2018年，分领域来看，文化科技融合基础、融合产出和融合环境发展速度指数较上年均实现不同程度的增长，但文化科技融合投入发展速度指数增长趋缓（见表9）。

表9　2014~2018年北京文化科技融合发展速度指数

评价指标	2014年	2015年	2016年	2017年	2018年	2018年较2017年变动
北京文化科技融合发展速度指数	100.0	108.7	117.4	129.1	148.6	加快
一、融合基础	100.0	111.8	119.0	128.4	137.9	加快
文化基础	100.0	115.1	121.6	135.7	144.1	加快
科技基础	100.0	108.5	116.5	121.1	131.7	加快
二、融合投入	100.0	96.1	102.8	108.5	103.1	放缓
人力投入	100.0	94.3	100.5	89.1	85.7	放缓
财力投入	100.0	97.8	105.1	127.9	120.4	放缓
三、融合产出	100.0	113.4	130.2	151.3	175.0	加快
产出数量	100.0	119.2	137.2	160.4	201.8	加快
产出质量	100.0	107.6	123.2	142.3	148.2	加快
四、融合环境	100.0	113.6	117.5	128.0	178.3	加快
经济环境	100.0	110.1	119.4	127.8	135.4	加快
社会环境	100.0	117.1	115.6	128.1	221.3	加快

1. 融合基础发展速度指数

2018年北京文化科技融合基础发展速度指数达137.9，比上年增长7.4%，增速较上年下降0.5个百分点，指数总体呈现逐年增长态势（见图10）。

图10　2014～2018年融合基础发展速度指数

2018年，融合基础两个指标较上年均有所增长，其中，文化基础发展速度指数为144.1，较上年增长6.2%，增速有所放缓，仍呈现稳步增长态势；科技基础发展速度指数也实现稳定增长，达131.7，较上年增长8.8%，增速上升4.9个百分点（见图11）。

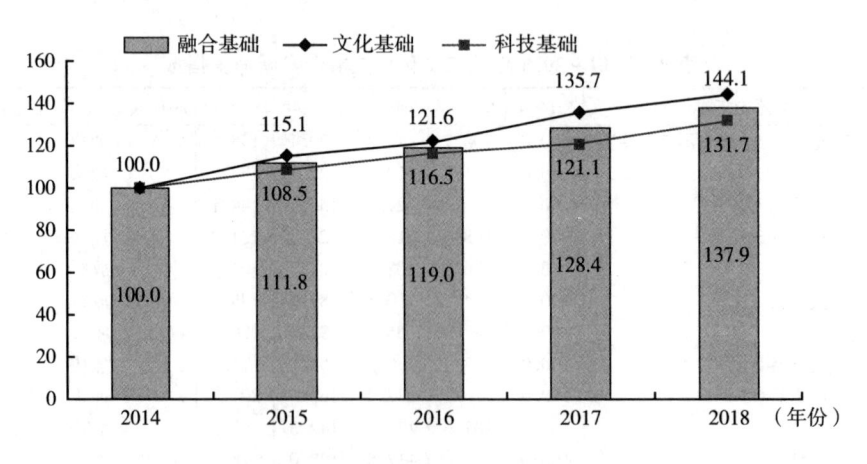

图11　2014～2018年融合基础二级指标发展速度指数

2. 融合投入发展速度指数

2018年融合投入发展速度指数达103.1，出现略微回落，下降5.0%，但仍高于100（见图12）。

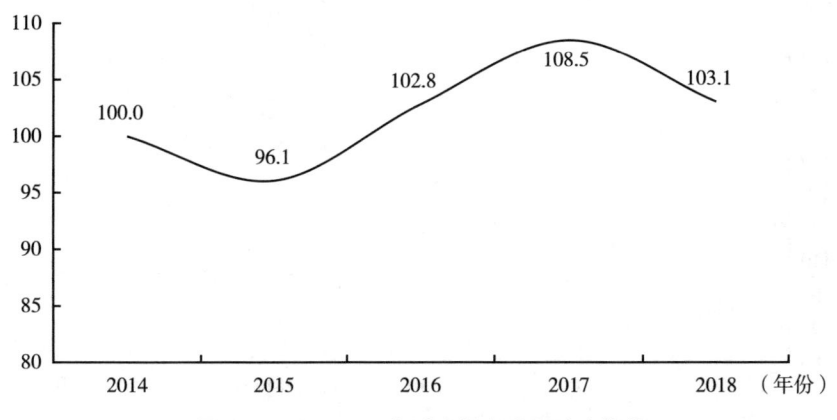

图12 2014~2018年融合投入发展速度指数

2018年，融合投入两个指标较上年均有所下降。人力投入发展速度指数有所下降，为85.7，较上年下降3.8%；财力投入发展速度指数为120.4，较2017年下降5.9%，但仍高于100（见图13）。

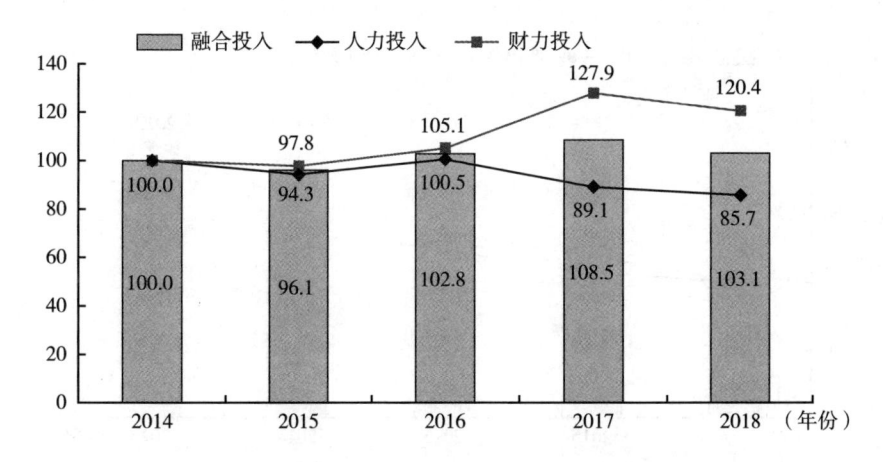

图13 2014~2018年融合投入二级指标发展速度指数

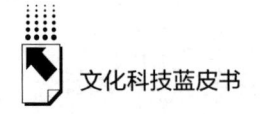

3. 融合产出发展速度指数

2018年北京文化科技融合产出发展速度指数达175.0，比上年增长15.7%，是所有分领域指标中增速较快的指标之一（见图14）。

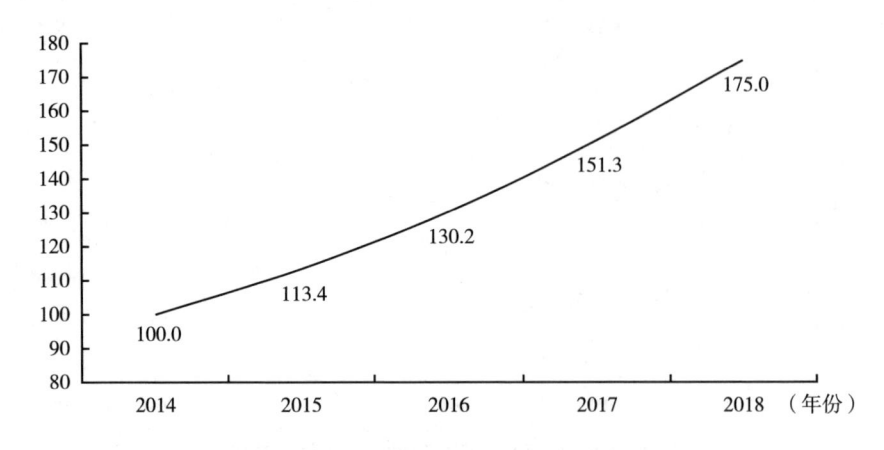

图14　2014～2018年融合产出发展速度指数

2018年，融合产出的两个指标发展速度指数均实现增长，其中，产出数量发展速度指数为201.8，比上年增长25.8%，产出质量发展速度指数为148.2，较上年增长4.1%（见图15）。

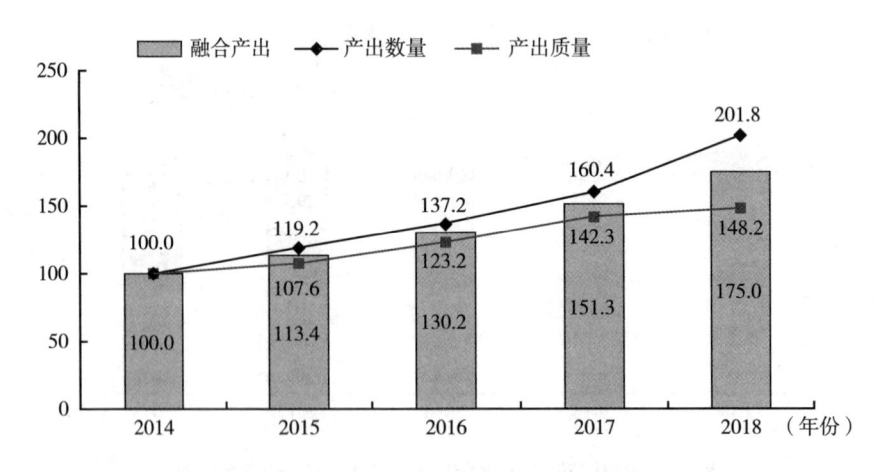

图15　2014～2018年融合产出二级指标发展速度指数

4. 融合环境发展速度指数

2018年北京文化科技融合环境发展速度指数达178.3，呈现逐年不断优化提升的良好发展态势（见图16）。

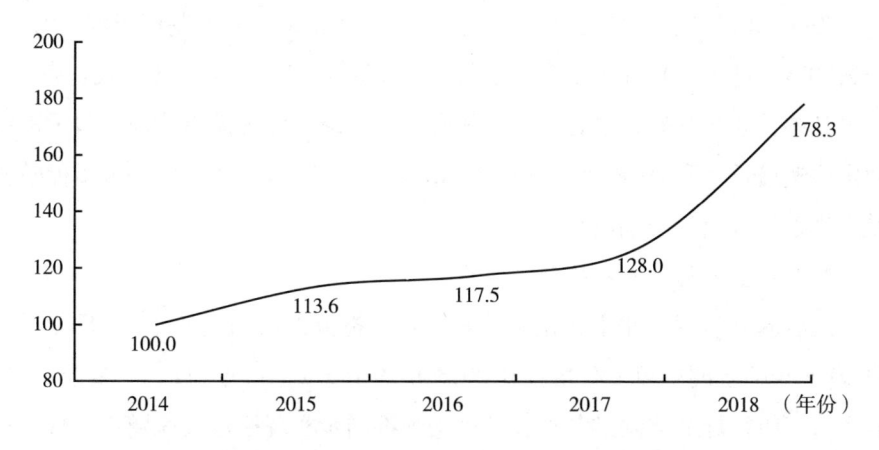

图16　2014~2018年融合环境发展速度指数

2018年，文化科技融合环境两个指标中，经济环境发展速度指数为135.4，较上年增长5.9%。社会环境发展速度指数为221.3，较上年大幅增长72.8%，在全部评价指标指数中增速最快（见图17）。

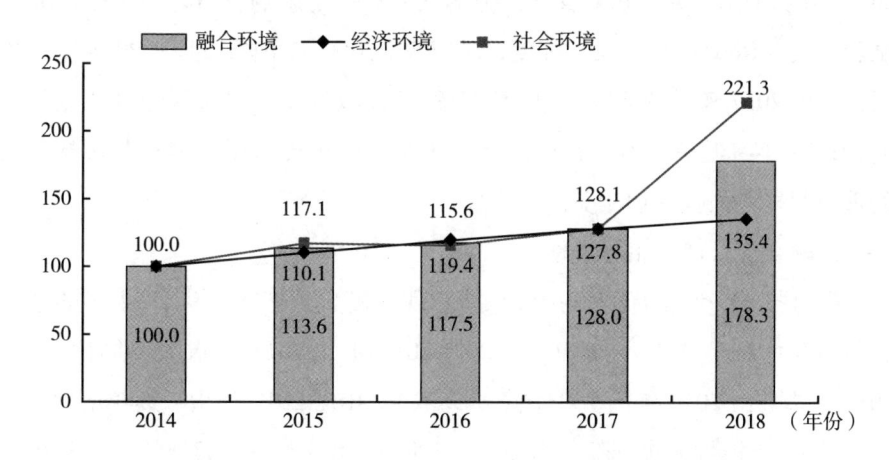

图17　2014~2018年融合环境二级指标发展速度指数

（四）评价分析结论

1. 北京文化科技融合发展总体呈现稳定快速增长态势

2014~2018年，北京文化科技融合规模指数由2014年的基期指数100，上升到2018年的156.4，且增速稳定，规模指数逐年上升，呈现稳定增长态势。

其中，融合基础、融合产出、融合环境一级指标规模指数都实现了逐年稳定快速增长，到2018年，分别达145.1、193.3、183.6。仅一级指标融合投入规模指数出现小幅波动。

2. 融合基础总体稳步提升

融合基础呈现与北京文化科技融合规模指数密切相关的稳步增长态势，由2014年的基期指数100增长到2018年的145.1，每年增长10多个单位。其中，二级指标文化基础与科技基础指数都同步实现稳定快速增长，每年平均增长约10多个单位。

融合基础中的三级指标，其数值也大都稳定快速增长，只有两个指标表现稍有不同。一个是地区居民人均文化娱乐消费支出（元），在2018年出现了一定程度的减少，由2017年的人均文化娱乐消费支出2395元下降到2018年的2191.6元，这对文化产业的发展有一定影响。另外一个是研究与试验发展（R&D）经费投入强度，2017年同比略有下降，但是2018年强势回归，由2017年的5.64%上升到2018年的6.17%，这与国际科技竞争加剧、2018年习近平总书记在两院院士大会上的重要讲话、国家对科技研发的重视明显增强等密切相关。

3. 融合投入增长相对缓慢

融合投入一级指标规模指数总体呈现缓慢上升态势，从2014年的基期指数100增长到2018年的103.6。但2015年和2018年指数都同比下降，2015年指数由2014年的100下降到96.2，2016、2017年指数逐年增加，但是到2018年指数再次下降，由2017年的108.8下降为103.6。这与整体经济环境变化及文化制造业研发指标选取等因素有一定关联。近年来，科研领域将更多资金用于产业核心关键技术研发，人文社科研发活动与研发经费有一定程度的相应弱化。同时，随着北京疏解非首都核心功能，文化制造业企业的研发活动总量增长受到一定约束，相关指标也受到影响。融合投入指数增长缓慢将不利于未来文化科技融合的长期可持续发展，会造成文化科技融合发展动力相对削弱、发展势头趋缓。

4. 融合产出近年来加速增长

融合产出规模指数实现逐年稳定大幅增长，由2014年的基期指数100增长到2018年的193.3。特别是产出数量二级指标的具体指标都实现了同比加速增长。其中，文化及相关产业发明专利授权总数由2017年的2288项增长到2018年的3176项；规模以上文化制造企业新产品开发项目数由2017年的292个增长到2018年的363个；游戏、动漫企业营业收入总额由2017年的1050.2亿元增加到2018年的1213.9亿元。由于融合产出相对于融合投入有一定的滞后，故未受融合投入增长缓慢的影响，仍呈现加速增长态势。

5. 融合环境近年来得到明显改善

2018年北京文化科技融合发展的环境实现极大改善，融合环境指数由2017年的129.2快速增长到2018年的183.6。2018年，网络科普形式被广泛推广和应用，统计数据体现的网络参与科普（技）讲座、展览人次快速增加，由2017年的每万人口参加28524人次增加到2018年的66557人次，2018年是2017年的2.3倍。同时，由于第三批国家文化和科技融合示范基地认定工作的推进，北京新增加4家公司进入国家文化和科技融合示范基地数（单体类）名单，这一指标的得分快速提升。另外，人均社会消费品零售总额、地区人均GDP、人均互联网宽带接入端口数等指标也都持续稳定上升，因此2014~2018年的文化科技融合环境实现了持续快速改善，特别是2017~2018年有较大的飞跃。

三　北京与部分省市文化科技融合发展的横向对比分析

基于前文构建的文化科技融合横向评价指标体系，本报告对2018年北京、上海、广东、浙江、天津、四川六省市的融合基础、融合投入、融合产

出、融合环境的10个指标进行了数据的收集、对比（见表10）与最终的横向指数测算（见表11），并在此基础上系统分析了六省市的优劣势。

表10　2018年六省市文化科技融合评价指标原始数据

指标名称	北京	上海	广东	浙江	天津	四川
万人拥有博物馆、公共图书馆、艺术表演场馆数量（个）	0.08	0.07	0.04	0.14	0.10	0.07
研究与试验发展（R&D）经费投入强度（%）	6.17	4.16	2.78	2.57	2.62	1.81
规模以上文化制造企业R&D人员全时当量（人年）	824	1260	37313	16555	1326	8951
年度科普经费筹集额数（万元）	26.18	17.90	9.29	10.85	2.27	7.59
文化及相关产业发明专利授权总数（项）	3176	1250	5045	1663	254	606
游戏、动漫企业营业收入总额（亿元）	1213.9	894.4	906.6	411.5	119.0	466.5
当年文化企业认定国家高新技术企业数量（家）	562	636	1266	400	110	267
国家文化出口重点企业数量（家）	65	26	15	20	10	15
人均社会消费品零售总额（元）	54539	52264	34815	43591	35468	21885
人均互联网宽带接入端口数（个/人）	0.96	0.77	0.72	1.04	0.58	0.65

表11　2018年六省市文化科技融合发展指数评价测算结果

评价指标	北京	上海	广东	浙江	天津	四川
文化科技融合发展指数	75.7	56.7	61.4	59.0	33.3	35.3
一、融合基础	78.6	58.7	36.8	70.8	56.9	39.7
万人拥有博物馆、公共图书馆、艺术表演场馆数量（个）	57.1	50.0	28.6	100.0	71.4	50.0
研究与试验发展（R&D）经费投入强度（%）	100.0	67.4	45.1	41.7	42.5	29.3
二、融合投入	51.1	35.9	67.7	42.9	6.1	26.5
规模以上文化制造企业R&D人员折合全时当量（人年）	2.2	3.4	100.0	44.4	3.6	24.0
年度科普经费筹集额数（万元）	100.0	68.4	35.5	41.5	8.7	29.0

续表

评价指标	北京	上海	广东	浙江	天津	四川
三、融合产出	76.8	47.2	74.4	32.3	9.7	23.7
文化及相关产业发明专利授权总数(项)	63.0	24.8	100.0	33.0	5.0	12.0
游戏、动漫企业营业收入总额(亿元)	100.0	73.7	74.7	33.9	9.8	38.4
当年文化企业认定国家高新技术企业数量(家)	44.4	50.2	100.0	31.6	8.7	21.1
国家文化出口重点企业数量(家)	100.0	40.0	23.1	30.8	15.4	23.1
四、融合环境	96.2	84.9	66.5	90.0	60.4	51.3
人均社会消费品零售总额(元)	100.0	95.8	63.8	79.9	65.0	40.1
人均互联网宽带接入端口数(个/人)	92.3	74.0	69.2	100.0	55.8	62.5

（一）省市间的总体情况对比

从六省市文化科技融合发展指数综合对比评价分析结果可以看出：北京最高，指数为75.7；广东居第二位，指数为61.4；浙江位列第三，指数为59.0；上海居第四位，指数为56.7；四川、天津分别为第五位、第六位，指数分别为35.3、33.3，与前四位差距较大。从各分项情况看，北京文化科技融合发展指数虽遥遥领先于其他省市，但仍有较大的发展空间和潜力（见图18）。

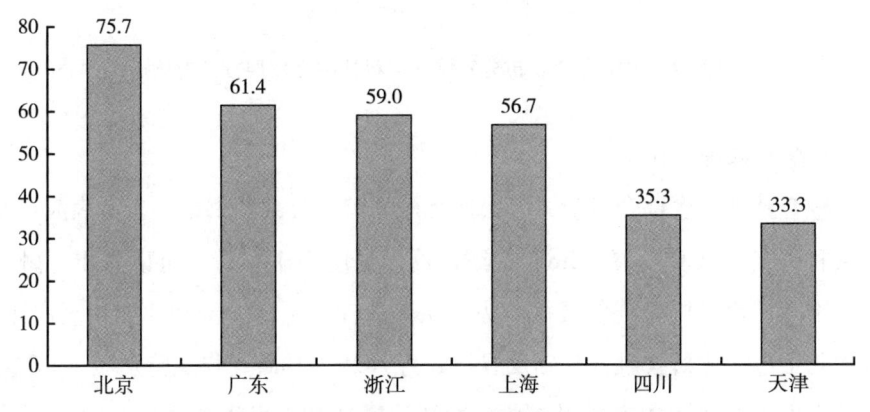

图18 2018年六省市文化科技融合发展指数对比

（二）分领域一级指标指数对比分析

从一级指标对比评价结果可以看出，北京融合基础发展指数为78.6，高于浙江的70.8、上海的58.7；融合投入发展指数为51.1，低于广东的67.7，主要由于规模以上文化制造企业R&D人员折合全时当量较低；融合产出发展指数为76.8，居首位，广东为74.4；融合环境发展指数为96.2，居首位，浙江为90.0，上海为84.9（见图19）。

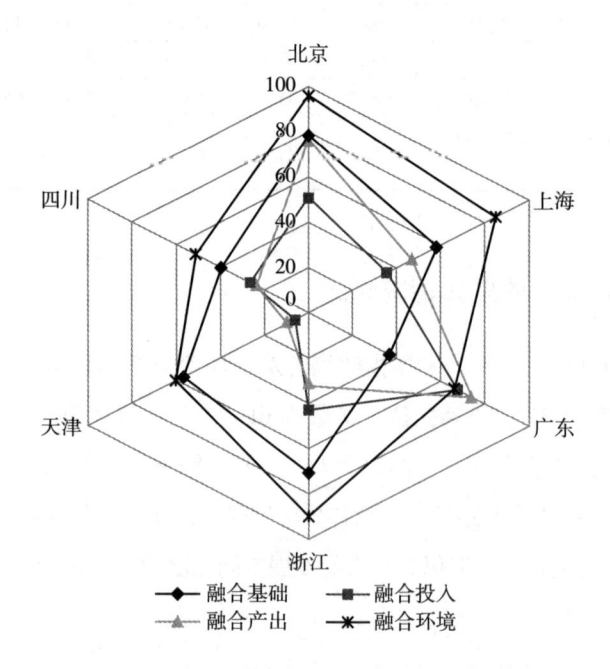

图19 2018年六省市分领域文化科技融合发展指数对比

1. 融合基础对比

融合基础维度综合考量了万人拥有博物馆、公共图书馆、艺术表演场馆数量和研究与试验发展（R&D）经费投入强度两个指标。可以看出，融合基础维度文化科技融合发展排名为北京、浙江、上海、天津、四川、广东，其中北京市文化科技融合基础发展指数为78.6，其研究与试验发展（R&D）经费投入强度在六省市中居首位。浙江的融合基础发展指数为70.8，其余均低于60,四川、广东的融合基础发展指数低于40,文化科技融合基础亟待改善(见图20)。

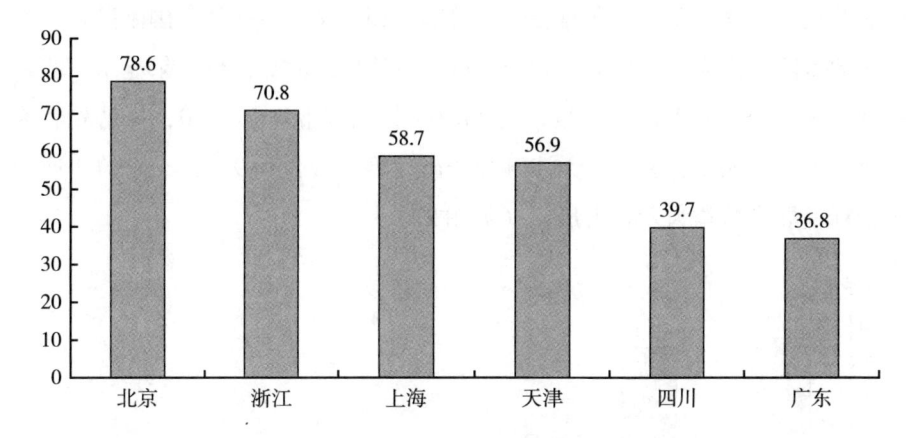

图20 2018年六省市融合基础发展指数对比

2. 融合投入对比

融合投入维度从规模以上文化制造企业R&D人员折合全时当量、年度科普经费筹集额数两个指标的角度进行比较。从对比结果中可以看出,广东文化科技融合投入的发展指数最高,为67.7。其次是北京和浙江,天津融合投入的发展指数最低,仅为6.1(见图21)。

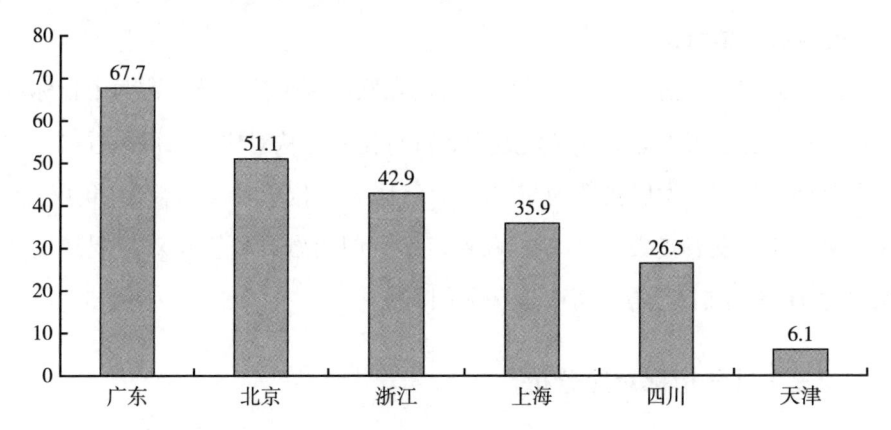

图21 2018年六省市融合投入发展指数对比

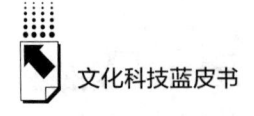

3. 融合产出对比

融合产出维度从文化及相关产业发明专利授权总数、国家文化出口重点企业数量、游戏、动漫企业营业收入总额、当年文化企业认定国家高新技术企业数量四个方面对文化科技融合发展进行比较。对比评价结果显示，北京最高，为76.8，广东居第二位，为74.4。其他省市均低于50，排名先后为上海、浙江、四川、天津，天津融合产出发展指数仅为9.7，天津的四项产出指标发展指数均为六省市最低（见图22）。

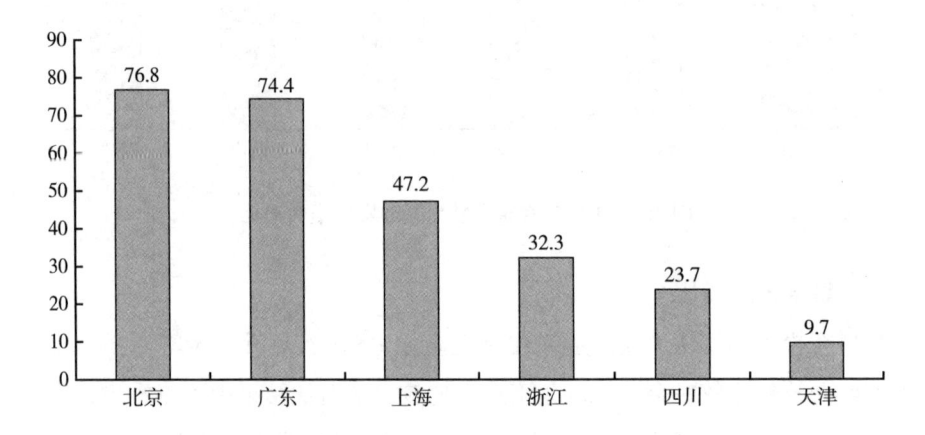

图22 2018年六省市融合产出发展指数对比

省市	指数
北京	76.8
广东	74.4
上海	47.2
浙江	32.3
四川	23.7
天津	9.7

4. 融合环境对比

选取人均社会消费品零售总额和人均互联网宽带接入端口数两个指标对文化科技融合发展的融合环境发展指数进行比较。从对比结果可以看出，北京融合环境最好，发展指数为96.2，浙江居第二位，发展指数为90.0。上海居第三位，发展指数为84.9。六省市中，四川融合环境相对较弱，发展指数为51.3，融合环境亟待改善（见图23）。

（三）具体指标对比分析

从具体指标来看，北京在研究与试验发展（R&D）经费投入强度，年度科普经费筹集额数，游戏、动漫企业营业收入总额，国家文化出口重点企

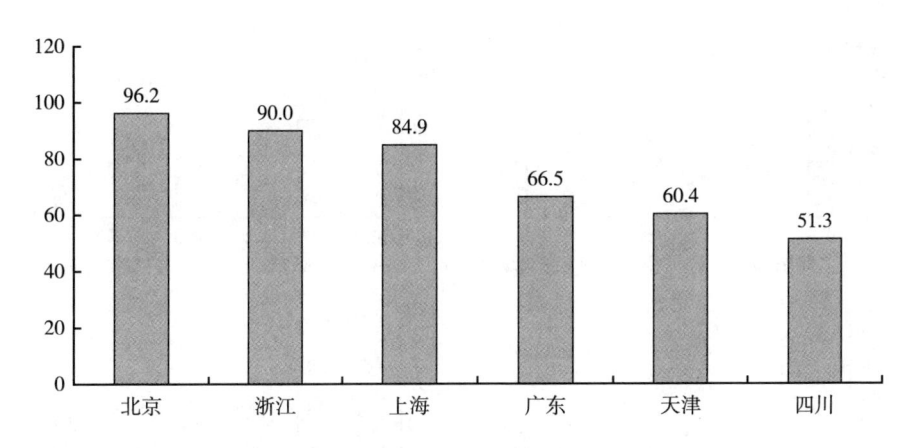

```
120
100  96.2
         90.0
              84.9
                   66.5
                        60.4
                             51.3
80
60
40
20
 0
     北京  浙江  上海  广东  天津  四川
```

图23　2018年六省市融合环境发展指数对比

业数量，人均社会消费品零售总额五项指标方面占有绝对优势；规模以上文化制造企业R&D人员折合全时当量、文化及相关产业发明专利授权总数、当年文化企业认定国新高新技术企业数量三项指标相对较弱。北京以服务业为主，生产制造类企业相对不多，导致文化企业认定国家高新技术企业数量不多，从而与企业数量相关的制造企业R&D人员数量、文化及相关产业发明指标相对不高（见图24）。

从图24可以看出，万人拥有博物馆、公共图书馆、艺术表演场馆数量，浙江最高，其次为天津，说明北京的万人拥有博物馆、公共图书馆、艺术表演场馆数量在全国处于中等水平。

从研究与试验发展（R&D）经费投入强度看，北京最高，其次为上海和广东，研发投入经费是地区创新活动的重要衡量指标，说明北京不断加大文化科技领域的研发投入力度，重视促进文化科技领域的创新活动。

从规模以上文化制造企业R&D人员折合全时当量看，北京处于较低的水平，广东居首位，这与近年来北京大力发展第三产业有一定关系，由于该指标反映的是制造业领域研发人员的投入情况，北京经济社会发展正从制造业主导向第三产业服务业主导转型，符合北京的发展战略目标。

文化科技蓝皮书

(1) 万人拥有博物馆、公共图书馆、艺术表演场馆数量
- 北京: 57.1
- 上海: 50.0
- 广东: 28.6
- 浙江: 100.0
- 天津: 71.4
- 四川: 50.0

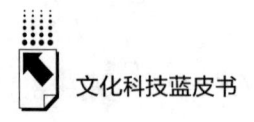

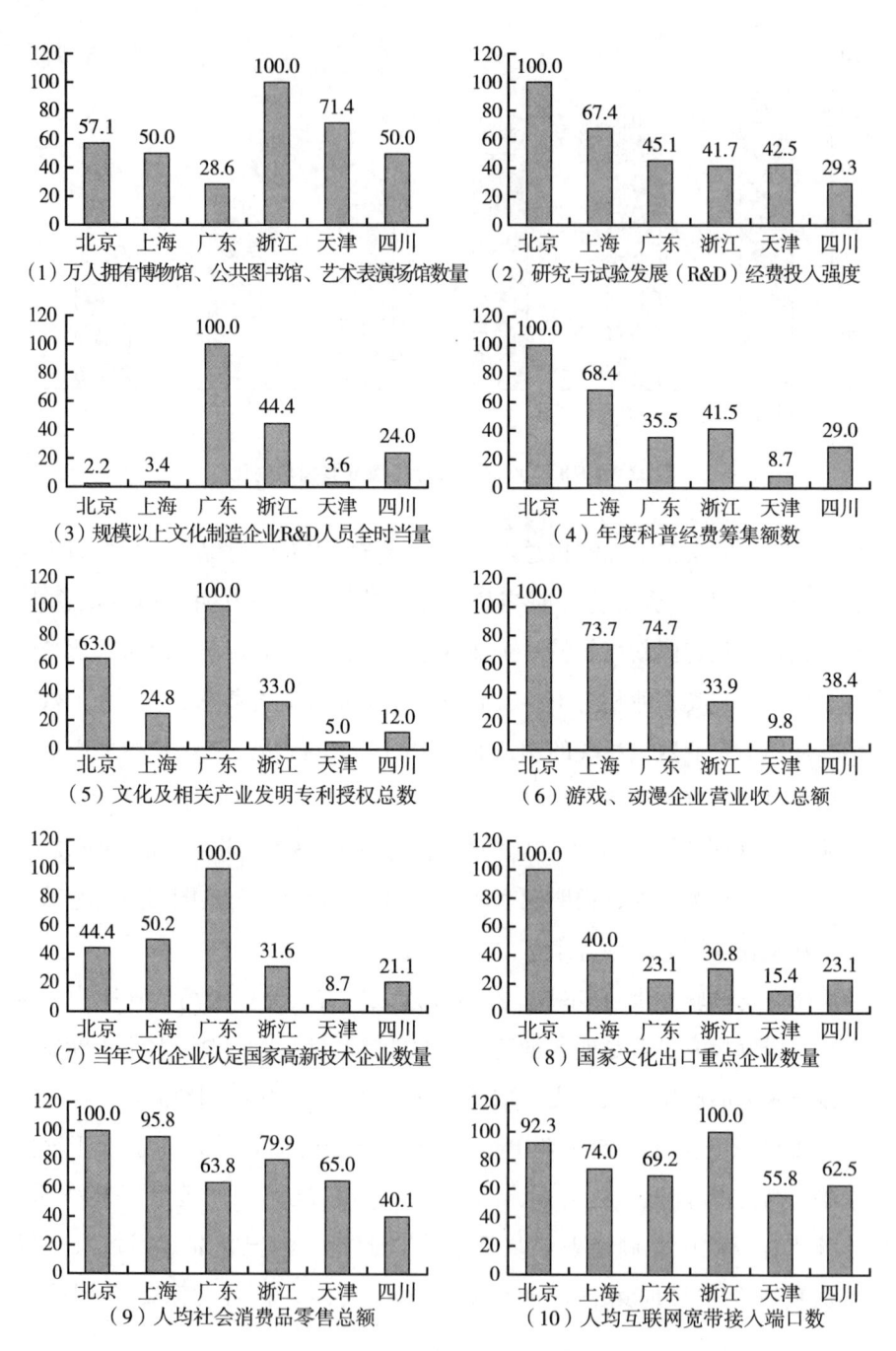

(2) 研究与试验发展（R&D）经费投入强度
- 北京: 100.0
- 上海: 67.4
- 广东: 45.1
- 浙江: 41.7
- 天津: 42.5
- 四川: 29.3

(3) 规模以上文化制造企业R&D人员全时当量
- 北京: 2.2
- 上海: 3.4
- 广东: 100.0
- 浙江: 44.4
- 天津: 3.6
- 四川: 24.0

(4) 年度科普经费筹集额数
- 北京: 100.0
- 上海: 68.4
- 广东: 35.5
- 浙江: 41.5
- 天津: 8.7
- 四川: 29.0

(5) 文化及相关产业发明专利授权总数
- 北京: 63.0
- 上海: 24.8
- 广东: 100.0
- 浙江: 33.0
- 天津: 5.0
- 四川: 12.0

(6) 游戏、动漫企业营业收入总额
- 北京: 100.0
- 上海: 73.7
- 广东: 74.7
- 浙江: 33.9
- 天津: 9.8
- 四川: 38.4

(7) 当年文化企业认定国家高新技术企业数量
- 北京: 44.4
- 上海: 50.2
- 广东: 100.0
- 浙江: 31.6
- 天津: 8.7
- 四川: 21.1

(8) 国家文化出口重点企业数量
- 北京: 100.0
- 上海: 40.0
- 广东: 23.1
- 浙江: 30.8
- 天津: 15.4
- 四川: 23.1

(9) 人均社会消费品零售总额
- 北京: 100.0
- 上海: 95.8
- 广东: 63.8
- 浙江: 79.9
- 天津: 65.0
- 四川: 40.1

(10) 人均互联网宽带接入端口数
- 北京: 92.3
- 上海: 74.0
- 广东: 69.2
- 浙江: 100.0
- 天津: 55.8
- 四川: 62.5

图24　2018年六省市文化科技融合具体指标指数对比

从年度科普经费筹集额数看，北京领先，其次为上海，其他省市较低，这也印证了北京作为全国文化中心的显著地位，在科学普及提升公民科学素养等方面给予了较大的经费支持，打造了北京在全国文化科学中的核心地位。

从文化及相关产业发明专利授权总数看，北京仅次于广东，居第二位，这也显示了目前北京转型科技创新中心的发展战略，虽然制造业领域人员投入减少，但研究和试验发展（R&D）的经费投入和产出仍具有较大的优势。

从游戏、动漫企业营业收入总额看，北京居第一位，优势地位明显，游戏、动漫企业具有较强的文化输出能力。

从当年文化企业认定国家高新技术企业数量看，北京居第三位，低于广东和上海，这与上述北京服务业转型发展相互印证，但国家高新技术企业的数量并不处于弱势，且研发产出专利规模也较大。

从国家文化出口重点企业数量看，北京为65家，处于绝对领先位置，说明北京在文化输出上具备较强的优势。

从人均社会消费品零售总额看，2018年，北京的人均社会消费品零售总额为5.45万元，居六省市第一位。北京强劲的社会消费能力为文化产业以及文化科技融合发展提供了较好的经济基础与市场环境。

从人均互联网宽带接入端口数看，北京居第二位，略低于浙江。北京作为全国首都，具有文化科技融合发展的天然独特环境优势。

（四）指标间的关联对比分析

1. 北京科技基础优势明显大于其他省市，浙江文化基础优势明显

北京代表科技基础优势的研发与试验发展（R&D）经费投入强度指数值为100，是六省市中最高的。上海为第二名，指数值为67.4，与北京有较大差距。而在文化基础方面，北京的万人拥有博物馆、公共图书馆、艺术表演场馆数量在六省市中优势并不明显，指数值为57.1，处于中间水平，低于浙江、天津。由于科技基础的明显优势，有力弥补了文化基础的略微不足，北京的融合基础指数总体处于较高水平（见表12）。

文化科技蓝皮书

表12 六省市融合基础部分指标指数值

指数值	北京	上海	广东	浙江	天津	四川
研究与试验发展（R&D）经费投入强度	100.0	67.4	45.1	41.7	42.5	29.3
万人拥有博物馆、公共图书馆、艺术表演场馆数量	57.1	50.0	28.6	100.0	71.4	50.0

如果就六省市范围划中位线进行对比，只有北京处于高科技基础、高文化基础象限内；天津、浙江处于高文化基础、低科技基础象限内；上海、广东处于高科技基础、低文化基础象限内；而四川则相对处于低科技基础、低文化基础象限内（见图25）。

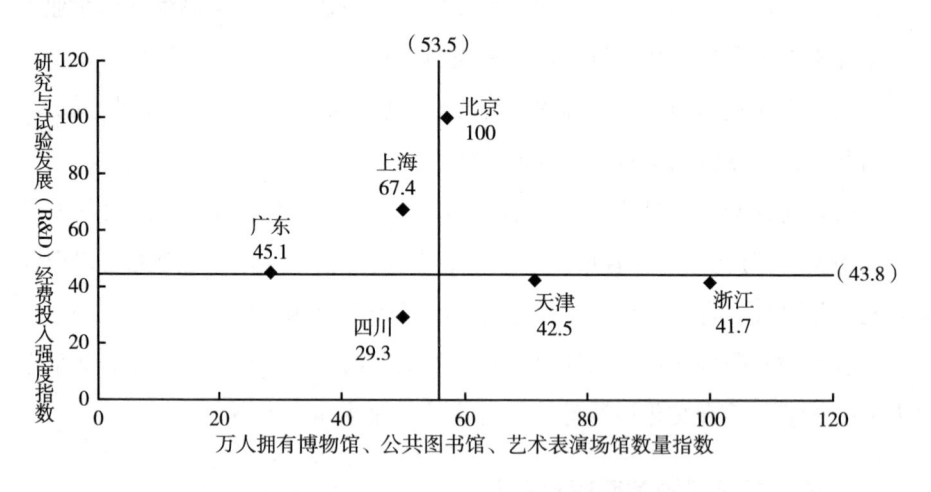

图25 六省市融合基础部分指标指数对比

2. 北京融合发展投入产出比处于较高水平，高质量发展优势明显

北京文化科技融合投入指数为51.1，在六省市中处于中上水平，低于广东的67.7，高于浙江、上海等省市；但是融合产出名列前茅，为76.8，稍高于第二名广东的74.4。可以看出，北京、广东都相对处于高投入、高产出的区域，文化科技融合发展实现了高水平、高效能的良性发展。上海相对处于低投入、高产出区间，发展效率更显优势。浙江相对处于高投入、低产出区间，制造业研发人员投入、科普经费等投入处

072

于中间水平,融合产出效果表现相对北京、上海、广东等稍显不足。四川和天津相对处于投入较低、产出较少的区间(见表13和图26)。

表13 六省市融合产出和融合投入指数值

指数值	北京	上海	广东	浙江	天津	四川
融合产出	76.8	47.2	74.4	32.3	9.7	23.7
融合投入	51.1	35.9	67.7	42.9	6.1	26.5

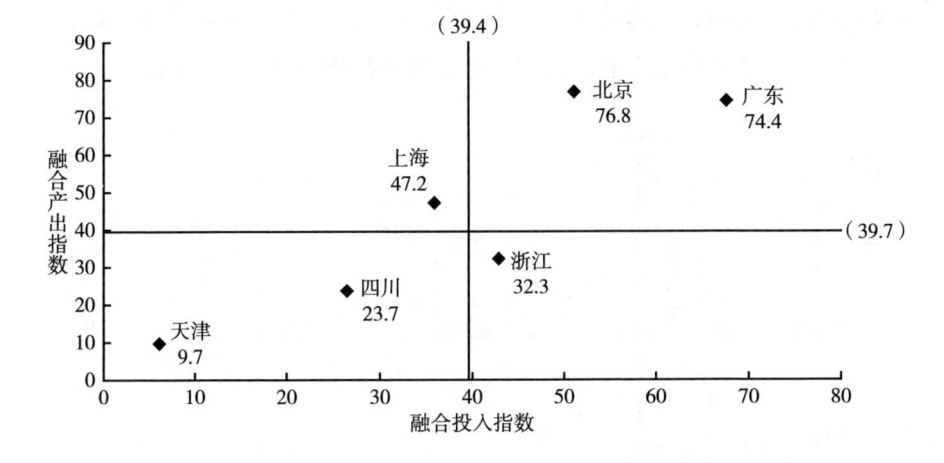

图26 六省市融合投入与融合产出指数对比

总体来说,文化科技融合投入与融合产出的指数对比测算结果显示,北京、广东的文化科技融合发展极大地发挥了融合投入的效能,融合产出成效显著,非常好地诠释了高质量发展的经济含义。

3. 北京的动漫游戏等文化服务业发展成效显著,制造业发展广东更占优势

北京的文化科技融合产出体现在动漫、游戏等文化服务业的快速发展方面,而广东融合产出体现在文化制造业的创新发展方面。北京代表文化服务业发展的游戏、动漫企业营业收入总额指数是标杆值100,第二名的广东此指标指数值为74.7,第三名的上海为73.7。但是代表文化制造业创新发展水平的文化及相关产业发明专利授权总数指标指数值,广东为标杆值100,而北京仅为63.0,差距明显(见表14)。

文化科技蓝皮书

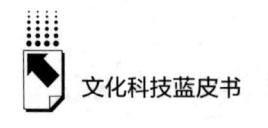

表14 六省市游戏、动漫企业营业收入总额和
文化及相关产业发明专业授权总数指数值

指数值	北京	上海	广东	浙江	天津	四川
游戏、动漫企业营业收入总额	100.0	73.7	74.7	33.9	9.8	38.4
文化及相关产业发明专利授权总数	63.0	24.8	100.0	33.0	5.0	12.0

从六省市中位线对比可以看出，北京、广东处于发明专利多，游戏、动漫收入高的象限内；上海处于发明专利少，游戏、动漫收入高的象限内；浙江、四川、天津的发明专利，游戏、动漫收入都相对较少（见图27）。

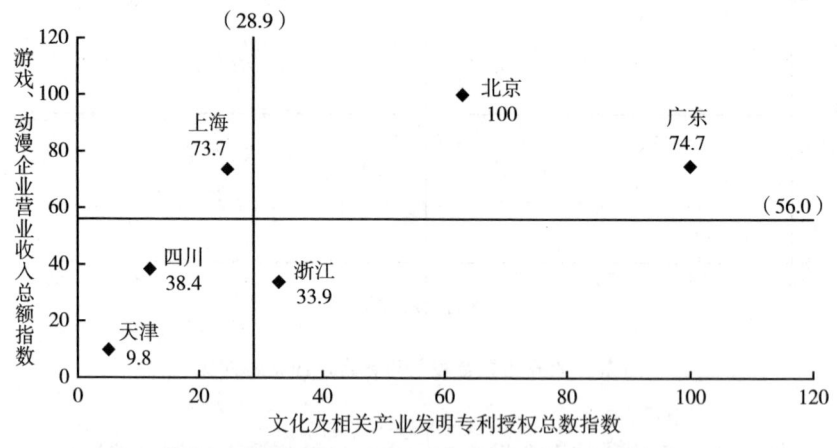

图27 六省市文化及相关产业发明专利授权总数与
游戏、动漫企业营业收入总额指数对比

4. 北京文化出口企业活跃，文化国际影响力相对更强

由于中央级文化企业的加入，北京地区的国家文化出口重点企业数量明显多于其他省市，产业出口活跃。2018年北京的国家文化出口重点企业达65家，其中北京企业37家，中央在京企业28家，指数值为标杆值100。而第二名为上海，企业数量为26家，指数值为40；第三名为浙江，企业数量为20家，指数值为30.8；广东与四川并列第四，企业数量均为15家，指数值为23.1；天津企业数量在六省市中最少，为10家（见表15）。

表15 六省市国家文化出口重点企业数量等指标指数值

指数值	北京	上海	广东	浙江	天津	四川
国家文化出口重点企业数量	100.0	40.0	23.1	30.8	15.4	23.1
当年文化企业认定国家高新技术企业数量	44.4	50.2	100.0	31.6	8.7	21.1

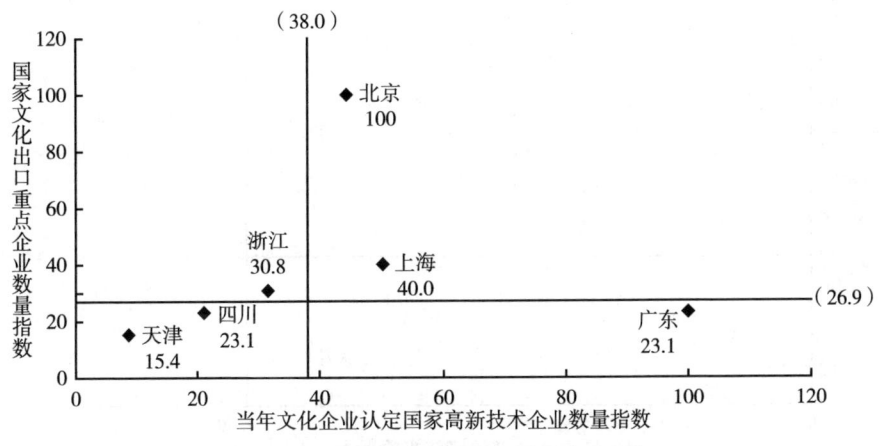

就六省市范围划中位线进行对比，北京的国家文化出口重点企业数量与当年文化企业认定国家高新技术企业数量（562家）都表现优秀，体现比较高的协调性；上海也处于认定国家高新技术企业数量多、出口重点企业数较多的象限；浙江基于多年的雄厚文化产业发展基础与悠久的历史文化底蕴，也拥有相对较多的国家级文化出口重点企业；广东当年文化企业认定国家高新技术企业数量较多，达1266家，是六省市中唯一过千的省份，但是作为一个文化产品生产与出口大省，国家文化出口重点企业数较少，在一定程度上反映出广东的大型文化出口企业数量较少，广东的文化出口中小型制造类企业发挥了更多的作用（见图28）。

图28 六省市国家文化出口重点企业数与
当年文化企业认定国家高新技术企业数对比

5. 北京融合发展环境较为优越，为文化科技融合长期发展提供了坚实保障

北京文化科技融合发展的环境较为优越，支撑融合产出，展现了相应实力，形成融合环境与融合产出双优越局面。2018年，北京文化科技融合环境发展指数值为96.2，在六省市中排名第一；浙江基于人均互联网宽带接入端口数指标的优势，排名第二，指数值为90.0；上海排名第三，为84.9；广东为66.5；天津为60.4，四川为51.3（见表16）。

表16 六省市融合环境和融合产出指数值

指数值	北京	上海	广东	浙江	天津	四川
融合环境	96.2	84.9	66.5	90.0	60.4	51.3
人均社会消费品零售总额	100.0	95.8	63.8	79.9	65.0	40.1
人均互联网宽带接入端口数	92.3	74.0	69.2	100.0	55.8	62.5
融合产出	76.8	47.2	74.4	32.3	9.7	23.7

就六省市范围划中位线进行对比，北京与上海均处于环境优越、高融合产出象限，体现社会环境基础与文化产业发展的良好协同性；浙江处于环境优越、低融合产出象限，说明文化科技融合发展仍有一定提升空间；广东处于环境较弱、高融合产出象限；四川与天津在六省市对比中，相对处于环境较弱、低融合产出象限（见图29）。

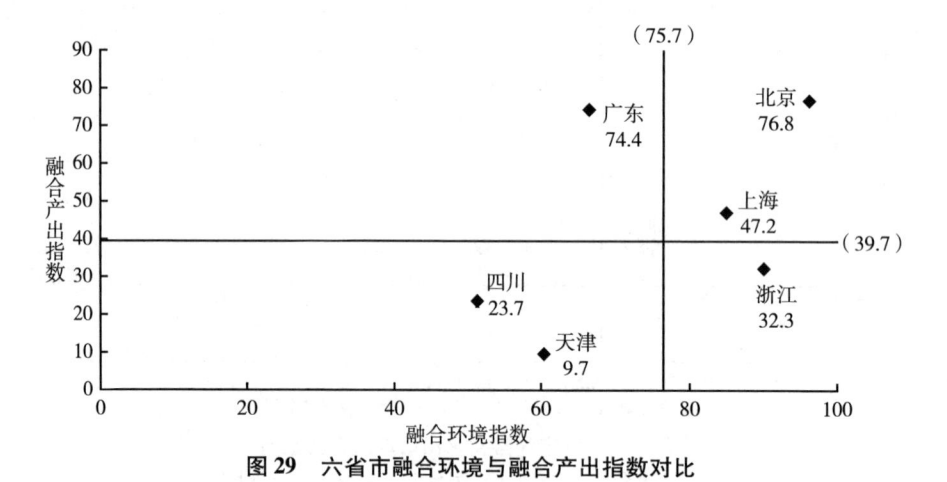

图29 六省市融合环境与融合产出指数对比

（五）评价分析结论

1. 北京文化科技融合发展整体优势突出

2018年，北京地区文化科技融合发展在六省市中排名第一（发展指数为75.7），明显高于第二名广东（指数为61.4）和第三名浙江（指数为59）。其中，融合基础一级指标发展指数，北京为78.6，高于第二名浙江（70.8）。融合投入北京指标发展指数为51.1，排名第二，低于第一名广东的67.7。融合产出北京发展指数为76.8，高于第二名广东的74.4。融合环境北京发展指数为96.2，高于第二名浙江的90.0。

与其他省市相比，北京在文化企业科技投入与创新发展、公共文化服务水平两方面还有较大的提升空间。今后北京应高度重视促进文化与科技深度融合，强化文化科技创新体系建设，进一步优化文化科技融合发展环境，鼓励传统文化产业转型升级和新兴文化业态发展，依托高新技术增强文化产业的竞争力。

2. 发展文化服务业的同时应适当兼顾高端文化制造业发展

由于北京地区文化企业的R&D人员数尚无统计，故暂以规模以上文化制造企业R&D人员折合全时当量替代。2018年，北京该项指标指数远低于广东、浙江、四川等省市，原因可能与减量发展时期制造业发展空间受限等因素有关。同时，通过2017年与2018年数据对比发现，六省市中，仅广东、浙江的规模以上文化制造企业R&D人员折合全时当量在2018年实现了同比增长，北京、天津、上海等省市的数据是下降的。规模以上文化制造企业R&D人员折合全时当量，北京由2017年的906人年，降到2018年的824人年，上海由2017年的2281人年下降到2018年的1260人年。

研究发现，制造业比服务业更能吸纳技术专利，特别是在北京这样一个科技、工程等领域高端人才储备丰富、科技创新成果众多的城市，有效发展高端制造业，并在周边区域及相邻省市（例如津、冀）构建完备的配套产业链条促进文化高端制造业发展，将更有利于吸纳和利用科技创新要素。[①]同时制造业的适度发展有助于为相关服务业的发展提供产品支撑基础，有利于形成完整的产业链条，支撑文化服务业的长期稳定健康发展。因此，未来北京应在继续保持文化服务业核心竞争优势的同时，适当鼓励高端文化制造

---

① 周民良：《"十四五"时期应大力支持北京高端制造业发展》，《发展研究》2020年第6期。

业创新发展并注重完备产业链条的搭建，走出一条从规模化疏解向精准化疏解转变的新道路。

3. 北京文化企业需进一步增强高新技术转化应用能力

北京由于制造业占比较低，对技术的转化与产品的开发能力相对稍显不足，在当年文化企业认定国家高新技术企业数量、文化及相关产业发明专利授权总数这两个指标发展指数方面与广东差距明显。2018年，北京文化企业认定国家高新技术企业数量为562家，广东为1266家；北京文化及相关产业发明专利授权总数为3176项，广东为5045项。同时，2018年北京文化企业认定国家高新技术企业数量也落后于上海的636家。另外，通过2017年、2018年数据对比发现，北京文化企业认定国家高新技术企业数量，2017年为946家，2018年为562家，而上海文化企业认定国家高新技术企业数量2017年为678家，2018年为636家，两相对比，北京当年文化企业认定国家高新技术企业数量的增长优势消失且被上海反超。数据反映出北京文化企业提升产品和服务的技术手段、对接科技企业的渠道和途径相对匮乏。今后应通过设立专项基金或科技计划，大力推进数字技术、平台技术、云计算、人工智能、新材料等高新技术在文化领域的集成创新和转化应用，提升文化企业科技创新能力，促进文化产业结构优化升级和业态创新。

4. 北京文化科技融合的基础和环境仍有提升空间

北京是全国文化中心和科技中心，但文化和科技在社区居民间普及的条件与环境等仍有可提升空间。北京地区在万人拥有博物馆、公共图书馆、艺术表演场馆数量，人均互联网宽带接入端口数两个指标的指数值方面均落后于浙江。在万人拥有博物馆、公共图书馆、艺术表演场馆数量方面，北京为0.08个，较上海、四川稍有优势，但是与浙江（0.14）和天津（0.10）等省市相比存在明显差距。人均互联网宽带接入端口数，北京也稍逊浙江，2018年北京人均互联网宽带接入端口数为0.96个，而浙江为1.04个。今后应进一步在挖掘文化资源潜力、提高公共文化服务水平上下足功夫，充分发挥首都资源优势，注重提升博物馆、图书馆等公共基础设施的数量和水平，不断强化信息化和数字化基础设施建设，更好满足广大人民群众日益增长的多样化需求，以文化科技融合引领首都高质量发展。

  本报告围绕区域文化科技融合评价进行了改进和完善，在评价指标的设置方面必然还存在不足之处，留待日后进一步探索和完善。如，地方政府的支持与政策落实程度将明显影响地区文化科技融合发展，政策环境类指标如何被纳入评价范畴、如何被量化为指标等问题需要进一步开展相关研究；随着文化科技融合新业态和新服务形态的不断形成，如何在数据可得的情况下适当增加对新产业、新业态、新模式的考量，是值得探讨的问题；同时，文化科技融合发展各评价要素间是否存在明显因果关系等，也有待日后开展深入的开拓性思考和研究。

产业篇
Industry

B.3
北京文化产业科技创新发展报告（2020～2021）

"国内外文化科技创新发展跟踪研究"课题组[*]

摘　要： 本报告选择文化旅游、创意设计、文博非遗、媒体融合等重点行业领域，对文化科技融合发展的特点和趋势进行总结。通过分析可见，北京文化旅游行业向创新发展转型，呈现科技赋能、智慧平台、体验经济、数字化等特征，"文化＋科技＋旅游"融合发展加速推进。创意设计行业竞争力日益增

---

[*] 课题组组长：刘兵，文化科技创新服务联盟秘书长，博士，高级工程师，研究方向为科技服务、文化科技融合、模式创新、新业态培育、现代服务业创新体系。课题组成员：何雪萍，文化科技创新服务联盟副秘书长，研究方向为科技服务、产业创新、新基建；王竞然，文化科技创新服务联盟政府事务与项目部主任，研究方向为文化科技融合、沉浸式文旅；苏乾飞，文化科技创新服务联盟产业研究部助理，研究方向为文化创意产业、文化科技融合、文化旅游；柴子墨，文化科技创新服务联盟政府事务与项目部副主任，研究方向为文化科技融合、沉浸式文旅；金立标，中国传媒大学信息与通信工程学院副院长，研究方向为人工智能与多媒体、无线通信与信息网络；帅千钧，中国传媒大学信息与通信工程学院副教授，研究方向为智能网络技术、图像识别、网络大数据和网络资源优化算法；宋慧，北京市科学技术研究院办公室副主任、副研究员，研究方向为科技政策、文化科技。

强，与实体经济深度融合发展，跨界融合、人工智能和大数据技术应用、设计生活化趋势显著，北京创意设计规模不断扩大、水平加速提升。文博非遗行业深化发展，政府主导效应显著，精准管理水平提高，非遗传承保护和文化融合的"北京样本"逐步拓展。媒体融合行业向纵深发展，央地媒体融合平台阵地建设取得体系化、多级化、重连接的进展，北京坚持以一体化发展催化媒体融合质变，深入探索"北京路径""北京方案"。

关键词： 文化科技融合　文化旅游　创意设计　文博非遗　媒体融合

为推进文化科技深度融合，本报告选择文化旅游、创意设计、文博非遗、媒体融合四个重点行业领域的文化科技融合新业态、新模式进行分析总结，对国家的相关政策和扶持措施等进行归纳概括，结合当前北京市高质量发展的新需求及文化科技融合发展态势，明确北京市重点行业领域的发展优势及存在的问题，为北京市文化科技深度融合及相关产业发展提供对策建议。

一　文化旅游的科技创新

随着互联网、大数据、人工智能的深度应用，文化、旅游与科技的交融日益广泛和深入，跨界协同特征日益凸显。现代科技已经渗透进文旅产品创作、生产、传播以及消费的各个环节，在文化旅游领域发挥着重要的技术支撑和创新引领作用。当前，推进文化和旅游信息化、数字化、智能化发展已经成为产业转型升级的必然要求，这既有利于加速文旅产品迭代升级，优化管理质量，提升服务品质，拓展品牌形象，也有利于提升广大人民群众在文化消费和旅游服务过程中的参与度、体验感和满意度。

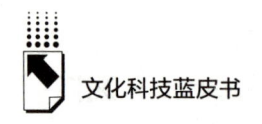

2020年初,新冠肺炎疫情突袭而至,文化旅游成为受疫情冲击最明显的产业之一。酒店、旅行社及旅游景点等细分领域面临重大考验。在疫情倒逼之下,数字化、网络化、社交化、互动化的生产方式成为文旅行业发展新特征,[①] 智能化运营、智慧化管理、数字化产品、在线化营销等数字文旅新业态、新模式不断涌现,文旅产业数字化转型提档加速,为传统文旅产业赋予了新的生机。疫情防控常态化时期,文旅行业把握新一轮发展机遇,深刻转变发展思维,紧紧围绕"数字经济"建设,以文化、旅游、科技深度融合为抓手,通过现代信息技术赋能文旅产业复苏,提振文旅消费市场,将疫情危机转变成产业高质量发展的新契机。

(一)我国文化旅游发展现状与趋势

随着改革开放和市场经济的发展,我国文旅产业稳步发展。党的十八大以来,习近平总书记就文化和旅游工作发表了一系列重要论述,科学回答了事关文化建设和旅游发展的方向性、根本性、全局性问题。[②] 文化和旅游部数据显示,2019年我国国内旅游人次达60.06亿人次,同比增长8.4%;全年实现旅游总收入6.63万亿元,同比增长11.7%。旅游业对GDP的综合贡献为10.94万亿元,占GDP的11.05%。旅游业直接就业2825万人,旅游业间接就业5162万人,占全国就业总人口的10.31%。[③] 国家统计局数据显示,2019年全年全国规模以上文化及相关产业企业营业收入86624亿元,较上年增长7.0%。综合旅游业数据,2019年我国文化和旅游业总规模已达到15.29万亿元,占我国经济总量的15.4%。[④]

---

① 《新城观察丨疫情过后,文旅企业如何度过寒冬》,搜狐网,2020年2月21日,https://www.sohu.com/a/374872859_280164。
② 罗玉芬:《基于文旅融合视角下历史园林的保护与利用——以珠海市唐家共乐园为例》,《文物鉴定与鉴赏》2020年第15期。
③ 《2019年国内游人数达60.06亿 旅游总收入6.63亿元》,"光明网"百家号,2020年3月11日,https://m.gmw.cn/baijia/2020-03/11/33636815.html。
④ 《2019年全国规模以上文化及相关产业企业营业收入增长7.0%》,文化和旅游部网站,2020年8月12日,https://www.mct.gov.cn/whzx/bnsj/whcys/202008/t20200812_874061.htm。

就新冠肺炎疫情短期影响而言，文旅行业发展低迷之势逐渐显现，中国境内外游客数量呈现"断崖式"下跌，全球旅游业被迫进入较长时间的冰封期。疫情防控常态化时期，旅行社几乎处于停工状态，景区纷纷限流或关闭，酒店餐饮行业暂停营业，86.8%的旅游企业进入暂停经营阶段，① 短期内文旅行业营收大幅下滑，全行业资金压力骤然提升。随着海外疫情的蔓延，国际航班先后取消或停飞，出入境旅游陷入停滞。在供给端受挫的同时，需求端的情况同样不容乐观。随着《文化和旅游部办公厅关于全力做好新型冠状病毒感染的肺炎疫情防控工作暂停旅游企业经营活动的紧急通知》的发布，旅游订单退改率超80%，全行业现金流受到"退改潮"的考验。数据显示，2020年春节黄金周期间（1月24～30日），全国出行人次仅1.52亿人次，同2019年相比，下降2.69亿人次。②

2020年2月25日，文化和旅游部资源开发司印发《旅游景区恢复开放疫情防控措施指南》，提出坚持分区分级原则，逐步开展分区分类复工。各有关部门纷纷通过暂退旅游服务质量保证金、见面或延期缴纳相关税费等方式援企稳岗，主推文旅产业复苏。同时，随着疫情防控工作的不断推进，经济社会发展稳步恢复。文旅行业在经历了较长时间的停摆之后逐步加快复苏步伐，全国文旅产业发展呈现逆势上扬的发展态势，市场格局正在加速洗牌，产业格局持续优化。此外，疫情防控常态化带来旅游消费需求的变化或变革，供应端应时应势而变，产业数字化和智能化明显加快，线上和线下相结合的新业态、新模式不断涌现。

当前，我国文化旅游产业在疫情倒逼之下进入创新发展新阶段，在发展模式、发展路径、核心竞争力、业态创新及产业生态等方面都发生了重大变革，总体呈现以下五大发展趋势。

---

① 《积极应对新冠肺炎疫情影响　旅游业发展面临的挑战与机遇》，腾讯网，2020年3月21日，https://new.qq.com/rain/a/20200321A03SWZ00。
② 《疫情重创中国旅游业　但行业长期增长趋势不变》，搜狐网，2020年2月26日，https://www.sohu.com/a/376005935_473133。

1. 现代科技赋能夜间旅游

现代科技是夜间旅游的重要支撑，也是城市和景区新一轮旅游经济增长的重要引擎。《夜间旅游市场数据报告2019》数据显示，2019年春节期间夜间旅游消费金额占旅游消费总金额的28.5%，其中观光旅游、主题灯会、文化体验活动成为夜间旅游热度风向标。[①] 新兴技术应用于夜间旅游，一方面带来了水陆空多维度旅游场景创新，提高了目的地旅游资源和设施的利用效率，另一方面推动了文化体验内容和形式的创新，呈现虚实结合的光影魅力。具体而言，VR/AR互动艺术装置、多媒体声光电技术在夜间旅游中的广泛应用，丰富了"光载体"、创新了"光手法"、营造了"光环境"，在实现旅游目的地海陆空整体亮化的基础上，推动了实景演艺、光影秀、剧场演艺等大型旅游演艺活动创新，创造出富有科技感、多感官体验、互动性强的旅游产品和服务，颠覆了传统国家的文化旅游体验内容和形式，为繁荣夜间旅游创造了新的契机。

"姑苏八点半"是文化科技创新服务联盟与姑苏区平台公司共同孵化培育的沉浸式夜间品牌。该项目深挖姑苏文化底蕴和产业资源，融合5G、高清显示、大数据、电子围栏、小程序、互动新媒体等新技术，在姑苏老城打造沉浸式新媒体互动、沉浸式美食广场、沉浸式城市记忆、网红线上线下直播带货以及沉浸式演艺等文化体验消费新场景和核心业态，活化了公共活动，提升了文化体验，拓展了旅游休闲、商业消费空间，丰富了夜经济产品类型，形成了独具姑苏特色的夜间经济消费品牌，带动了姑苏区文化旅游新兴消费产业集群发展，切实提高了苏州城市夜间经济的开放度和活跃度，助推古城复兴和区域经济发展。"姑苏八点半"自2020年4月开街到10月，人流量已突破1800万人次，媒体点击量突破30亿次，培育几十家网红新业态并带动活跃商户200家以上，周边大型商家营业额增加100%～200%，已恢复到疫情前高峰期的70%～80%，[②] 充分显示了文化科

---

① 中国旅游研究院（文化和旅游部数据中心）：《夜间旅游市场数据报告2019》，2020年10月27日。

② 数据来源于苏州市姑苏区经科局。

技融合驱动的新业态、新模式对消费升级和地方经济恢复以及加速发展的重要作用。

2. 万物互联推动智慧文旅高质量发展

以5G技术为引领的新一代信息技术正在开启文化旅游领域万物互联的全新时代，推动文化、旅游与科技的深度融合，促进景区数字化和智慧景区的建设，不断催生新理念、新业态和新模式。智慧文旅以5G、移动通信、互联网、物联网、大数据等新一代信息技术为依托，对旅游管理、旅游服务、旅游营销、旅游体验等环节进行全面的数字化升级，打造以智慧管理中心为核心的智慧旅游生态系统，使景区管理智能化、协同化、扁平化、精细化，资源保护与开发智慧化，旅游产业整合网络化，形成"文化+旅游+科技"深度融合的发展格局。从消费者角度来看，智慧文旅实现了多样化的旅游资源与个性化的旅游消费的高效对接，降低了用户选择景区的交易成本和时间成本，有利于获得更优质的旅游服务和旅游体验。从文化旅游企业角度来看，"吃、住、行、游、购、娱"的全面数字化、智慧化、定制化，有利于实现大数据精准营销，促进线上预定与线下体验的无缝对接。从政府或景区角度来看，智慧文旅平台的建设，有利于相关管理部门通过动态监测、信息监督以及大数据分析，全面了解行业、旅游目的地、游客的实时动态，实现科学决策和管理。

作为全国首个省级全域旅游智慧化平台，"一部手机游云南"以游客为中心，以数字技术为驱动，依托互联网、物联网、大数据、人工智能、区块链、云计算等技术，打造智能化旅游管理和旅游体验，重塑智慧旅游新生态。"一部手机游云南"总体架构为"一中心两平台"，即旅游大数据中心、游客综合服务平台和政府综合管理平台，打通了C端、B端和G端。其中，面向游客的综合服务平台由"游云南"App和7个小程序组成，能够为游客提供一整套数字化解决方案，通过手机可实现获取资讯、观看直播、订购门票、规划路线、购物消费、语音导览以及在线投诉等16项主体功能。面向政府和景区的综合管理平台及大数据中心，构建起集数字身份、数字消费、数字诚信、全域投诉、AI服务于一体的技术支撑体系，

让政府和景区能够实时掌握游客评价、受理游客投诉、开展联合执法、进行决策分析、检测客流信息和景区运行状况，实现对文化旅游的智慧化运行、管理和检测。

3. 沉浸式产业成为文旅复兴新引擎

体验经济时代，人们对于文旅项目代入感的要求越来越高，文旅产品和服务更加注重感官体验与场景认知。沉浸式产业作为一种全新的经济业态，是体验经济的重要体现和发展方向，具有文化科技高度融合、知识与技术密集、模式新、附加值高等特征，推动文旅演艺迭代更新——从1.0版本的传统剧场旅游剧目，到2.0版本的真实空间实景演艺以及3.0版本的展演融合多媒体情境体验，再到4.0版本的重度沉浸式增强现实创新体验。我国沉浸式产业从2013年起步发展到现在，体现出强劲的增长势头，已出现了沉浸式演艺、沉浸式新媒体艺术展、沉浸式主题乐园、沉浸式密室逃脱、沉浸式教育、沉浸式博物馆、沉浸式餐厅、沉浸式营销等30多种新业态、新模式，几乎覆盖了文化旅游消费产业的所有领域，成为我国文旅产业转型升级的新引擎。

张家界大庸古城情境互动体验剧"大庸等你"是旅游展演4.0阶段一次多空间沉浸式情境互动体验的重大创新。"大庸等你"将6500年的大庸古国文明与明清鼎盛的市井乡情重构成连续的情境空间，① 以出其不意的场景变换及增强现实的震撼效果，激发人们强烈的好奇心与探索欲望，通过一幕幕大庸古城历史背景下至真至性的感人故事，为大庸古城增添了令人难忘的游憩魅力。充分利用大庸古城临河吊脚楼的独特建筑景观空间，通过水面与岸上情境的双向互动，在一个个水岸场景中展现湘西独特的生活场景与人文故事，打造一个感动与诙谐兼顾的好看好玩的情境互动秀。

4. 新冠肺炎疫情倒逼文旅企业数字化转型

数字化转型是此次新冠肺炎疫情给文旅行业带来的重要启示。文旅企业

---

① 《携手湖南省演艺集团，张家界大庸古城演艺项目签约》，新浪网，2020年6月5日，http://k.sina.com.cn/article_6074559670_16a126cb600100tbcg.html。

数字化转型通过数字技术重塑商业模式，开拓以数字技术为依托的非传统业务，重塑产品体系和商业模式，不断引入新产品、新技术、新模式、新消费，推动"互联网+文旅"的深度融合，开辟文旅经济新的增长点。具体而言，以互联网、人工智能、区块链、大数据为代表的数字技术在旅游管理、大数据分析、营销推广、展览展示以及线上消费等方面发挥着重要作用。一方面，疫情防控常态化时期，各大景区纷纷加大科技投入，推出互联网营销、在线售票、智慧导游、数字化展示等服务。另一方面，文旅企业广泛开展业务合作，借助头部OTA（Online Travel Agent）企业的渠道流量优势和政府有关部门的政策资源支持，加强生产要素整合，开拓线上与线下相结合的新业务。

受疫情影响，几乎所有的博物馆都在积极寻求线上突破，借助5G、VR、3D等数字技术，开通远程参观服务，推出在线直播活动，搭建数字博物馆平台，争取最大限度展示博物馆藏品，带领观众线上体验文物背后的文化魅力。2020年2月，甘肃省博物馆、苏州博物馆、中国蔬菜博物馆、三星堆博物馆、敦煌研究院等全国八大博物馆携手淘宝平台推出"云游博物馆"系列直播活动。人们可以在讲解员的带领下参观甘肃省博物馆丝绸之路展厅和彩陶文化展厅，也可以观看敦煌研究院工作人员现场临摹壁画，还能在家远程欣赏三星堆最新发掘的国宝级文物《祭山图》玉边璋。"云游博物馆"系列直播活动通过专业讲解、科普讲座、动态展示、实时互动等形式，营造了轻松、有趣、好玩的参观氛围。直播期间，观众可以在各大博物馆直播间发表弹幕，和主播以及全国网友进行实时交流与互动。数据显示，"云游博物馆"淘宝直播总参与人数达到1000多万人，平均每人发表评论数量在6条以上。其中，甘肃省博物馆两场淘宝直播参与人数超过90万人，达到2019年全年游客接待数量的一半以上，同时点赞数量也突破50万次。[1]

---

[1] 《淘宝直播"云春游"引千万网友围观》，"新浪财经"百家号，2020年2月25日，https://baijiahao.baidu.com/s?id=1659465103133226548&wfr=spider&for=pc。

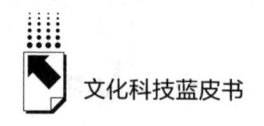

5. 大数据拉动定制化文旅新消费

随着中国旅游人群消费水平不断提升，文化旅游产品越来越趋于品质化、多样化、个性化、主题化和精细化，定制化文旅新消费已经成为文旅领域新的经济增长点。从跟团游、自由行到定制游，我国文化旅游已经进入3.0时代。近年来，大数据技术在文旅领域广泛应用，重塑了用户与市场、产品与服务、企业与政府之间的关系，加速了资源整合与信息共享，正在形成线上线下融合互通的"大数据+文旅"产业生态，为定制化文旅新消费提供了强大的数据支撑。游客可以借助大数据和云计算构建的智慧云系统，获取更多出游资讯和定向推荐，享受线上虚拟游览和线下深度体验相结合的定制化服务，从而不断丰富旅游体验的内容、提升旅游体验的品质。

当前，文旅定制化正在从消费端向供给端传导，向全行业渗透。首先，从文旅企业的角度来看，大数据和云计算正在颠覆企业管理和运营思维，显著增强企业在游客画像、行为分析、兴趣洞察以及用户评价等方面的综合能力，重塑旅游细分市场和企业市场定位，提高企业旅游产品开发水平、目的地精准营销水平以及旅游公共服务水平，全面提升文旅企业数据分析能力和产业竞争力。以携程、马蜂窝、去哪儿、驴妈妈为代表的在线旅游OTA借助大数据和云计算，整合用户数据，为游客提供出行、住宿、票务、导游以及旅游咨询等全方位定制化服务。此外，头部OTA充分利用平台数据资源，针对细分市场和消费场景，开展产品策划、品牌宣传和精准营销。其次，从景区的角度来看，其正在成为重要的数据流量入口。从线下到线上的反向数据输入，打通了线上、线下两个场景，提升了大数据分析的准确程度，为定制化文旅提供了新的活力。最后，从产业链的角度来看，个性化定制重塑了文旅行业产品体系，推动了文旅全产业链的资源整合，带来了新一轮创新升级，避免了产业内部同质化竞争，为文化旅游高质量发展注入了新的活力。

（二）北京市文化旅游发展现状与趋势

近年来，北京市以建设全国文化中心和科技中心为契机，加强"文化+

旅游+科技"的融合发展，充分发挥北京在现代技术方面的领先优势，加速推进了文化旅游信息化、数字化、智能化建设，优化了北京市文旅产业结构和管理体系，推动了供给侧产品迭代升级和需求侧服务品质提升，实现了文化旅游产品和服务价值创新，拓展了北京市文旅品牌形象，为进一步实现高质量发展奠定了坚实的基础。一是深入挖掘京味文化内涵，推动5G、人工智能、VR/AR、物联网、大数据、云计算等现代科技与文化旅游融合发展，通过现代科技手段充分展现首都深厚的历史文化底蕴，保护与传承优秀传统文化。二是加速培育新型文化展演项目和文旅消费业态，打造文化科技融合下的文旅体验新场景，不断提升文化旅游价值，丰富旅游体验，完善旅游服务体系，提升广大居民文旅参与度、体验感和满意度。三是推动文化产业园区和科技产业园区与旅游相结合，丰富文化科技类园区业务板块，形成新的文旅集聚效应和规模效应。四是推动北京文旅消费产业集群发展，建设"互联网+文化旅游"新业态，激发文化旅游消费活力，开启文旅集群发展新篇章。

《北京市2019年国民经济和社会发展统计公报》数据显示，2019年北京市旅游共接待3.22亿人次，同比增长3.6%；实现旅游总收入6224.6亿元，同比增长5.1%。其中，国内游客3.18亿人次，同比增长3.7%。国内旅游收入5866.2亿元，同比增长5.6%；国际旅游收入51.9亿美元。接待入境游客376.9万人次，其中，外国游客320.7万人次、港澳台游客56.2万人次。全年经旅行社组织的出境游达484.5万人次。在文化领域，2019年末北京市共有公共图书馆24个，总藏量7000万册；档案馆18个，馆藏案卷930万卷/件；博物馆183个，其中，免费开放84个；群众艺术馆、文化馆20个。在民生改善方面，2019年北京市完成一般公共预算支出7408.3亿元，同比下降0.8%，其中，用于文化旅游体育与传媒的支出同比增长13.8%。在农业领域，截至2019年底，北京市共有农业观光园948个，实现总收入23.2亿元；乡村旅游农户（单位）13668个，实现总收入14.4亿元。①

---

① 《2019年北京市接待旅游总人数3.22亿人次》，人民网，2020年3月3日，http://bj.people.com.cn/n2/2020/0303/c233080-33846163.html。

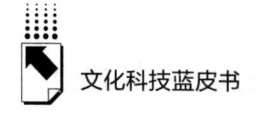

从总体看,"文化+科技+旅游"深度融合发展已经得到北京市政府及有关部门的高度重视,在社会各界的大力支持下,文旅企业积极落实相关工作,文旅与科技融合发展取得了一系列成果。但是,北京市文旅产业的科技创新能力和活力相对不足,仍然处于要素驱动发展阶段,以传统旅游业态为主。文化科技融合驱动下的新场景、新业态、新模式培育和孵化相对落后。同时,尚未建立起完善的文旅科技创新服务体系。总体而言,目前北京市文旅产业收入和接待人数增速仍低于全国大盘,文化旅游与科技"两张皮"现象还没有得到根本改变,这与北京市建设全国文化中心和科技中心的发展战略和定位存在脱节。因此,未来北京市亟须加强科技驱动和场景创新,加快文化旅游新兴消费集群的发展,将文化旅游资源和技术资源转化为产业优势,助力首都文旅高质量发展。

1. 夜间旅游释放经济复苏新动能

当前,夜间旅游已经成为北京市文旅行业关注的焦点。作为新型文旅消费业态,夜间旅游使北京市城市旅游发展重心由空间拓展向时间延展转变,体现出旅游开发思维的转变。北京市夜间旅游不仅在旅游市场上表现出强劲的发展趋势,还呈现与文化、科技、金融、体育、教育、休闲、康养等多种业态融合的发展特点。疫情防控常态化时期,夜间旅游的突破性增长为北京市经济复苏提供了新的动能。为繁荣夜间经济、推动夜间旅游发展,北京市商务局印发《北京市关于进一步繁荣夜间经济促进消费增长的措施》(以下简称《措施》)。《措施》提出要着力发展商旅文体融合发展型夜间经济形态,营造开放、有序、活跃的夜间经济环境,打造具有全球知名度的"夜京城"消费品牌。2020年6月,北京市实施《北京市促进新消费引领品质新生活行动方案》,提出22条具体措施,培育新模式,提升新品质,优化新供给,布局新基建,营造新环境。① 在文化旅游领域,启动夜京城2.0行动计划,策划"夜赏北京"线路,举办精品荧光夜跑、夜间秀场等户外主

---

① 《北京市促进新消费引领品质新生活行动方案公布》,"中国日报网"百家号,2020年6月11日,https://baijiahao.baidu.com/s?id=1669155601922216652&wfr=spider&for=pc。

题活动。① 同时，实施"点亮北京"夜间文化旅游消费计划，分类有序开放户外旅游，推动有条件的博物馆、美术馆、景区、特色商业街区等延长营业时间，培育网红打卡新地标。②

随着全国疫情防控工作稳定向好，北京市居民被抑制的文旅消费需求逐渐释放，夜间旅游成为加快经济复苏、激发城市消费活力的新引擎。在此背景下，北京市推出"夜游景区""文化夜市""文化街区"等夜间旅游系列项目，将京味文化与文化演艺、主题娱乐、老字号餐饮等要素有机结合，进一步扩大消费券使用企业覆盖面，激发广大居民夜间旅游消费活力。为更好地配合"点亮北京"夜间文化旅游消费计划与夜京城2.0行动计划，北京歌华文化发展集团有限公司选址北京市玉渊潭公园，举办首届北京国际光影艺术季（玉渊潭站）"万物共生"户外光影艺术沉浸式体验展，通过"光与影""园林与科技""现实与梦幻"的巧妙结合，③ 打造北京夜间文旅 IP，纾解疫情冲击，助力夜间经济发展，激发夜间消费新活力。

2. 技术创新驱动文化旅游数字化

大数据、物联网、云计算、人工智能、超高清等先进技术在北京市文化旅游领域深度应用，提升了旅游演艺、旅游资源开发、文化遗产展览展示等方面的数字化、智能化、网络化水平，催生出基于互联网的新型文化旅游模式和产业生态。一方面，高科技融入剧目创作、舞美设计、演出经纪、演出票务等旅游演艺关键环节，提升了京味文化的展示效果，促进了经典剧目现代化创新，推动了传统文化娱乐行业转型升级，拓展了文旅沉浸式体验业务板块，全面繁荣了旅游演出市场。另一方面，新一代数字技术向旅游开发全产业链延伸，助力北京市完善历史文化名城资源保护利用体系，建设国际化

---

① 《北京市将启动夜京城2.0行动计划》，"青瞳视角"百家号，2020年6月11日，https://baijiahao.baidu.com/s?id=1669161381974845421&wfr=spider&for=pc。
② 《抓住经济发展"窗口期"，2020年北京将做这些大事！》，搜狐网，2020年6月10日，https://www.sohu.com/a/401004995_391368。
③ 《"万物共生"户外光影艺术沉浸式体验展启幕》，新浪网，2020年8月17日，http://fashion.sina.com.cn/l/sn/2020-08-17/1513/doc-iivhuipn9125497.shtml。

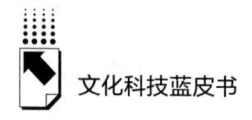

文化旅游智慧城市，打造文旅智慧服务平台，为市民和旅游者提供更为智能化、便利化、精准化的公共服务。

近年来，北京市旅游演艺行业发展迅猛。北京市围绕"一城三带一区一圈"的发展格局，坚持创意引领文化旅游，紧扣古都文化、红色文化、京味文化、创新文化四大主题，创新文化旅游产品体系建设，通过IP创意打造出能够满足游客心理、情感、审美享受需求的文旅融合新产品、新业态，实现高品质文化和旅游供给，提升首都形象和魅力。2019年，国家大剧院原创民族舞剧《天路》首次在首都电影院、手机端、电视端等多渠道同步呈现"4K+5G"在线直播。《天路》直播从拍摄到传输再到呈现，全程采用4K超高清技术。在直播过程中，《天路》采用先进的5G信号传输技术，确保4K直播画面更清晰、更流畅、高保真。同时，首都电影院还采用全球最大的LED屏幕，高清高亮同步呈现剧院演出，使人们在影院获得和剧院观众一样的观演体验。

3. 技术进步助推文旅消费场景创新

随着5G商用技术的不断成熟，以及VR/AR/MR、AI等数字技术在文化旅游领域的广泛应用，旅游产品的文化内涵不断提升，消费形态更加多样，新的消费场景不断涌现，"文化+旅游+科技"的产业生态逐渐成形，给游客带来日益丰富的旅游体验的同时，也展现出技术进步对文旅消费场景创新的强大拉动作用。当前，北京市文旅产业正在从传统观光型经济向文化体验型经济转变，把文化创意、数字技术与应用场景有效结合起来，通过用户体验挖掘新的产业增长点，成为新时代文旅产业快速发展的核心要义。在以移动互联网、大数据、人工智能等新科技为支撑的新文旅时代，场景创新已经成为一种新的商业思维，正在推动文旅新技术、新模式、新业态、新消费的历史性变革。通过数字技术创新文旅消费场景，在人与人、人与物以及人与环境之间形成一种新的情感连接，可为用户提供超预期的体验，获得一种全新的价值交换和消费方式。

新时代的文化消费，在强调产品消费的同时，更加突出消费场景的价值。这就需要将产品创新和消费场景创新结合，对文化消费进行整体性建构，让供给发挥更好的效能。①北京市围绕文旅产业"吃、住、行、游、购、娱"传统六要素和"商、养、学、闲、情、奇"新六大要素，在文化创意、科技创新和空间整合驱动下不断创造新的文旅消费场景，为游客带来了颠覆性的体验，为文化旅游的高质量发展开辟了新的空间。同时，北京市还着力推进产品消费和配套支撑服务的迭代升级，充分释放文化消费的辐射带动效应。

4. 云端消费加速北京老字号转型升级

近年来，北京市深入挖掘具有地方特色的京城老字号，打造具有独特性和唯一性的特色文化旅游资源，持续放大老字号的品牌价值。北京市历史悠久、文化底蕴深厚，拥有众多经久传承的老字号。就餐饮行业而言，北京市"餐饮老字号"门店数量有238个，位居全国第一。②北京市积极推动数字经济发展，加速老字号数字化转型，通过创意策划和场景创新，打通文旅上下游产业链，推动老字号与相关产业横向融合，构建多层次、多元化、多渠道的产业生态体系。目前，数字化转型已经成为北京市老字号的重要发展方向。

2020年新冠肺炎疫情暴发以来，北京市推动老字号企业发展以网红淘宝店、"粉丝经济"、直播带货为依托的云端消费，加速数字化转型升级。为鼓励老字号拥抱数字经济，北京市政府有关工作人员走进老字号直播间，向观众介绍老字号数字化转型历程，为老字号直播进行"官方代言"。③新冠肺炎疫情让北京老字号紧紧抓住云端消费的契机，为消费者打造全新消费场景。稻香村、内联升等传统老字号已陆续开播。作为一种全新的消费体验方式，云端消费已经成为老字号高质量发展的风口。目前，已经有一半以上的北京老字号入驻淘宝直播。数据显示，2019年上半年，北京老字号企业

---

① 胡娜：《将产品和消费场景创新相结合》，《光明日报》2019年10月13日。
② 《"餐饮老字号"数字化发展报告（2020）》，镝数聚网站，2020年8月27日，https://www.dydata.io/datastore/detail/19107039763162767367。
③ 《老字号加速数字化转型　北京商务局官员现场"直播带货"》，凤凰网，2020年4月22日，https://travel.ifeng.com/c/7vsy7geeRii。

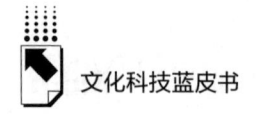

在阿里巴巴平台总成交额超17亿元。①云端消费对老字号的改变不仅表现为销售渠道的拓宽，更表现为数字化思维的转变。疫情防控常态化时期，北京老牌文旅商圈潘家园，借助淘宝直播开启线上"云复工"。未来，潘家园还将在数字化运营方面持续发力，积极搭建"线上潘家园"平台，让游客在家也能"云游"潘家园。

（三）相关政策法规

1. 国家层面

2019年8月，国务院办公厅印发《关于进一步激发文化和旅游消费潜力的意见》。该意见提出：提升文化和旅游消费场所宽带移动通信网络覆盖水平，优先部署第五代移动通信（5G）网络；争取到2022年，实现全国文化和旅游消费场所除现金支付外，都能支持银行卡或移动支付，互联网售票和4G/5G网络覆盖率超过90%，文化和旅游消费便捷程度明显提高；促进文化、旅游与现代技术相互融合，发展基于5G、超高清、VR/AR、人工智能等技术的新一代沉浸式体验型文化和旅游消费内容；丰富网络音乐、网络动漫、网络表演、数字艺术展示等数字内容及可穿戴设备、智能家居等产品，提升文化、旅游产品开发和服务设计的数字化水平。②

2020年9月，为持续深化"放管服"改革，进一步优化营商环境，不断增强企业发展的内生动力，促进演出市场繁荣发展，更好地满足人民群众多样化、多层次的精神文化需求，助力加快形成新发展格局，文化和旅游部印发《关于深化"放管服"改革促进演出市场繁荣发展的通知》。该通知提出五项具体措施，包括提升审批效能、规范新业态发展、实施精细化管理、落实主体责任以及强化组织保障。

2020年9月，文化和旅游部发布《在线旅游经营服务管理暂行规

---

① 《加速数字化打造云端新消费，北京一半老字号开淘宝直播》，人民网，2020年3月26日，http://bj.people.com.cn/n2/2020/0326/c82839-33906274.html。
② 《国务院办公厅印发〈关于进一步激发文化和旅游消费潜力的意见〉》，中国政府网，2019年8月23日，http://www.gov.cn/xinwen/2019-08/23/content_5423828.htm。

定》，从运营、监督检查、法律责任三个方面明确对平台经营者以及平台内经营者的在线旅游经营活动的总体要求。该规定提出，各级文化和旅游主管部门应当积极协调相关部门在财政、税收、金融、保险等方面支持在线旅游行业发展，保障在线旅游经营者公平参与市场竞争，充分发挥在线旅游经营者在旅游目的地推广、旅游公共服务体系建设、旅游大数据应用、景区门票预约和流量控制等方面的积极作用，推动旅游业高质量发展。①

2. 北京市层面

2019年7月，北京市商务局出台《北京市关于进一步繁荣夜间经济促进消费增长的措施》，多措并举，加快北京市夜间经济发展，进一步繁荣夜间经济。具体提出：点亮夜间消费场景，支持"夜京城"地标、商圈和生活圈夜景亮化及美化工程改造提升，完善夜间标识体系、景观小品、休闲设施、灯光设施、环卫设施、公共Wi-Fi及5G通信等配套设施建设；开发夜间旅游消费打卡地，支持景区推出健康、规范的夜间娱乐精品节目或驻场演出项目；在颐和园、天坛公园、奥林匹克森林公园、朝阳公园等地组织夜间游览活动项目，推出"最美北京餐桌""最火深夜食堂"等旅游美食打卡地。②

2019年12月，北京市文化改革和发展领导小组出台《关于推进北京市文化和旅游融合发展的意见》，这是全国首次在省级层面出台的推进文旅融合的规范性文件。着重突出文旅融合发展六大亮点：第一，以文化内容为支撑，大力激发文化旅游消费活力；第二，践行全域旅游发展思路，找准区域发展新支点；第三，强化文化主题引领，串联景点景区，打造文化旅游精品线路；第四，以文化创意设计为支撑，塑造景区发展新优势，开发文化价值

---

① 《文旅部印发〈在线旅游经营服务管理暂行规定〉》，"人民日报"百家号，2020年9月3日，https://baijiahao.baidu.com/s?id=1676783301084419440&wfr=spider&for=pc。
② 《北京市商务局关于印发〈北京市关于进一步繁荣夜间经济促进消费增长的措施〉的通知》，中国政府网，2019年7月12日，http://www.gov.cn/xinwen/2019-07/12/content_5408723.htm。

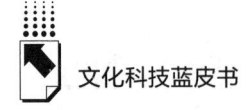

增值新模式；第五，以独有文化资源为支点，打造城市文化形象，塑造文化旅游竞争优势；第六，加强服务保障支撑，推动政策集成创新，夯实文化旅游融合发展基础。①

2020年3月，北京市文化和旅游局印发《关于应对新冠肺炎疫情影响促进旅游业健康发展的若干措施》，鼓励景区推出在线旅游产品和电子文创产品，鼓励有条件的旅游企业、文化场所、旅游景区发展在线旅游，打造在线宣传推广的平台，通过图片、视频、VR、360度全息影像等方式，打造在线旅游产品、推出精品文化旅游课堂。发展在线旅游文创产品电商业务，鼓励全市旅游企业和旅游景区开发高品质的旅游文创产品，将其纳入"北京礼物"年度支持重点，并依托北京旅游网向社会进行宣传推介。②

2020年9月，北京市人民政府、商务部出台《深化北京市新一轮服务业扩大开放综合试点建设国家服务业扩大开放综合示范区工作方案》，提出：促进以通州文化旅游区等为龙头，打造新型文体旅游融合发展示范区，在通州文化旅游区，鼓励举办国际性文娱演出、艺术品和体育用品展会（交易会），允许外商投资文艺表演团体（须由中方控股），优化营业性演出许可审批；立足国家对外文化贸易基地（北京），聚焦文化传媒、视听、游戏和动漫版权、创意设计等高端产业发展，开展优化审批流程等方面的试点；支持在中国（怀柔）影视基地建设国际影视摄制服务中心，为境内外合拍影视项目提供服务便利。③

---

① 《北京市正式出台〈关于推进北京市文化和旅游融合发展的意见〉》，文化和旅游部网站，2019年12月12日，https://www.mct.gov.cn/whzx/qgwhxxlb/bj/201912/t20191212_849516.htm。
② 《北京市文化和旅游局关于印发〈关于应对新冠肺炎疫情影响促进旅游业健康发展的若干措施〉的通知》，北京市人民政府网站，2020年3月24日，http://www.beijing.gov.cn/zhengce/zhengcefagui/202003/t20200324_1731685.html。
③ 《国务院关于深化北京市新一轮服务业扩大开放综合试点建设国家服务业扩大开放综合示范区工作方案的批复》，中国政府网，2020年9月7日，http://www.gov.cn/zhengce/content/2020-09/07/content_5541291.htm。

二 创意设计的科技创新

创意设计由文化创意和设计服务两部分构成，以文化创意为灵魂，以设计服务为载体，通过设计将富有创造性的理念、概念或构思予以延伸、呈现与诠释，使其具象化的过程或结果。创意设计是文化产业的重要组成部分，包括工业设计、建筑设计、服装设计、时尚设计、工艺美术设计、平面设计、动漫设计、展示设计、工程设计、规划设计、其他设计等十多个细分领域。随着第四次科技革命浪潮席卷全球，物联网、人工智能、区块链、大数据等现代技术要素向创意设计全产业链渗透，重塑行业生态，提升生产效能，加速产业智能化、低碳化、时尚化发展步伐。同时，创意设计与其他产业部门联系密切，呈现与实体经济深度融合的发展态势，对于推动供给侧结构性改革具有重要意义。近年来，创意设计在城市更新、产业创新以及生活品质提升等方面表现出巨大的发展潜力。

（一）我国创意设计发展现状与趋势

近年来，我国在创意设计方面持续发力，从中央到地方出台一系列利好政策，建立国际交流合作机制和创新平台，推动创意设计项目国际合作，引进世界高端创意设计资源，同时激发国内市场潜力，加强产业要素集聚，推动设计产业与实体经济深度融合。在此背景下，我国创意设计领域市场主体不断壮大，涌现出一批龙头设计企业，以及在专、精、特、新方向极具发展潜力的创新性企业。创意设计与时尚消费、会展策划、休闲娱乐、家居装饰等相关产业深度融合，产业链不断延伸，产业生态迭代重构。随着产业集聚化、集约化、品牌化水平不断提高，创意设计在城市更新和美丽乡村建设过程中发挥着特殊的作用，助力城乡文化空间再造、人居环境优化以及文化氛围营造，推动新型城镇化进程。同时，创意设计在挖掘、传播和弘扬中华优秀传统文化方面也发挥了重要作用，具有中国文化特色的设计要素和原创作品在国际市场上大放异彩。

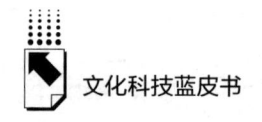

创意设计作为我国文化产业的重要组成部分，近年来产业规模不断扩大，科技水平不断提升，行业竞争力日益增强。文化创意和设计服务与相关产业融合发展已经成为创意设计产业发展的核心思路。跨界融合扩大了创意设计的市场范围，产生了更大的联动效应和连锁反应，使我国创意设计服务平台与体系不断走向成熟。在供给侧结构性改革和新一轮消费升级过程中，创意设计已经成为我国传统产业转型升级、开拓高端市场的重要抓手。数据显示，2019年我国5.8万家规模以上文化及相关产业企业实现营业收入86624亿元，比上年增长7.0%。其中，规模以上创意设计服务企业收入达12276亿元，占文化及相关产业企业总收入的14.2%，同比增长11.3%，增速在文化产业九大行业中位居前三。①

1. 跨界融合促进全行业多元共生

近年来，创意设计已贯穿于经济社会各领域各行业，呈现与国民经济各行各业交互融合、跨界融合、多元共生的发展态势。在我国经济发展提质增效的转型升级过程中，创意设计与相关产业融合的深度与广度不断拓展。创意设计在产品价值赋能、商业模式创新、竞争新优势培育、产业链延伸等方面发挥着重要作用。值得注意的是，在"互联网+大数据"时代，创意设计与相关产业的跨界融合变得尤为重要。创意设计不再是设计师所强调的色彩与造型的艺术变化，而是包含现代技术、产业生态、商业模式在内的全产业链的智慧智能化创新。在产品和服务的生产、传播、流通及消费的数字化、网络化过程中，创意设计对于现代科技的内容创作以及现代科技对于创意设计的技术支撑日益显著，创意设计与现代科技的双向深度融合培育出众多新型业态。目前，与全行业的跨界融合正在引领创意设计走向新的春天。

以文化旅游为例，随着年轻消费者群体涌入文旅市场并逐渐成为文旅消费的主力军，文化产品和服务也紧跟时代潮流，加速景区设计、品牌营销、

---

① 《2019年中国规模以上创意设计服务、文化娱乐休闲服务行业发展情况分析》，产业信息网，2020年2月26日，https://www.chyxx.com/industry/202002/1837590.html。

产品开发等环节的迭代创新。目前，文创产品开发已经成为相关企业的重要布局方向。许多旅游企业和景区在传统旅游业务基础上，积极开拓文创产品这一新的业务板块。旅游景区、主题公园、博物馆纷纷加强本地工艺美术和非遗文博资源的活化利用，通过创意设计对当地文化元素进行再创作。同时，文旅企业还不断转变运营思维，主动携手淘宝直播、抖音以及快手等各大网络平台开展宣传推广活动，提升品牌曝光度。更为重要的是，文旅企业充分挖掘地方特色的传统文化，通过创意设计赋能文旅项目开发，推出主题展演、主题灯光秀、沉浸式夜游和非遗夜市等，不断打造富有科技感、沉浸感、设计感的文旅项目。

2. 人工智能催生新业态、新模式

随着数字时代的到来，人工智能在创意设计领域得到越来越广泛的应用。目前，在设计领域广泛使用的人工智能在一定程度上属于弱人工智能的一种。同人类设计师相比，弱人工智能虽然只能通过预设的程序和数据来解决设计问题，但是其在规范化设计方面已经展现出四大优势：第一，人工智能能够在极短的时间内完成超复杂的运算；第二，可以不知疲倦地重复同一种工作；第三，机器内部存储的数据资源可以被随时调用；第四，不受情感等主观因素的影响，能够更加公正地对待每个方案。随着运算能力、分析能力、方案优化能力逐步提升，人工智能将极大地提高批量化设计效率，优化设计流程，降低设计成本。

人工智能不仅可以为我们提供规范化、自动化、系统化的设计，还可以为企业提供消费市场上个性化的设计服务。[①] 随着应用场景的不断创新以及产业实践经验的不断积累，人工智能通过大数据资源整合，正在推动创意设计领域新型消费市场与服务的迭代。人工智能所打造的新型视觉、听觉以及场景体验，为创意设计提供了新的可能，以"用户"为中心的个性化设计理念正在形成。基于人工智能对使用场景和行为的分析，设计师可以针对用

---

① 《AI + Design：人工智能赋能创意设计的价值》，腾讯网，2020 年 9 月 1 日，https：//new.qq.com/omn/20200901/20200901A0JHN600.html。

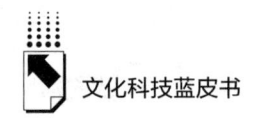

户的文化、心理以及感受，提供更加个性化的服务。同时，在人工智能的参与下，一套新的工作模式和设计框架正在形成。清华大学美术学院与微软亚洲研究院联合推出了一种新型的可计算的自动排版设计框架，人工智能能够对图片中视觉权重、空间权重、色彩和谐因子等进行优化，把视觉呈现、文字语义、设计原则、认知理解等设计要求集成到数字化计算框架之内，从而对视觉文本的版面进行自动设计。[①]

3. 大数据技术提升设计产品供给效能

大数据为创意设计产业扩大有效供给以及解决供需脱节的矛盾提供了新的技术手段。目前，设计领域的信息数据随着用户个性化需求的增加日益丰富和多样。服装设计、珠宝设计、建筑设计、家居设计、产品设计、平面设计、工业设计等行业领域已经开始普遍采用大数据技术对设计信息进行采集与分析。新闻媒体、社交媒体、垂直论坛、搜索引擎以及信息咨询机构已经成为其主要来源。大数据技术的采用改进了数据采集手段和方式，在很大程度上提高了设计企业的信息采集效率和时效性并扩大了覆盖面，同时也降低了信息收集成本。通过对海量数据"富矿"的挖掘和统计分析，设计公司的市场调研和用户研究效率大幅提升，能够准确洞悉目标受众的品位和需求，勾勒用户画像，从而精准地细分市场，针对消费者需求、痛点开展定制化设计，创造出适销对路的设计产品，进而提升供给效能。同时，在互联网和大数据的帮助下，设计企业立足消费者情感体验数据分析，能够对时尚潮流趋势进行有效总结，精准把握市场发展动态，从而对产品设计进行动态改进和实时优化。从产品运营的角度来看，大数据技术的应用使企业能够分析出用户的消费承受点，找到设计成本和运营收入之间的平衡点，从而降低经营风险，增加企业收入。

4. 创意设计引领美好生活

近年来，创意设计通过科技创新"硬创新"引领物质层面的效能革命，

[①] 薛志荣:《人工智能与设计（4）：人工智能对设计的影响》，人人都是产品经理网，2017年11月13日，http://www.woshipm.com/ai/843142.html。

通过文化创意"软创新"满足精神层面的品质追求，在产品设计、价值设计、故事设计、场景设计等方面持续发力，将美感和效用完美结合在一起，促进了"设计生活化"以及"生活设计化"，呈现贴近时代、服务人民、融入生活的发展趋势。在移动互联网、云计算、大数据等新一代信息技术的推动下，创意设计向人们的日常生活全面渗透，正在改变着人们的生活方式，提高着人们的生活品质，引领着未来美好生活。室内设计、创意家居、智能家电、智慧照明、实用设计等已经成为家居设计和创意设计的重要组成部分。

随着消费习惯加速迭代，为设计付费倒逼企业加大创意设计投入，这提升了国产设计品牌市场竞争力，促进了创意设计产业发展，培育和壮大了我国创意设计市场。作为创新性科技企业，小米专注于高端智能手机、互联网电视以及智能家居生态链建设，致力于前沿技术研发与产品设计创新，通过技术手段充分释放设计创造力，提升了设计在整个商业环境中的话语权，使"设计"深入人心。近年来，小米致力于打造设计生态链，推出小米净水器、小米平衡车、小米电饭煲、小米空调、小米行李箱、小米扫地机器人等指标型设计产品，涵盖了日常生活中的诸多方面。小米将能够充分满足目标用户群"广普刚需"的产品设计作为衡量"好设计"的唯一标准。兼顾实用与审美的小米产品消除了人们日常生活中的部分需求痛点，提高了生活品质，提升了幸福感和满足感。

（二）北京市创意设计发展现状与趋势

当前，北京市正处于文化、科技与经济深度融合发展的关键时期，大力发展创意设计产业，是推动传统产业转型升级、拓展现代服务业发展领域、调整产业结构、转变经济发展方式的重要举措，对于塑造城市品牌、提升城市综合竞争力、建设世界"设计之都"具有重要意义。

北京市作为联合国教科文组织全球创意城市网络中的"设计之都"，具有雄厚的产业资源基础，已经形成了具有一定规模和水平的创意设计产业。截至2019年底，北京市聚集了全国1/3的国家级科研机构，拥有73.7万个科技服务机构以及5455个科技金融机构,[1]是我国科技创新之都;北京市还拥有32.8万个文化及相关产业机构(其中,内容创作生产机构占比达到48.4%,文化投资机构占比达到20.7%),[2]是我国文化中心;北京市已拥有各类设计企业2万余家,设计产业从业人员25万余人,[3]拥有北京DRC工业设计创意产业基地、798艺术区、751D·PARK北京时尚设计广场、小米智慧园区等设计产业集聚区,是我国设计之都。

文化创意和设计服务已经渗透到北京市农业、制造业、建筑业、服务业等国民经济各行业各领域,在优化产业结构、提升产品附加值、提升人民生活品质、增强文化软实力等方面发挥着重要作用,实现了与文化金融、文化科技、文化旅游等业态的融合发展,展现出旺盛的生命力和巨大的市场潜力。在北京市"双轮驱动"发展战略的支撑下,互联网、云计算、物联网、大数据等新一代信息技术加速了创意设计的市场化转化,文创设计、家居设计、建筑设计、时尚设计、环境设计等业态加速发展。

1. 汇聚资源建设一流"设计之都"

作为全国文化中心和科技中心,北京市拥有丰富的设计产业资源,在文创设计、建筑设计、规划设计、服装设计、集成电路设计等领域具有明显的优势,培育了北京DRC工业设计创意产业基地、751D·PARK北京时尚设计广场、宋庄镇文化创意产业集聚区等文化创意产业集聚区。目前,北京市正以建设国家创意设计园区为抓手,加大力度整合首都设计资源,打造产业公共服务平台,通过体制创新、政策支持、资金扶持等举措,推动创意设计产业发展。为进一步推动首都创意设计产业发展,建设"设计之都",2020年4月,北京市印发《北京市推进全国文化中心建设中长期规划(2019年—2035年)》,将建设"设计之都"作为2019年至2035年北京市城市发

---

[1] 陈琳:《去年北京市科技服务业数量占全市总量超4成》,"新京报"百家号,2020年9月25日,https://baijiahao.baidu.com/s?id=1678767722902165130&wfr=spider&for=pc。
[2] 《2019年北京市科技服务业机构总量达到73.7万个》,腾讯网,2020年9月23日,https://new.qq.com/omn/20200923/20200923A0IEZR00.htmlc。
[3] 《设计+工业,工业设计将成为未来风口》,"智生活Intelife"百家号,2017年10月6日,https://baijiahao.baidu.com/s?id=1580506136902505178&wfr=spider&for=pc。

展的目标之一。

北京国际设计周已经成为北京市打造全球先进设计资源集聚平台、设计成果展示交流平台、先进设计理念传播平台的重要抓手，对于引导北京市设计产业创新具有重要意义。2019年，北京国际设计周以"产业策动"为主题，围绕"设计引领产业升级"、"设计引导消费趋势"、"设计驱动贸易繁荣"以及"设计赋能城市创新"四条主线，就新中国成立以来传统工艺创新设计发展、大设计引导下中国城市更新以及国家最新设计趋势等话题展开讨论。同时，设计周还力图构建设计周城市协调机制，促进创意设计资源国际转移。此外，设计周还特设"文博设计奖"，旨在推动文博领域创意设计市场化、产业化发展。

2. 创意设计让城市更年轻

作为古老文明和现代文明交汇的全国历史文化名城，北京市本身就是一部杰出的设计作品，是最具有设计感的城市之一。城市中轴线集中体现了古代都城规划和历史文化的结晶，代表了北京空间结构的最大特点，蕴含着"建中立极"的都城规划思想，奠定了北京市"中轴突出、两翼对称"城市格局的基础。[1]

当前，北京正在全面实施文化创新、科技创新"双轮驱动"战略，建设社会主义先进文化之都和中国特色世界城市。大力发展设计产业，提高设计水平，已经成为北京市提升国际形象、促进国际文化交流、扩大国际影响力的重要途径。

创意设计对于提升城市发展能级、优化产业结构、转变经济发展方式有不可替代的作用。北京市凭借自身强大的设计产业资源优势和平台优势以及充分完备的产业整合能力，致力于通过创意设计推动城市更新和可持续发展，形成了设计赋能城市创新的发展模式。北京市立足于文化创意和设计服务，以城市存量资源为依托，着力打造"大栅栏创意社区""白塔寺再生计划""遇见什刹海""青龙文化创新街区"等城市更新项目，通过多维度城

---

[1] 晏晨：《图说北京城市中轴线》，《北京档案》2020年第10期。

市更新实践与丰富的文化创新活动，激发北京老城区发展活力，促进产业转型升级，疏解北京非首都功能，打造创新型城市。

3.时尚设计引领首都新风尚

北京市时尚设计产业发展势头良好，已经形成了完善的时尚产业发展格局，为推进首都供给侧结构性改革、提升产业融合度、推动行业高端化、创新社会文明供给等做出了巨大贡献。以服装设计行业为例，早在2005年，北京市就提出要促进时装产业发展，加速时装产业布局，建设"时装之都"。从时尚设计资源来看，北京市拥有雄厚的资源基础和巨大的产业优势，已经培育出以751D·PARK北京时尚设计广场、中关村时尚产业创新园、北京（宋庄）时尚创意产业园为代表的时尚产业集聚区，打造出以"北京国际设计周""北京时装周""时尚消费月"等为代表的时尚品牌活动，聚集起北京服装纺织行业协会、北京时装设计师协会等行业领头协会以及以刘元风、张肇达、房莹、魏小红为代表的业界知名设计师。①

北京市时尚设计产业的市场规模不断扩大、竞争力与影响力日益提升。北京市以时尚设计产业为抓手，打造城市新名片。2019年，北京市将时尚产业纳入城市发展规划，将时尚元素与"设计之都"建设相结合，把通州区台湖镇建设成为集时尚创意中心、时尚发布中心、时尚消费中心于一体的综合性时尚产业集聚区——"设计硅谷"，并以此为契机加速时尚设计产业资源整合，打通设计、制造、展示、交流、销售产业链条，凸显产业集聚效应。同时，北京以国际性服装设计大赛、服饰文化交流活动等为切入点，大力实施品牌化发展战略，搭建国际时尚设计交流平台，引导北京自有时尚品牌"走出去"，将富有京味的设计作品推向国际舞台，提升北京的时尚品牌影响力和国际时尚话语权。

4.以设计理念激活传统文化

北京市拥有丰富的历史文化资源，创意设计已经成为激活首都文化资源

---

① 《提升城市品质将北京打造成时尚之都》，搜狐网，2018年5月28日，https：//www.sohu.com/a/233160137_523366。

的核心力量。对首都传统文化资源而言，既需要保护性传承，也需要创造性转化。只有不断满足现代社会生活的需要，传统文化资源才有保持自身可持续发展的价值和必要。北京市以创意设计为依托，大力促进传统文化资源与现代消费需求有效对接，鼓励设计企业将传统文化与现代设计相结合，延伸设计链条，丰富产品形态，将文博非遗创新设计与现代服务业相结合，使传统文化充分融入人们的日常生活。为响应国家文化战略对文物保护及传统文化内涵挖掘和创新提出的迫切要求，北京市积极打造文博文创孵化中心，建立完善的文物数据平台并配套相应政策和授权机制，同时在政府的支持下建立文创设计服务平台，以空间改造和利用为契机建设以博物馆为核心的设计孵化集群。

故宫文创已经成为北京市最著名的"网红"文创产品之一。文博非遗在过去原本与人们"衣、食、住、行、用"等日常生活密切相关，是当时科技手段、材料和生活理念的集中展示。作为中国传统文化的代表和文博非遗的资源宝库，故宫通过再创造、再设计赋予文博非遗新的内涵和价值，不仅让现代设计走进文博非遗，也让文博非遗走进现代生活。近年来，故宫对馆藏资源进行了一系列主题性文化挖掘，推出了故宫文具、故宫杯具、故宫娃娃、故宫口红、故宫折扇等兼具实用性与观赏性的热销产品。

（三）相关政策法规

1. 国家层面

2019年，《中华人民共和国文化产业促进法（草案送审稿）》明确将创意设计作为文化产业经营性活动之一。在创作生产环节明确提出，国家积极推动创意设计服务业发展，丰富创意设计文化内涵，促进创意设计产品的交易和成果转化，提升制造业和现代服务业的文化含量和附加值。①

---

① 《中华人民共和国文化产业促进法（草案送审稿）》，司法部网站，2019年12月13日，http://www.moj.gov.cn/news/content/2019-12/13/zlk_3237725.html。

2019年10月，13部门印发《制造业设计能力提升专项行动计划（2019—2022年）》，提出五大举措：第一，夯实制造业设计基础，加大基础研究力度，开发先进适用的设计软件；第二，推动重点领域设计突破，补齐装备制造设计短板，提升传统优势行业设计水平，大力推进系统设计和生态设计；第三，培育高端制造业设计人才，改革制造业设计人才培养模式，畅通设计师人才发展通道；第四，培育壮大设计主题，加快培育工业设计骨干力量，促进设计类中小企业专业化发展；第五，构建工业设计公共服务网络，健全工业设计服务体系，搭建共创共享的设计协同平台，强化设计知识产权保护。[1]

2019年11月，国家发改委印发《关于推进先进制造业和现代服务业深度融合发展的实施意见》，探索重点行业和重点领域融合发展新路径，强化研发设计服务和制造业有机融合。第一，瞄准转型升级关键环节和突出短板，推动研发设计服务与制造业融合发展、互促共进；第二，引导研发设计企业与制造企业开展嵌入式合作，提供需求分析、创新试验、原型开发等服务；第三，开展制造业设计能力提升专项行动，促进工业设计向高端综合设计服务转型；第四，完善知识产权交易和中介服务体系，推进创新成果转移转化。[2]

2. 北京市层面

2019年1月，为加强对中小微企业的知识产权保护，营造良好的营商环境，北京市知识产权局印发《北京市中小微企业外观设计专利侵权纠纷快速处理办法（试行）》，明确了外观设计专利纠纷的利害关系人、所需证明材料、审理流程以及处理结果。

---

[1]《十三部门关于印发制造业设计能力提升专项行动计划（2019—2022年）的通知》，工业和信息化部网站，2019年10月29日，https://www.miit.gov.cn/jgsj/zfs/gzdt/art/2020/art_8632ebcbc4584494bba286839beef781.html。

[2]《15部门印发〈关于推动先进制造业和现代服务业深度融合发展的实施意见〉》，中国政府网，2019年11月15日，http://www.gov.cn/xinwen/2019-11/15/content_5452459.htm。

2020年4月，北京市推进全国文化中心建设领导小组印发《北京市推进全国文化中心建设中长期规划（2019年—2035年）》。该规划提出，依托北京市丰富的设计资源，打造顶级设计团队集聚、高端设计节展赛事汇聚、顶尖设计新品首发活动云集、世界知名时尚产品汇集的设计名城，以及国际一流的设计方阵。集聚设计产业要素，聚焦工业设计、视觉传达设计、建筑设计等优势领域，推动设计与高精尖产业深度融合。壮大设计市场主体，做强做优做大龙头设计企业，支持设计企业朝专、精、特、新方向发展，打造设计产业集群，促进设计产业集聚化、集约化、品牌化发展。搭建设计创新平台，发挥好中国设计交易市场作用，建立国际交流合作机制，推动国内设计机构与国际设计组织开展设计项目合作。培育时尚设计新业态，运用时尚设计创意激活老字号品牌，进行具有中华优秀传统文化和北京元素的原创设计。[1]

2020年7月，中共北京市委宣传部、北京市文化和旅游局、北京市财政局联合印发了《北京市非物质文化遗产传承发展工程实施方案》，提出坚持创造性转化、创新性发展，不断赋予优秀传统文化新的时代内涵和现代表达形式，要创新非遗保护传承理念，引入现代创意设计，加快推进"互联网＋非遗"行动，赋予非遗资源时代价值，打造非遗保护传承的"北京样本"。[2]

三 文博非遗的科技创新

2019年，我国有关部委修订了《文物保护法》，出台了一系列政策法规，包括《关于加强地方文物行政执法工作的通知》、《国家重点文物保护专项补助资金管理办法》以及《军事法院涉案文物移交办法（试行）》等，

---

[1] 《北京市推进全国文化中心建设中长期规划（2019年—2035年）》，北京市人民政府网站，2020年4月9日，http://www.beijing.gov.cn/zhengce/zhengcefagui/202004/t20200409_1798426.html。

[2] 《第1号!〈北京市非物质文化遗产条例〉，全文来了!》，"北京日报客户端"百家号，2019年2月13日，https://baijiahao.baidu.com/s?id=1625308591898508861&wfr=spider&for=pc。

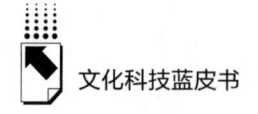

明确了行业发展方针和着力点，将博物馆事业改革发展、博物馆人事制度改革、文物资源管理机制建立、文物保护资金管理、文物收藏单位藏品征集、可移动文物预防性保护和数字化保护利用作为新时期我国文博发展的重点。2020年，文化和旅游部向社会公示了第五批国家级非物质文化遗产代表性名录，共计337个项目，其中新列入198项、扩展139项。此前，我国于2006年、2008年、2011年和2014年公布了4批国家级非物质文化遗产代表性名录，涉及10个类别，共计1372个项目。[①] 2019年，文化和旅游部发布《国家级非物质文化遗产代表性传承人认定与管理办法》，为弘扬和传承非物质文化遗产、支持和鼓励国家非物质文化遗产代表性传承人开展传承活动提供了政策保障。

在数字经济时代，新一代信息技术的诞生为文博非遗保护与传承开辟了新的道路，有效避免了优秀传统历史文化资源的流失与失传。传承与弘扬中华优秀传统文化、加强文博非遗创造性转化与创新性发展已经全面融入国家治理体系和治理能力现代化进程中，利用数字技术开展文物保护、非遗传承已经形成一股强劲的浪潮。2019年，在党中央、国务院的高度重视与领导下，在文化和旅游部的大力推动下，我国文博非遗工作抓住数字化机遇，利用数字技术推动产业深化发展，文博非遗领域的"政府主导"效能日益显著，"精准管理"水平不断提高，在服务国家战略、发展重大项目中的作用越来越重要。

（一）我国文博非遗发展现状与趋势

我国非遗资源丰富，截至2019年6月，我国已有32个项目入选联合国教科文组织人类非物质文化遗产代表作名录，7个项目入选急需保护的非物质文化遗产名录，1个项目入选优秀实践名册，累计入选项目达40个，是

---

① 方永磊、王红霞：《第五批国家级非遗名录推荐项目名单公示十大类共计337项》，"央广网"百家号，2020年12月23日，https：//baijiahao.baidu.com/s? id = 1686857538756797676&wfr = spider&for = pc。

目前世界上拥有非物质文化遗产数量最多的国家。[1] 截至2020年，国务院先后公布5批国家级非物质文化遗产代表性名录，共计1709个项目。[2] 丰富而多元的资源为非遗旅游产业发展提供了良好的基础。我国设立了非物质文化遗产保护专项资金，自《非物质文化遗产法》颁布以来累计投入70多亿元。[3] 近年来，我国文物保护理念不断发展，逐渐从"抢救性保护"向"整体性保护"转变、从"生产性保护"向"生活性保护"转变、从"保护名录"向"保护成效"转变、从"建设为主"向"建管结合"转变。在"双创"理念的指导下，非遗文博以现代技术为支撑，加强对中华优秀传统文化的创造性转化与创新性发展，创新非遗文博工作理念与保护形式，实现了从"输血"到"造血"的转变，步入可持续的良性发展道路。

近年来，我国文博非遗保护与传承领域工作者围绕"防、保、研、管、用"五大典型应用场景，解决了一系列重大科学问题、突破了关键技术瓶颈、重点培育了文理融合创新能力，从基础理论与方法研究、关键技术研发、工程示范应用、创新平台建设四个层面，提升了科学技术对文博非遗保护与传承领域发展的支撑作用。通过全链条创新设计、系统部署和重点突破，文博非遗保护与传承领域科技支撑能力不断提升，开创了我国文博非遗保护和传承领域科技创新工作新局面，文化遗产强国建设稳步推进。

目前，我国文博非遗领域已经积累了许多数字技术应用经验，形成了一批以"数字故宫""数字敦煌""虚拟圆明园"为代表的重大项目。但与人民群众日益增长的精神文化消费需求相比，仍有较大差距。例如，一些数字博物馆点击率相对较低，文物记录还停留在录音录像的初级阶段，VR/AR、3D投影等新一代技术对非遗展示的支撑相对不足。同时，应当注意，当前

---

[1] 《非遗保护，中国实践｜一图了解40项中国入选联合国教科文组织非遗名录名册项目》，"央广网"百家号，2019年6月7日，https：//baijiahao.baidu.com/s? id =1635663832761211768&wfr = spider&for = pc。
[2] 《国务院关于公布第五批国家级非物质文化遗产代表性项目名录的通知》，中国政府网，2021年6月10日，http：//www.gov.cn/zhengce/content/2021 -06/10/content_ 5616457.htm。
[3] 杨迪、童芳：《我国已为非遗保护投入超70亿元》，"中国经济网"百家号，2019年10月19日，https：//baijiahao.baidu.com/s? id =1647828269532538530&wfr = spider&for = pc。

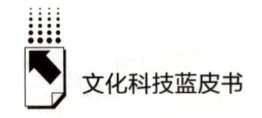

年青一代已经成为传承中华优秀传统文化的主力。在故宫的参观者中，30岁以下的年轻人占总数的一半以上。因此，文博非遗保护和传承需要与数字化世界深度接轨，鼓励和吸引广大年轻人的参与，让优秀历史文化传承到下一代。

1. 科技创新助力文物保护与传承

近年来，新科技在文博领域的融合应用让文物逐渐"活"了起来。现代科技的飞速发展为优秀传统文化创造性转化与创新性发展提供了新的助力，有利于为优秀传统文化注入新的时代内涵。新兴数字技术迅速崛起，打破了传统文化遗产的呈现方式，为文物展览展示创造了更多的机会，使更多国宝级文物能够呈现在大众眼前。受传统展出手段的限制，故宫珍藏的传世名画《清明上河图》展出机会极为宝贵，每五年才能展出一次，每次展出时间不超过一个月。① 由故宫博物院与凤凰数字科技、凤凰领客联合推出的《清明上河图3.0》大型互动艺术展完美地解决了这一难题，借助双8K超高清投影等多种高科技，高度还原北宋都城汴京的众生百态，为观众带来虚实结合的独特沉浸式体验。同时，数字技术使传统文化更"接地气"，以大众化的方式走进百姓日常生活。疫情防控常态化时期，全国博物馆"云展览"达2000余项，吸引超过50亿人次观览，②数字化文物资源在更广阔的领域中满足着人民的精神文化需求，使历经岁月洗礼的国宝焕发新的生机。

在文物保护方面，现代技术已经成为提升文物保护利用水平的重要基础手段。以敦煌石窟为例，工作人员借助现代物联网技术监测设备，构建智慧化预警服务系统，对石窟内温度、湿度、空气质量的变化情况进行实时长久的安全监控，及时感知风险，防患于未然。随着现代科学技术的发展，敦煌研究院对壁画保护的技术和方法也在不断创新，可移动的实验室将无损或微

---

① 《观赏保护两不误，故宫上线黑科技版〈清明上河图〉》，"人民日报"百家号，2018年7月8日，https://baijiahao.baidu.com/s?id=1605422377307799717&wfr=spider&for=pc。
② 《"逛博物馆"成为新时尚》，新华网，2020年10月6日，http://www.sh.xinhuanet.com/2020-10/06/c_139421466.htm。

损技术应用到文物保护中，未来还会有更多先进的科学仪器和设备活跃在壁画保护的实践中。① 2019年，在科技部的支持下，敦煌研究院被认定为单体类"国家文化和科技融合示范基地"，并以"数字文保与智慧文博典型示范"荣列"国家文化和科技融合示范单体类基地十强榜单"。②

2. 非遗数字化资源转变进程加快

新兴数字技术为非物质文化遗产的转换、再现、复原与保护等提供了强有力的保障。现代信息技术在文物保护领域的创新应用，加速了非遗数字化进程，将传统文物资源转化为情景化、可视化的数字文化形态，这也符合世界技术进步的发展趋势。当前，西方博物馆正处于新一轮数字化、虚拟化转型的关键时期，博物馆文化体验将日新月异。例如，游戏理念被引入博物馆藏品展示当中，营造沉浸式游戏体验场景，观众可以在藏品之中边看边玩。或者，借助VR/AR/MR技术，全方位、多角度展示文字、影像、视频、3D物体等文物信息，还原藏品风貌，再现藏品所处历史场景，为大众带来虚实结合的文化体验。

数字化对于提升文物保护利用水平意义重大。20世纪90年代初，敦煌莫高窟开始探索壁画数字化解决方案。1998年底，敦煌研究院与美国西北大学、梅隆基金会共同开展"敦煌壁画数字化和国际数字敦煌档案项目"的合作研究，通过技术合作和引进，建立起了一套平面壁画数字化技术实现的方法，并完成了莫高窟已经公开发表的20余个典型洞窟的全面数字化作业，为推进敦煌壁画数字化工作奠定了基础。③ 如今，敦煌研究院已经累计完成了200余个洞窟的图像采集以及100余个洞窟的图像处理。④ 在此

---

① 王祝华、杜英：《来! 感受下敦煌石窟文物保护的高科技》，中国网，2020年9月7日，http://cul.china.com.cn/2020-09/07/content_41283515.htm。
② 《新增21个国家文化和科技融合示范基地》，"中国经济网"百家号，2019年9月12日，https://baijiahao.baidu.com/s?id=1644451831128895797&wfr=spider&for=pc。
③ 《敦煌壁画的数字化与数字莫高窟——谈石窟遗址的数字技术实现》，故宫博物院网站，2016年8月4日，https://www.dpm.org.cn/study_detail/100202.html。
④ 《科技助力文物保护，让传统文化历久弥新》，"中国日报网"百家号，2020年9月3日，https://baijiahao.baidu.com/s?id=1676776673702181054&wfr=spider&for=pc。

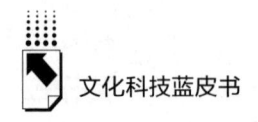

基础上，全球游客可畅游"数字敦煌"，在30多个洞窟内进行720度全景漫游。

3. VR/AR/MR、AI结合泛娱乐开启非遗新体验

VR/AR/MR、AI等技术在非遗文博领域的创新性应用，推动了非遗体验革命，掀起了"体验式博物馆"新浪潮。随着"文化体验"逐渐成为非遗文博展示关注的焦点，VR/AR/MR、AI等技术刷新了人们对内容消费的认知，催生了线上线下相结合的泛娱乐化观览方式，赋能非遗文化传承传播。2020年端午节期间，北京市举办了"逛京城，游京郊"系列活动，活动期间同仁堂、东来顺、全聚德、稻香村等北京12家老字号展示的非遗项目特色代表物品吸引了与会者的围观。2020年6月13日，首届深圳非遗购物节在深圳博物馆历史民俗馆举行，并同步开展线上直播。6月11日至6月13日，"爱上中国风"之"非一般的非遗"专项活动在杭州上城区湖滨步行街举行。看非遗直播带货，逛非遗集市，听非遗音乐会，持续助力杭州优质非遗产品传播与推广。

2020年6月，淘宝网为湖北非遗产品举办"非遗购物节"专场活动。活动期间，赵李桥茶厂生产的中华老字号"川"牌青砖茶第五代代表性传承人权威在淘宝直播间为广大网友介绍了青砖茶的制作工艺及发展历史。百度大数据显示，青砖茶的搜索用户中20~39岁的年轻人占到了75%以上，[①]搜索群体日趋年轻化。阿里巴巴发布的《2019淘宝非遗老字号成长报告》则显示，2019年，老字号淘宝直播产品销售额同比暴涨800%，[②] "80后"和"90后"成为消费主力，老字号与新消费成功对接，非遗技艺有了传承新路径。

4. 互联网带来了教育方式的变革

博物馆作为社会公益机构进行校外教育，实施非强制性学习，正逐渐发

---

① 《"非遗购物节+电商+直播"：传承文化、卖货两不误》，"品茗时分"百家号，2020年6月8日，https：//baijiahao.baidu.com/s？id=1668934949046817895&wfr=spider&for=pc。

② 《淘宝直播助力国货品牌崛起，北京老字号销售额暴增800%》，"中国财富网"百家号，2020年5月15日，https：//baijiahao.baidu.com/s？id=1666745853766264168&wfr=spider&for=pc。

展成为国民教育的重要组成部分。然而,教育资源分布不均、承载量有限、展陈形式与内容不匹配等问题,限制了博物馆教育的效率,使其无法在教育生态中充分发挥作用。[①] 近年来,一些博物馆立足于现代教育技术和形式,面向公众着力开展在线教育与社交分享服务,通过手机App、微信公众号、网页客户端等渠道,加强了博物馆与受众的互动。其中,VR技术与网络直播的结合,不仅为大众带来了一种全新的、实时的、沉浸式的互动体验,还为现代博物馆教育变革带来了新的契机。

当前,以"IP"为核心的文化产业正在从内容融合向产业生态融合迈进。数字化学习将利用教育平台、MOOC(大型开放式网络课程)、桌面或移动游戏等,为受众提供数字化学习的机会。博物馆正在通过学习者创造的巨大价值来增强自身的品牌意识。场馆展品的数字化促进了场馆间的知识流动、共同创新,利用数字化促进科普场馆的转型发展。远程教育、在线教育、互动教育等新的形式,逐渐在文博教育领域普及,弥补了原有教育方式在时间和空间方面的不足,极大地推动了师资力量的优化配置,使文博教育真正进入"随时随地"网络时代。积极"触网"不仅提高了文博教育的便利性,还赋予受众更大的自主选择权以及更智能的适配性。通过在线教育平台,文博师资可以实现与受众的无缝对接,以用户需求为导向选择服务、匹配模式,彻底扭转了以往教学双方信息不对称的局面,提高了资源配置效率和利用效率,加速了文博资源转换。

(二)北京市文博非遗发展现状与趋势

非遗传承、保护和利用,着力让大众参与其中,让保护成果为百姓共享,这需要加强统筹协调,鼓励和引导社会力量广泛参与,发挥社会力量的积极性和创造力,推动形成政府主导、社会参与、多元投入、协力发展的非遗保护体制机制。[②] 多年来,北京市一直致力于打造非遗传承保护和文旅融

---

① 陈嫣:《"VR直播"在博物馆教育中的应用研究》,硕士学位论文,中国美术学院,2018。
② 程晓刚:《非遗助力文旅融合,百姓共享健康生活》,中国非物质文化遗产网,2020年6月13日,http://www.ihchina.cn/news_1_details/21100.html。

合的"北京样本"并将其写入《北京市推进全国文化中心建设中长期规划（2019年—2035年）》。

为了推动文博非遗保护、传承与活化利用，北京市出台了一系列政策法规。北京市印发了《北京市传统工艺振兴实施意见》，鼓励社会力量广泛参与传统工艺振兴、培育传承人群梯队、提升设计与制作水平、培育具有北京特色和国际影响力的传统工艺品牌，推动实现传统工艺的当代价值。还出台了《关于推进北京市文化和旅游融合发展的意见》，率先在省级层面出台推进文化和旅游融合发展总揽性规范性文件，推动北京文化和旅游资源优势转化为发展优势，打造促进首都高质量发展的新动能，满足市民和旅游者对美好生活的新期待，助力北京全国文化中心与国际一流旅游城市建设。[1] 2020年，北京市文化和旅游局与中共北京市委宣传部、北京市财政局联合出台《北京市非物质文化遗产传承发展工程实施方案》，对北京市"十四五"期间非遗保护工作做出专项规划部署，从传承人群梯队培养、品牌活动打造、分类保护机制构建等方面，全方位、多层次助推非遗项目的传承与保护，进一步提升北京市非遗保护传承水平。[2] 这些有力措施激发出北京非遗传承发展的新活力，也使北京"文化和自然遗产日"系列活动精彩纷呈，将非遗保护传承"北京样本"推向全国。

未来，北京市将按照"一核一城三带两区"总体框架建设全国文化中心，整合非物质文化遗产和文化生态旅游资源，依托非遗体验基地、特色街区、传统村落等场所空间，推动非遗与旅游深度融合，培育、认定一批老字号成为市级非遗生产性保护示范基地，推进老字号和旅游企业在景点建设、线路开发、宣传推广方面的合作，逐步拓展"非遗+科技"功能，深化央地共建，创新非遗文化惠民和文化消费新模式。此外，将开展北京市非遗传统文化符号提炼与

---

[1] 《北京市正式出台〈关于推进北京市文化和旅游融合发展的意见〉》，北京市文化和旅游局网站，2019年12月12日，https://www.mct.gov.cn/whzx/qgwhxxlb/bj/201912/t20191212_849516.htm。

[2] 《支持外地非遗在京传承传播》，中国经济网，2020年7月28日，http://www.ce.cn/culture/gd/202007/28/t20200728_35415227.shtml。

应用课题研究，提炼与展示非遗经典形象所承载的优秀传统文化精神标识。

1. 区块链将成为文物保护的新方式

目前，区块链技术已经成为文博非遗领域的重要工具，是产权保护、供应链管理等的有力工具，有利于推动非遗数字化以及文创IP开发。以区块链技术为基础，文博领域工作者开发出一套版权保护模式：通过加密算法，赋予版权内容唯一标识，实现对原始信息的实时追溯，确保其在网络上自由流转。在非遗数字资源发行过程中，区块链技术可以系统地保护创作者的知识产权；在博物馆教育领域，区块链技术能够有效保障学习经历和学术成果的真实性。总而言之，区块链技术赋予文博非遗保护与传承新的技术路径，将为北京市推动文博非遗高质量发展提供新机遇。

2019年，在第六届北京市文化融合发展项目合作推介会上，北京文投集团推出"基于文物数据高还原互动展示技术"项目。该项目通过三维扫描得到文物的精准数据，然后使用专业的大型软件对三维数据进行整理、重构和贴图等工作，使文物三维信息得到逼真还原，进而形成非遗三维数据库，通过区块链技术对文物的各类信息进行有机组织，全方位对文物数据进行安全、有效利用，最后通过数字展览、数字辅助修复、数字考古等方式，对数据进行充分应用。[①] 同年1月，百度超级链以区块链技术为依托，携手百度百科构建"文博艺术链"，实现246家博物馆藏品上链，为线上藏品确权与维权提供了有力支撑，有利于推动线上藏品数字版权交易健康发展。[②]

2. 文博衍生品走进千家万户

目前，北京市文博非遗有关单位正积极挖掘丰富的馆藏资源，加快文创衍生品开发，将文创商店打造成"最后一个展厅"，使广大市民能够"把文化带回家"，使文博教育能够从展厅走向社会、走进家庭。2019年春节期

[①] 《北京文化融合发展项目签约金额超80亿元》，"中国新闻网"百家号，2019年5月30日，https://baijiahao.baidu.com/s?id=1634943496633227863&wfr=spider&for=pc。

[②] 《百度区块链实验室上线"文博链"推动博物馆文物版权数字化》，搜狐网，2019年5月8日，https://www.sohu.com/a/312635450_120068566。

间，北京各大博物馆及历史文化街区纷纷推出有用、有料、有颜、有趣的文创产品。颐和园推出"颐和八景"文创糕点展现世界文化遗产之美；天坛公园线上线下联动销售"天坛好物"，为世界文化遗产天坛扩大影响力；齐白石旧居以齐白石画作中的经典意象幻化出百余种主题创意衍生品；首都博物馆则利用著名藏品元青花凤首扁壶和清松石绿地粉彩蕃莲纹多穆壶的文物形象、色彩、纹饰和器形开发出两大系列创意衍生品。文创产品在创新转化优秀历史文化的同时，也为文物保护单位带来了不菲的收入。数据显示，截至2018年底，故宫文创系列产品已达11936种，其销售额已经远高于同年8亿元的门票收入。① 国家大剧院、首都图书馆、天坛公园、首都博物馆、中国铁道博物馆等文化文物单位各自创造了400万元的文创产品收入。②

3. 借力京城老字号讲好"北京故事"

北京拥有众多历史悠久的老字号，每个老字号背后都蕴含着独特的文化价值，在满足人们消费需求、提高人民生活水平、传承与传播中华优秀传统文化等方面发挥着重要作用。为大力弘扬中华优秀传统文化，普及非遗知识，营造非遗保护社会氛围，助力非遗老字号企业复工复产，促进文旅融合，北京市文化和旅游局推出"京城非遗惠民消费季"系列活动，用非遗讲好"北京故事"，打造人民群众广泛参与的非遗传承保护"北京样本"。2020年4月，在北京市文化和旅游局的指导下，北京非物质文化遗产保护中心与京东电商平台联合内联升、月盛斋、荣宝斋、同仁堂等13家北京老字号开展"京城非遗装点美好生活"主题购物节，通过传承人线上互动、知名主播线下探店、新浪微博互动、网络媒体跟进报道等多种形式，带动非遗消费。活动期间，荣宝斋、同仁堂、吴裕泰、一得阁等10家老字号京东店铺粉丝增长量近2万人次，订单成交总额近600万元，仅荣宝斋7天内成

---

① 《故宫"账本"：文创收入销售额15亿元，实控17家公司》，"新京报"百家号，2019年4月8日，https://baijiahao.baidu.com/s?id=1630259612861488554&wfr=spider&for=pc。
② 鲁婧：《博物馆文创需创意与文化并行》，一点资讯网，2019年4月1日，http://www.yidianzixun.com/article/0LcrsLhU/amp。

交总额就达 85 万元,同仁堂在 4 月 3 日直播当天的成交额更是高达 79 万元。①"京城非遗惠民消费季"为传播非遗老字号文化提供了窗口,把"见人见物见生活"的非遗保护理念与消费者追求美好生活的内生动力结合起来,探索出一条非遗品牌市场化建设新路径。

4.线上非遗体验助力文旅融合

线上线下相结合的非遗体验活动为非遗传播拓宽了渠道、插上了"翅膀",为非遗走近大众提供了更多可能。2020 年"文化和自然遗产日"至端午节期间,北京市共推出百余项非遗体验活动,涉及 500 余种文博非遗资源,②为人民群众带来"线上+线下"的非遗文化体验。东城区推出了"非遗浸染岁月,健康结伴生活"主题活动,以"线下展示+线上直播"的方式推介北京冬奥主题非遗展销馆《非遗遇上冰雪》作品,还推出了东来顺、都一处、龙须面等传统饮食类项目和毽子制作等传统体育类项目的非遗大师课。西城区开展"非遗 MARK 西城"活动,带游客和市民漫游 4 条文化线路,探寻 11 家老字号,对话老字号传承人,领略西城六必居、荣宝斋、内联升、烤肉季等非遗老字号以及大栅栏、琉璃厂、什刹海等传统街区的历史文化精髓。海淀区开展非遗项目御膳制作技艺线上体验活动,带领网友线上参观海淀区皇家菜博物馆,邀请非遗传承人讲述皇家菜历史故事并在线直播皇家菜制作全过程,与观众一同沉浸于海淀独特的非遗饮食文化中。

(三)相关政策法规

1.国家层面

2019 年 2 月,国家文物局党组审议通过了《国家文物局 2019 年工作要点》,涉及博物馆事业改革发展、博物馆人事制度改革、文物资源管

---

① 《"京城非遗惠民消费季"首周成效显著》,"文旅北京"百家号,2020 年 4 月 13 日,https://baijiahao.baidu.com/s?id=1663848885525326247&wfr=spider&for=pc。
② 《非遗传承保护和文旅融合的"北京样本"》,搜狐网,2020 年 6 月 12 日,https://www.sohu.com/a/401504743_155679。

理机制建立、文物保护资金管理、文物收藏单位藏品征集、可移动文物预防性保护和数字化保护利用等方面。特别强调，加强科技支撑，完成第七批国家文物局重点科研基地遴选；推进国家重点研发计划中"文化遗产保护利用关键技术研究与示范"专项实施；以互联网、大数据、信息共享、跨界创意和智慧应用为重点，促进文物保护利用与现代科技融合发展。①

2019年6月，文化和旅游部官网发布《关于对〈文化产业促进法（草案征求意见稿）〉公开征求意见的公告》，面向社会公开征求意见，博物馆文化产业发展迎来又一高峰。在资源数字化方面，该草案征求意见稿指出国家推动文化资源数字化，分类采集梳理文化遗产数据，标注中华民族文化基因，建设文化人数据服务体系等。

2019年8月，国家文物局网站发布《关于公开征集〈文物保护法〉修订意见建议的启事》，公开征求对修订《文物保护法》的意见建议，标志着我国文物保护的法律条例将有新调整，对下一阶段文物保护工作有重要指导意义。

2019年12月，7部门印发《关于促进"互联网＋社会服务"发展的意见》，进一步推动"互联网＋中华文明"，促进社会服务数字化、网络化、智能化、多元化、协同化，更好惠及人民群众，助力新动能增长。该意见提出，推进社会服务资源数字化，激发"互联网＋"对优质服务生产要素的倍增效应。鼓励发展数字图书馆、数字文化馆、虚拟博物馆、虚拟体育场馆等。一系列的内容，也将加大博物馆社会服务的共享开放力度，提升资源利用效率。②

2. 北京市层面

2019年2月，北京市第十五届人民代表大会第二次会议审议通过《北

---

① 《国家文物局关于印发〈国家文物局2019年工作要点〉的通知》，中国政府网，2019年2月9日，http：//www.gov.cn/xinwen/2019-02/09/content_5364460.htm。
② 《七部门印发〈关于促进"互联网＋社会服务"发展的意见〉》，中国政府网，2019年12月12日，http：//www.gov.cn/xinwen/2019-12/12/content_5460638.htm。

京市非物质文化遗产条例》，鼓励报刊、广播、电视和互联网媒体等通过专题专栏、公益广告等形式，宣传代表性项目，普及非物质文化遗产相关知识。市文化和旅游、科技、经济信息化、新闻出版、广播电视等有关部门应当支持新技术、新媒体在非物质文化遗产传播中的开发、应用。[1] 同时提出，市文化和旅游主管部门应当会同科技、经济信息化等部门，组织开展与非物质文化遗产有关的科学技术研究。

2020年7月，北京市文物局印发《关于北京地区博物馆开展社教工作的指导意见》，明确了博物馆社会教育工作的总体要求，提出延展教育传播范围，注重提升博物馆文化传播能力，拓展传播范围，开辟传播途径，充分利用网络作为博物馆社会教育工作阵地的作用，开展博物馆云教育、微课堂。同时，推广"无边界博物馆""流动博物馆"，增加博物馆进校园进课堂频次，支持博物馆与各类媒体联合直播节目。[2]

同月，中共北京市委宣传部、北京市文化和旅游局、北京市财政局联合印发了《北京市非物质文化遗产传承发展工程实施方案》。该方案提出，紧紧围绕"一核一城三带两区"总体框架，以"科学保护、提高能力、弘扬价值、发展振兴"为主要任务，坚持政府主导、社会参与，推动非遗活态传承，完善非遗保护传承体系，深入挖掘非遗蕴含的有益价值，提升非遗保护传承水平，擦亮北京文化金名片，传承北京历史文脉。[3]

四 媒体融合的科技创新

党的十八大以来，以习近平同志为核心的党中央高度重视媒体融合发

---

[1] 《第1号!〈北京市非物质文化遗产条例〉，全文来了!》，"北京日报客户端"百家号，2019年2月13日，https://baijiahao.baidu.com/s?id=1625308591898508861&wfr=spider&for=pc。
[2] 《北京市文物局关于北京地区博物馆开展社教工作的指导意见》，北京市文物局网站，2020年7月21日，http://wwj.beijing.gov.cn/bjww/362679/362686/10832265/index.html。
[3] 《中共北京市委宣传部、北京市文化和旅游局、北京市财政局关于印发〈北京市非物质文化遗产传承发展工程实施方案〉的通知》，北京市文化和旅游局，2020年7月27日，http://whlyj.beijing.gov.cn/zwgk/tzgg/202007/t20200727_1961994.html。

展，将媒体融合上升至国家战略层面，做出重大战略部署，为推进媒体深度融合指明方向，其也是中央部署推进深化文化体制改革的重大举措，以此来巩固宣传思想文化阵地、壮大主流思想舆论力量、维护意识形态安全与政治安全。2014年8月，中央深改组第四次会议审议通过《关于推动传统媒体和新兴媒体融合发展的指导意见》，从国家政策层面为融合媒体的发展提供了政策保障，并指明了前进的方向。2018年8月，全国宣传思想工作会议召开，习总书记指出"要扎实抓好县级融媒体中心建设，更好引导群众、服务群众"。① 2018年11月，中央全面深化改革委员会召开第五次会议，印发了《关于加强县级融媒体中心建设的意见》。2019年1月，中共中央政治局就全媒体时代和媒体融合发展开展集体学习，习总书记强调的推动媒体融合发展、建设全媒体成为我们面临的一项紧迫课题，要运用信息革命成果，推动媒体融合向纵深发展，做大做强主流舆论。

媒体融合是顺应新一轮科技革命与媒体传播变革趋势的需要。在以5G和6G为核心的未来通信网络、新一代人工智能、大数据、物联网与万物互联、4K和8K超高清、脑科学与类脑计算、量子科学等新兴前沿技术的驱动下，媒体融合相关理论与技术迅速推进，引发链式突破，不断催生新理论、新技术、新业态、新模式，促进媒体形态的变革。我国媒体融合发展已从最初的简单相"加"进入相"融"阶段，包括区域融合、整体融合和内容融合，以及机制体制融合。媒体融合发展的关键词已经从最初的"推动""融合"发展为"加快推进""深度融合""纵深发展"，这预示着我国媒体融合已经走过了改革转型的阵痛期，步入加快发展的新阶段。

媒体融合的根本目的是解放和发展媒体领域的生产力，以满足经济社会发展对信息传播的日益增长的需求，其本质是运用新技术提升媒体传播的效率和效能，赋能媒体融合朝着移动化、智能化的方向发展，促使舆论生态、媒体格局、传播方式等都发生深刻变化。全国各地媒体机构以政策为导向，

---

① 《扎实抓好县级融媒体中心建设——江苏县级广电媒体融合的现状、问题及路径分析》，人民网，2019年5月20日，http://media.people.com.cn/n1/2019/0520/c426943-31093585.html。

积极投入媒体融合相关建设工作,在体制机制改革、平台建设、资源整合、业务拓展、人才培养等方面进行了大量探索。

(一)我国媒体融合发展现状与趋势

2020年出版的《媒体融合蓝皮书:中国媒体融合发展报告(2020)》分析指出,我国媒体融合发展在2019年度迎来纵深发展的关键节点,整体上呈现中央级媒体在融合核心技术上发力攻坚、省级平台纷纷下沉、县级融媒体中心建设多点开花的态势,媒体融合平台阵地建设取得了体系化、多级化、重连接的重要进展。[①] 2020年4月,人民网研究院对我国295份报纸、300个广播频率、34家电视台的2019年融合传播力进行评估,构建了媒体融合传播指数指标体系,发布的《2019年媒体融合传播指数总报告》显示,2019年全国各类媒体努力推进媒体融合、提升融合传播力,取得了一定的成效。[②] 我国报纸、电视、广播等传统媒体以内容为根本、技术为支撑,拓展传播渠道、建立传播矩阵,逐步扩大主流价值影响力。具体来看,全国传统媒体单位在报纸、广播、电视等领域的融合传播力指数排名第一的分别是人民日报社、中央人民广播电台中国之声、中央电视台。

移动端成为新媒体建设与传播的重点。2020年9月,中国互联网络信息中心(CNNIC)发布的第46次《中国互联网络发展状况统计报告》显示,我国网络视频的使用率不断提升、用户规模进一步扩大;2020年6月,我国网络视频用户规模达到8.88亿人,较2019年同期增长了1.3亿人;报告还指出,截至2020年上半年,我国网民的娱乐需求持续向线上转移,移动端成为信息消费的主要阵地。[③]

媒体融合在资源整合优化上仍需进一步加强。媒体深度融合的实现需要

[①] 梅宁华、支庭荣主编《媒体融合蓝皮书:中国媒体融合发展报告(2020)》,社会科学文献出版社,2020。
[②] 人民网研究院:《2019年媒体融合传播指数总报告》,2020。
[③] 《现场云》,新华网,2020年7月7日,http://nis.xinhuanet.com/2020-07/07/c_139194787.htm。

在平台、内容、技术、渠道、体制机制等各个方面精耕细作、全方位融合，形成资源集约、结构合理、差异发展、协同高效的全媒体传播体系。

媒体融合需要推动内容创新。优质内容是媒体平台的核心竞争力，以优质内容为基础的付费模式逐渐获得用户认可。无论是中央级媒体还是地方省市媒体，提升传播力、影响力都离不开优质内容生产。除了自身生产内容，聚合社会力量生产优质内容也是提升内容生产能力的有效途径。未来，内容生态更加多元，需要不断探索视频内容的新呈现形式。[①]

人工智能和5G将开启智能互联新时代，给媒体融合带来更多的创新机遇。5G与垂直行业的融合应用成为产业转型升级的直接动力，5G技术深刻影响着我国数字化建设进程，[②] 可为我国媒体融合赋能。在推进媒体融合过程中，需要加快5G技术的应用与完善，充分运用人工智能落地智能应用，构成新兴技术生态基础，落实媒体深度融合。

媒体融合的发展需注重网络空间综合治理。互联网传播方式呈现移动化、社交化、视频化趋势，传播内容呈现海量化、碎片化趋势，传播形态呈现多样化、立体化趋势，用户则更加多元化、个性化。防控新型网络安全风险是重中之重，应从遏制网络犯罪、保障大数据安全等方面提升网络社会综合治理能力，不断健全网络社会综合防控体系。[③] 为加强网络空间综合治理，建立健全网络空间综合治理体系是必然趋势。

我国媒体融合发展总体趋势表现为：中央级媒体领跑，京浙沪粤等地方媒体实力强劲，县级融媒体中心建设扎实推进。

1. 中央级媒体融合领跑

新华社、人民日报社、中央广播电视总台等中央级媒体机构依托强大的资金、技术、人力等优势，处于媒体融合发展的前列，媒体传播力持续领跑

---

① 《北京新视听2020：共融共生共美好——中国广电媒体融合发展大会发言摘登北京日报专题》，千龙网，2020年9月11日，http://beijing.qianlong.com/2020/0911/4709380.shtml。

② 黄楚新、王丹：《聚焦"5G+"：中国新媒体发展现状与展望》，《科技与出版》2020年第8期。

③ 黄楚新：《中国新媒体发展的新特点》，《新闻论坛》2020年第4期。

全国。中央级媒体单位目前主要从"中央厨房"（全媒体平台，由媒体新一代内容生产、传播和运营体系构成）统筹配置、渠道拓展、5G赋能、跨界融合等多角度进一步深化媒体融合。

人民日报社"中央厨房"最初采用"大数据+新闻"的模式，不断通过创新新闻传播形式和创新机制来打造新闻精品。现在的模式和架构以内容生产为主线，建立采编联动方式，将采访、编辑和技术统筹安排，实现"一次采集、多元生成、多渠道传播"的工作模式，发挥内容生产的中枢功能，实现内容生产流程再造，打造一体化统筹的媒体融合发展空间平台、业务平台、技术平台、内容创新平台。

新华社的"现场云"是全国新闻在线服务平台，可以实现新闻在线生产与审核、在线签发和直播，构建了原创内容移动化生产与传播平台，帮助入驻机构快速跨入移动互联网时代。截至2019年底，全国已有3700家媒体、党政机构入驻该平台，共享"现场新闻"直播产品，实现移动化生产传播。[1] 2020年4月，新华社发布"现场云"（企业版），助力企业提升信息传播的影响力和运行效率，实现融媒体平台由纵向到横向的拓展。

对于主流媒体传播渠道，除了线上直播、移动直播之外，移动端发展成为媒体融合的主要渠道，各媒体单位通过自建平台、入驻第三方平台等方式，形成多渠道的传播矩阵。中央级主流媒体都已形成"两微一端一号"的传播矩阵，用户规模基本超过了百万级别，其中人民日报社尤为突出，法人微博的总粉丝数超1.2亿人，微信公众号的关注人数达到2000万人。人民日报社、新华社、中央广播电视总台的移动客户端下载总量超过10亿次。[2] 根据人民网2020年4月份发布的《2019年媒体融合传播指数总报告》，媒体自建的客户端平均用户数超过了第三方平台（微博、抖音，不含微信）的账号平均用户量。媒体在短视频平台传播力凸显，例如，人民日报社在抖音的粉丝量增长较快，2019年前4个月即增长了55%；截至2020

---

[1] 《现场云》，新华网，2020年7月7日，http://nis.xinhuanet.com/2020-07/07/c_139194787.htm。

[2] 中国互联网络信息中心（CNNIC）：第46次《中国互联网络发展状况统计报告》，2020。

年9月，央视新闻在抖音平台的粉丝规模已接近1亿人。①

2019年，中国进入5G商用元年。5G技术赋能融合媒体新形式，中央级媒体单位率先积极推进5G新技术和应用场景落地。② 中央广播电视总台与华为、三大运营商签署战略合作协议，联合创办"5G媒体应用实验室"，在此基础上积极推广5G技术下的创新性产品及应用，推动广播电视媒体和传播技术的跨越式发展。2019年5月，中央广播电视总台的"5G+4K+AI媒体应用实验室"在上海国际传媒港成立。2019年11月，我国首个国家级5G新媒体平台——中央广播电视总台"央视频"5G新媒体平台正式上线，这是我国媒体"国家队"基于"5G+4K/8K+AI"等新技术整合优质资源、打造视听新媒体的实践。③

2019年1月31日，中宣部提出"发展广电5G"的重点工作目标，5G新技术的落地推动了媒体融合在内容生产、传播渠道等方面的革新，加快了广播电视媒体的优化升级，加速了台网融合和智慧广电建设。目前，全国发达地区，例如北京、上海、浙江、湖南等地5G布局步伐较快，借助5G技术的应用，不断满足融合媒体业务需求。

5G与人工智能、大数据、物联网等新技术的赋能，催生了VR全景视频直播系统、5G交互式虚拟演播室、虚拟主播、虚拟主持人、人脸识别等多种媒体融合新形式。例如2019年央视春晚的虚拟主持人"小小撒"，2019年全国"两会"期间的AI记者助理"小白"，以及2020年初抗疫之战中，人民日报社、新华社等多家主流媒体平台在5G技术的支撑下，实时高清地全程直播了雷神山、火神山两所医院建设实况，并同步传输到海外，让全世界人民看到了中国抗击疫情的信心和实力，见识到了"中国速度"。④

在5G和人工智能等新技术的助力下，媒体融合走向智能化时代。在

---

① 《北京新视听2020：共融共生共美好——中国广电媒体融合发展大会发言摘登北京日报专题》，千龙网，2020年9月11日，http://beijing.qianlong.com/2020/0911/4709380.shtml。
② 唐绪军、黄楚新、王丹：《"5G+"：中国新媒体发展的新起点——2019-2020年中国新媒体发展现状及展望》，《新闻与写作》2020年第7期。
③ 黄楚新：《中国媒体融合的新特点与新趋势》，《传媒》2020年第8期。
④ 宋傲东：《关于5G技术与新媒体融合发展的思考》，《传播与版权》2020年第8期。

此背景下，中央级媒体单位开始寻求媒体融合转型之路，提前布局跨界融合。[1] 2019年9月，人民日报社联手百度公司成立了人工智能媒体实验室，启动融媒体创新产品研发与孵化、全媒体智慧云两大项目。2019年11月，新华社与阿里巴巴集团共建的新华智云发布"媒体大脑3.0融媒中心智能化解决方案"，可以实现一次采集、多次加工、多元分发，创新了智慧融媒体新闻中心的在线内容生产。央视网与百度智能云联合建立人工智能媒体研发中心，基于"云+AI"技术应用推出多款智慧终端产品。

2. 省级融合媒体平台发力

国家广播电视总局在全国开展了广播电视媒体融合典型案例、先导单位、成长项目征集和评选工作，旨在推进广播电视与新兴媒体的深度融合，发挥先进典型的示范与带动作用。2020年3月，公布了2019年度评选结果，共评选出10家先导单位、15个典型案例、15个成长项目；[2] 2020年10月，召开了2020年度终评会，15家先导单位、22个典型案例和23个成长项目共计60项入围终评。

继"中央厨房"之后，各省（市）陆续开始建设省级融合媒体平台，例如浙江省的"中国蓝云"、湖北省的"长江云"、湖南省的"芒果TV"、陕西省的"秦岭云"、上海市的"阿基米德"等。媒体云统一平台充分利用互联网，结合云计算、大数据、人工智能、5G等新技术，打造多区域、多机构、多层级互联互通的、统一资源调度的、内容共享的省级服务平台。通过省级服务平台，全省各地融媒体中心可以同时行动、同时发声，全省所有媒体全面呈现，实现内容细分、聚合与共享。[3] 2020年3月，多个省级媒体云统一平台获评国家广电总局典型案例。

湖北"长江云"平台是以云计算、大数据技术为底层架构的省级新媒

---

[1] 黄楚新、刘美忆：《推动媒体融合纵深发展构建全媒体传播体系——解读深改委第十四次会议关于媒体融合决议》，《中国记者》2020年第8期。
[2] 吴君：《"广播电视媒体融合先进经验"系列报道（二）》，《广播电视信息》2020年第7期。
[3] 胡正荣、李荃：《深化融合变革 迎接智慧全媒体生态》，《传媒》2020年第3期。

体云平台。"长江云"采用了省、市、县三级互联互通、共建共享的"1+N"媒体融合模式，1是指"长江云"平台，N是指各级融媒体中心。"长江云"依托移动采编体系和"云稿库"，实现"源、云、管、端"全流程服务，将自身打造成省、市、县媒体机构编辑记者共用的内容生产平台。在2019年全国"两会"报道中，通过H5、虚拟技术等全媒体手段，生产出130多个原创新媒体产品，全网点击量7亿多人次。

湖南广播电视台的芒果超媒建立的"一网联结、多点联动"的生态矩阵，以"芒果TV"为核心平台，整合打通上下游产业链，通过内容整合、技术创新、人才融合为用户提供多元化、个性化、精细化的服务。

浙江广播电视集团的"中国蓝云"以新蓝网、"中国蓝新闻"客户端为主平台，组建了全省广电融媒协作联盟。全省广电共建一个App，实现"策划共谋、宣传同步，服务共赢、开放进驻，利益共享、品牌共建"的模式。

目前，省级融合媒体形成移动为先、构建多元生态传播矩阵的发展模式，普遍建成"两微一端"传播矩阵，并凭借具有自主品牌效应的自建客户端开展精细化运营。例如，上海广播拥有"阿基米德""话匣子FM"两个移动端产品、26个微信公众号、19个官方微博账号，形成了具有广播特色的多元生态产品矩阵。同时，全国主流媒体形成了以"新闻＋政务＋服务"为主的业务结构模式。以浙江"蓝媒号"为例，其联合省内政务平台以及省、市、县三级媒体融合网络，构建主流舆论矩阵平台，截至2020年，已经拥有省内90家媒体机构及200多家省、市、县级政务新媒体公号。

3. 县级融媒体中心建设成热点

为贯彻落实习总书记关于"要扎实抓好县级融媒体中心建设，更好引导群众、服务群众"①的重要讲话精神，以及中央深改委通过的《关于加强

---

① 《扎实抓好县级融媒体中心建设——江苏县级广电媒体融合的现状、问题及路径分析》，人民网，2019年5月20日，http://media.people.com.cn/n1/2019/0520/c426943-31093585.html。

县级融媒体中心建设的意见》，中央和有关部门对县级融媒体中心建设做出部署，要求2020年底基本实现在全国范围内的全覆盖。县级融媒体作为上下贯通、打通舆论引导的"最后一公里"，是直达基层群众的重要环节。2019年，全国各地基层媒体单位扎实推进县级融媒体中心建设，成为这一阶段媒体融合发展的热点。

作为基层媒体，县级融媒体中心一方面要坚持主流舆论传播阵地，另一方面要强化政务和综合服务功能，更好地服务群众、引导群众。目前，县级融媒体中心大部分采用"内容+新闻+政务+服务+电商+短视频"矩阵模型，通过建立县级"中央厨房"，整合内部资源。

县级融媒体中心的基础设施建设基本完善，各方资源得到有效的整合。基本路径主要有以下两种：以江苏邳州、浙江长兴、河南项城模式为代表的"单兵扩散"方式；以湖北"长江云"、江西"赣鄱云"、四川"熊猫云"等模式为代表的"云端共联"方式[1]。虽然一省多平台模式有其成功的一面，但是中央融媒体改革要求"一省一平台"[2]，统一的融媒体平台是发展趋势。因此邳州县级融媒体中心本着精准、实用、节约的原则，对现有融媒体技术平台进行了升级，应用云计算、大数据等技术构建"银杏云"平台，对接江苏广电"荔枝云"，实现与省台新闻资源、技术平台的交互共享。

4. 新兴媒体表现出色

《媒体融合蓝皮书：中国媒体融合发展报告》根据实地调研和融合指数的指标体系，并结合公开数据，在全国广播、电视、报刊等传统媒体和各类商业平台之中评选中国媒体融合年度先锋榜，旨在表彰在中国媒体融合发展中具有创新思想以及在创新方面具有示范效应和领先优势的媒体机构。表1是2016~2019年入围中国媒体融合年度先锋榜的名单，从榜单中可以看出，近年来有越来越多的新兴媒体平台登榜。新媒体具有即时

---

[1] 黄楚新、刘美忆：《当前我国对媒体融合研究的几个主要方面》，《现代视听》2020年第8期。
[2] 黄楚新、王丹：《聚焦"5G+"：中国新媒体发展现状与展望》，《科技与出版》2020年第8期。

性、互动性和个性化的优势，可以面向更加细分的受众，以迎合其特定喜好的业态为切入点，快速汇聚流量，发展新兴媒体生态圈。2020年，短视频业态发展迅速，抖音、快手等新媒体表现出色，抖音和快手两个平台的总用户占到全部用户的75%。2020年出版的《媒体融合蓝皮书：中国媒体融合发展报告（2020）》显示，以微信、抖音为代表的社交媒体是民众获取新闻信息最重要的新媒体类型；腾讯微信是用户最多、最广泛的新闻信息获取平台；民众在接收新闻信息时，倾向于通过移动端从微信、微博、抖音等新媒体渠道获取信息。新媒体给传统主流媒体带来了巨大的挑战，同时也丰富了融合媒体的业态和模式，对促进我国媒体深度融合发展能起到积极的推动作用。

表1　2016~2019年中国媒体融合年度先锋榜

	2016~2017年度	2017~2018年度	2018~2019年度
中央媒体	人民日报社新媒体中心	"央视新闻+"	新华创意工场
	新华社新媒体中心	《新京报》	"北京日报"App
	中央电视台新闻中心		
地方媒体	成都商报"红星新闻"新媒体矩阵	澎湃	界面新闻
	重庆广电集团"第1眼"	芒果TV	"天目新闻"App
	广东广播电视台"触电"	封面传媒	湖南红网新媒体集团
	"津云"中央厨房	红网	上游新闻
	南方报业传媒集团"南方+"客户端		
	上海报业集团"上海观察"	"南方+"	广州日报报业集团
	上海广播电视台"看看新闻knews"	读创	《深圳晶报》
	深圳特区报社"特读"	抖音	邳州融媒体中心
	新华报业传媒集团"交汇点"客户端		
	浙江日报报业集团"媒立方"	喜马拉雅	快手

资料来源：梅宁华、支庭荣主编《媒体融合蓝皮书：中国媒体融合发展报告（2020）》，社会科学文献出版社，2020。

（二）北京市媒体融合发展现状与趋势

习总书记在中共中央政治局第十二次集体学习时指出，全媒体不断发展，出现了"全程媒体、全息媒体、全员媒体、全效媒体"，深刻揭示了媒体发展的本质内涵，为把推进媒体深度融合落到实处指明了前进的道路。北京市坚持贯彻习总书记关于"四全媒体"的重要论述，推动各类媒体的深度融合发展工作，以做大做强主流舆论为根本目的，继续坚持政策导向、移动为先、内容为王、创新为要，加快融合步伐，打造融合产品，并坚持一体化发展方向，催化融合质变，实现共融互通。

2019年搭建的"北京云"融媒体省级技术平台，成功对接了北京17个区级融媒体中心，构建了"17+N"的全媒体衔接格局。[1] 报业类媒体作为主流媒体传播矩阵的重要成员，在融合发展中积极探索移动为先的传播格局，基本形成了以北京日报社、北京时间、新京报社、北京头条四级移动端为主的新型主流传播平台，逐步建立健全了集信息、社交、服务、政务、商务等多种功能于一体的媒体聚合平台。

北京市下一步将深入推进以"北京云"作为首都舆论引导的主引擎，以北京日报社、北京时间、新京报社、北京头条四级移动端为主流传播平台，以17个区级融媒体中心作为主流舆论扩音器，以5G新技术为引领，推动跨区域、跨层级、跨行业的资源整合[2]，探索媒体深度融合的"北京路径""北京方案"。

1. 融媒体平台化发展

2019年，在中共北京市委宣传部、北京市广电局的指导下，歌华传媒集团旗下歌华有线公司承接了"北京云"融媒体市级技术平台的建设工作，并于当年11月23日正式上线运营，形成了"1+4+17+N"的全媒体传播矩阵和格局，开启了北京市媒体融合发展的新征程。

"北京云"融媒体平台通过"1+4+17+N"的融媒体传播矩阵，面向中共北京市委宣传部、北京4家市级媒体和17个区级融媒体中心提供

---

[1] 曾春：《北京云融媒体市级技术平台建设的探索与实践》，《有线电视技术》2019年第12期。
[2] 《北京新视听2020：共融共生共美好——中国广电媒体融合发展大会发言摘登北京日报专题》，千龙网，2020年9月11日，http：//beijing.qianlong.com/2020/0911/4709380.shtml。

服务，对促进市、区两级融媒体机构在内容、渠道、平台、管理、运营等方面的深度融合发挥了重要作用。"北京云"投入运营以来，实现了宣传统筹、舆情分析、内容共享、监测监管、版权保护、安全防护等指挥调度功能，充分发挥融媒体市级技术平台的信息枢纽作用，提供媒体服务、党建服务、政务服务、公共服务和增值服务，助力基层治理创新，全面推进"新闻＋政务＋服务"，实现"融资讯、融政务、融生活、融未来"，为打造北京地区互联互通、互补互促的智慧融媒体生态圈提供支撑。

2. 以先进技术为引领

北京广播电视台在融媒体中心建设中，深化资源整合，把北京人民广播电台新闻广播、北京电视台新闻频道、北京新媒体集团等资源全面纳入融媒体中心，实行一体化运行管理；坚持技术创新驱动，进一步深化互联互通、开放共享的融合传播技术平台建设，加快抢占全媒体时代的技术高地，推动形成北京台在新技术应用上的领先优势。

同时，北京市加强关键核心技术攻关，推动5G、大数据、云计算、区块链等新技术在媒体融合各流程、各环节的综合应用，例如在庆祝新中国成立70周年活动，以及北京冬奥会、冬残奥会中，积极布局"5G＋8K"新技术应用场景。[①] 2019年2月，北京广播电视台全新的融媒体演播室正式启用。设置了新闻播报区、资讯和访谈区、社交媒体互动区等9个演播区，在功能和风格上体现全媒体属性，为新技术应用提供了平台支撑。同时在电视内容制作、画面呈现与信号传输上也加强新技术的融合应用，例如"5G＋4K/8K"超高清实时传输、5G网络环境下的移动制作和VR制作、应用场景和节目形态的创新等，深入实施移动优先策略，推动大数据、人工智能在新闻采集、生产、分发、接收、反馈中的应用，推动媒体形态和传播方式的加速升级。

---

① 张颖：《专访北京广播电视台台长李春良："首都媒体"的三大重点工作、四个努力目标》，《电视指南》2019年第13期。

3. 横向联动，协同发展

"四全媒体"里所提到的"全程媒体"是要突破时空的割裂，针对垂直类媒体探索从上到下垂类划分和垂类整合，开展跨区域媒体整合与合作。2020年9月8日，北京、天津、河北三地广电局在中国广电媒体融合发展大会上正式签署了《京津冀新视听战略合作协议》，成立中国（京津冀）广播电视媒体融合发展创新中心。这是全国首个突破地域限制，进一步发挥区域优势、横向联合、纵向联动，贯通广播电视和网络视听，做大做强主流舆论，开展具有区域特色的全媒体传播协同发展的模式。

（三）相关政策法规

1. 国家层面

2019年1月，中共中央宣传部、国家广播电视总局联合发布《县级融媒体中心建设规范》《县级融媒体中心省级技术平台规范要求》，为县级融媒体中心省级技术平台规定了操作指南和建设规范。

2019年10月，国家广播电视总局发布《关于创建广播电视媒体融合发展创新中心有关事宜的通知》，择优创建广播电视媒体融合发展创新中心，旨在贯彻落实推动媒体融合向纵深发展、做大做强主流舆论、构建全媒体传播格局的具体举措。

2019年11月，科技部发布《关于批准建设媒体融合与传播等4个国家重点实验室的通知》，批准建设"媒体融合与传播国家重点实验室"、"传播内容认知国家重点实验室"、"媒体融合生产技术与系统国家重点实验室"和"超高清视音频制播呈现国家重点实验室"等4个实验室。

2020年9月，中共中央办公厅、国务院办公厅印发《关于加快推进媒体深度融合发展的意见》，从重要意义、目标任务、工作原则三个方面明确了媒体深度融合发展的总体要求，要"加快"和"纵深"发展。一是深刻认识全媒体时代推进这项工作的重要性、紧迫性，推动传统媒体和新兴媒体在体制机制、政策措施、流程管理、人才技术等方面加快融合步伐，建成一

批具有强大影响力和竞争力的新型主流媒体,构建网上网下一体、内宣外宣联动的主流舆论格局,建立以内容建设为根本、先进技术为支撑、创新管理为保障的全媒体传播体系。二是以互联网思维优化资源配置,做大做强网络平台,占领新兴传媒阵地。

2. 北京市层面

2019年,北京市广播电视局印发《北京市智慧广电发展行动方案(2019年—2022年)》。该方案指出,首都智慧广电的总体发展目标是坚持以信息技术为支撑,坚持首善标准,经过3~5年的努力建设成涵盖内容生产、网络传播、功能承载、服务供给以及生态建设等的全方位的智慧广电创新体系,初步形成以"全程媒体、全息媒体、全员媒体、全效媒体"为特征的媒体融合发展格局,升级打造以超高清、云化、IP化、智能化为特征的广电网络传播体系,建设党建引领"街乡吹哨、部门报到"的广电城市视联神经系统,打造聚合上下游高精尖产业的智慧广电产业体系。

2020年,北京市委、市政府实施《关于加快培育壮大新业态新模式促进北京经济高质量发展的若干意见》。该若干意见突出以人民为中心、突出数字化赋能、突出体制机制创新、突出北京特色优势,围绕新基建、新场景、新消费、新开放、新服务分别提出了27项相关的政策措施,系统推进新业态、新模式发展。该若干意见还提出要把握新基建机遇,进一步夯实数字经济发展根基。抓住算力、数据、普惠AI等数字经济关键生产要素,瞄准"建设、应用、安全、标准"四大主线谋划推进,力争到2022年底基本建成网络基础稳固、数据智能融合、产业生态完善、平台创新活跃、应用智慧丰富、安全可信可控的新型基础设施。此外,要拓展新场景应用,全力支持科技型企业创新发展。聚焦人工智能、5G、物联网、大数据、区块链、生命科学、新材料等领域,以应用为核心,通过试验空间、市场需求协同带动业态融合、促进上下游产业链融通发展,推动新经济从概念走向实践并转换为发展动能。

2020年,北京市政务公开领导小组办公室印发《北京市深化政务公开扩大公众参与工作办法》。该办法指出要进一步提升政府网站的网民留言、网上调查、意见征集、在线访谈等互动功能。积极拓展政务微博微信、手机客户端等政务新媒体平台，开通公众参与的专题栏目，探索开展微直播、微访谈、微解读、微回应、微互动等，增强公众参与的及时性和有效性。

五 小结

作为国家首都，北京市聚集了大量的文化和科技资源，是我国文化科技融合发展优势最突出的城市之一。在新一轮科技革命和产业变革正在孕育兴起之时，建设科技创新中心为北京注入了无限活力，科技领军人才会聚，科研成果层出不穷，一大批优秀的科研机构、高等院校和高科技企业有力地推动了文化旅游、创意设计、文博非遗、媒体融合等产业发展的蓬勃发展。文化产业数字化战略扎实推进，现代科技与旅游、设计、非遗、媒体等领域融合发展，新型文化企业、文化业态、文化消费模式不断涌现。国家文创实验区建设持续深化，培育了国家级文化和科技融合示范基地，打造了文化科技产业集群，推动了文化发展基金、文创银行建设，加速推进版权运营交易中心建设，重点培育了一批头部文化企业，充满活力的现代文化产业体系和文化市场体系日益完善。

但是，从文化旅游、创意设计、非遗文博以及媒体融合四个重点领域的发展情况来看，北京市文化科技融合还存在诸多不足。首先，文化科技融合的深度有待进一步提升，文化领域和科技领域都在朝着深度融合的方向发展，从目前来看，文化领域的科技投入和场景应用力度还有待加大，科技领域在文化内涵挖掘和内容生产方面还略显生疏。其次，从供需矛盾的角度来看，文化科技融合所形成的新型产品和服务在很大程度上不能满足人民群众日益增长的消费需求，存在有效供给不足的问题。最后，近年来，无论是国家层面还是北京市层面都先后出台了一系列政策措施，鼓励和推动文化科技深度融合。北京市目前还没有形成完善的文化科技融合公

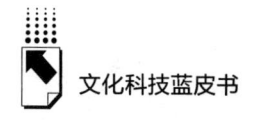

共服务体系、产业支撑体系以及市场管理体系，推动文化科技融合的体制机制亟待改革。

新时期，北京市推动文化科技深度融合，需牢牢把握北京作为全国文化中心和科技创新中心的战略定位，深入贯彻落实国家创新驱动发展战略，扎实推进国家创新工程，努力挖掘自身的资源优势、人才优势、政策优势和市场潜力，挖掘新需求、研发新技术、制定新标准、催生新模式，为文化科技融合打造良好的政策环境和生态体系，大力发展文化旅游、创意设计、文博非遗、媒体融合等重点领域，培育新的经济增长点，为北京市实现高质量发展创造新的驱动力。

重点发展文化旅游产业，将"文化+旅游+科技"作为北京市旅游业改革发展的主要任务之一。当前我国旅游业正在从封闭的旅游自循环向开放的"旅游+"融合发展方式转变，"旅游+"以强大活力与其他产业融合、组合，不断衍生新产品、新业态、新供给。应继续以"旅游+"为重点手段推进旅游业改革发展，推进"旅游+科技"，培育旅游新业态。北京市要以培育高水平科技旅游产品为突破口和先行军，进一步深化旅游供给侧结构性改革，推进旅游与科技融合发展，满足游客对科技旅游产品的需求。

大力发展创意设计产业，向世界递出"设计之都"城市名片。全国文化中心与科技创新中心是北京"四个中心"城市功能定位的重要内容，设计产业作为科技服务业的高端环节，是打通科技成果转化"最后一公里"，将科技优势转化为产业发展、城市建设新优势的重要途径；通过设计手段，促进科技与文化融合，更是弘扬传统优秀文化，将文化资源优势转化为文化产业、文化事业发展优势的重要手段。北京市应不断提升科技支撑文化发展水平，围绕"四大环节"，支持具有自主知识产权的共性关键技术研发，不断提升科技文化企业创新能力，推动云计算、物联网、大数据等先进、成熟、适用技术在新闻出版、影视传媒等领域的应用，改造提升传统行业，培育新兴产业。

着力发展文博非遗，实现文化资源的创造性转化与创新性发展。在信息化环境下，如何更好地保护、传承、开发和创新非物质文化遗产备受关注。数字化技术在非物质文化遗产传承中的广泛应用，标志着非物质文化遗产开发与信息技术的融合已取得实质性进展。但现代信息技术瞬息万变，只有实现非物质文化遗产开发与现代信息技术的深度融合，构建信息化环境下非物质文化遗产创新性开发体系，才能有效推动我国非物质文化遗产的传承和发展。北京市推动现代技术与文博非遗相结合，需要紧紧围绕"防、保、研、管、用"五个方面，切实解决重大科学问题，突破核心关键技术，完善共性基础技术，完善基础理论与方法研究、关键技术研发、工程示范应用以及创新平台建设，通过全链条创新设计、系统部署和重点突破，全面发挥科学技术对文物保护与传承领域发展的支撑作用。

不断推进媒体融合，积极发挥政府引导作用。当前，舆论生态、报业发展、传播技术、媒体格局变革日趋深刻，媒体所具有的政治属性、社会属性和产业属性，客观上要求党委和政府在媒体融合发展中起主导作用，不断推进媒体自身供给侧结构性改革，坚持传统媒体和新兴媒体优势互补、一体发展，坚持以先进技术为支撑、内容建设为根本，推动传统媒体和新兴媒体深度融合，切实提高党的新闻舆论传播力、引导力、影响力、公信力。北京市应从以下四个方面持续努力。第一，争当壮大主流舆论的排头兵。坚持一体化发展方向，催化融合质变，实现共融互通，推进"北京云"成为首都舆论引导的主引擎。在融合发展中守住阵地、管好阵地、用好阵地，唱响主流舆论思想的首都好声音。第二，争当先进技术赋能的引领者。始终保持对新技术的高度敏感，结合5G商用，深入实施移动优先策略，推动大数据、人工智能在新闻采集、生产、分发、接收、反馈中的应用，有效驾驭算法，推动媒体形态、传播方式加速升级，为媒体深度融合提供不竭动力。第三，争当创新融合机制的试验田。持续探索创新，在测采编发流程重塑、内部体制机制改革流程上动真格、硬碰硬，在融媒体资源服务系统上下功夫，推动跨区域、跨层级、跨行业资源整合，为媒体深度融合发展贡献清晰的"北京路径""北京方案"。第四，争当以传媒传播优化治理的领跑者。发挥广电

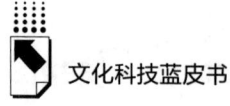

特色，以"智慧广电"助力"智慧城市"建设，提升综合业务承载能力，拓展公共服务领域，服务京津冀协同发展国家战略，推动三地加强媒体融合领域的政策协同、区域合作，实现内容共享、服务互通、产业联动、管理协同。

案 例 篇
Case

B.4
北京文化和科技融合发展典型案例报告

"国内外文化科技创新发展跟踪研究"课题组 *

摘　要: 本报告在文化旅游、创意设计、媒体融合、文博非遗等重点文化领域,选择北京地区的24个代表性案例,对文化产业科技创新发展进行剖析。在文化旅游领域,企业通过沉浸式体验繁荣

---

* 课题组组长:刘兵,文化科技创新服务联盟秘书长,博士,高级工程师,研究方向为科技服务、文化科技融合、模式创新、新业态培育、现代服务业创新体系。课题组成员:何雪萍,文化科技创新服务联盟副秘书长,研究方向为科技服务、产业创新、新基建;杨洋,北京文投华彩文化资讯有限公司总经理,研究方向为文化创意产业、文化科技融合、科技政策;沈晓平,北京市科学技术研究院科技情报研究所副研究员,研究方向为文化科技、区域经济;魏永莲,北京市科学技术研究院科学传播中心副主任,研究方向为科技政策与科技战略、科学传播与科学普及;吴素研,北京市科学技术研究院科技情报研究所副研究员,研究方向为深度学习、知识图谱、智能情报分析;肖丽妮,北京市科学技术研究院城市系统工程研究所副研究员,研究方向为城市安全与发展;许玥姮,北京市科学技术研究院科技情报研究所助理研究员,研究方向为文化产业、文化科技政策;王竞然,文化科技创新服务联盟政府事务与项目部主任,研究方向为文化科技融合、沉浸式文旅;苏乾飞,文化科技创新服务联盟产业研究部助理,研究方向为文化创意产业、文化科技融合、文化旅游;柴子墨,文化科技创新服务联盟政府事务与项目部副主任,研究方向为文化科技融合、沉浸式文旅;张铮,清华大学文化新闻与传播学院副院长,研究方向为数字文化产业、文化产业与区域经济;贺小宇,北京北辰地产集团有限公司设计总监,研究方向为绿色设计研究、文旅项目运营。

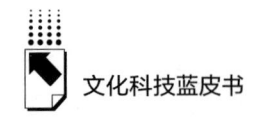

文化旅游，通过数字技术助推文旅场景创新，通过科技支撑赋能景区转型升级。在创意设计领域，企业通过智能设计颠覆产业生态，通过数字技术开拓文体娱乐新业态，通过虚拟现实技术创新文化艺术体验。在媒体融合领域，以国家级媒体融合发展、省级融媒体平台发力和市级融媒体中心建设等方式，实现了媒体融合，助推了文化传播和创新。在文博非遗领域，企业以数字技术提升中华文化传播水平，以技术创新推动虚拟博物馆建设，以数字技术激活非遗科普和体验。

关键词： 文化科技融合 文化旅游 创意设计 媒体融合 文博非遗

近年来，随着全国文化中心和科技创新中心的建设，北京市文化和科技不断融合发展，"文化＋科技"深度融合产生"1＋1＞2"的叠加效应，激发了文化领域的创新发展动力。一些文化科技企业抓住历史机遇，以创意为引领、以文化为灵魂、以科技为支撑，通过应用新技术、调整产品结构、优化产业布局，呈现良好的发展态势，并迅速成为国内外文化科技融合领域具有代表性的企业。本报告从文化科技融合的角度出发，对北京地区文化科技融合领域内的典型案例进行具体分析，解读成功经验，为更好推动文化科技融合提供启示和借鉴。

一 科技支撑文化旅游发展

（一）沉浸式体验繁荣文化旅游

典型案例1 万物共生户外光影沉浸式体验展

1. 案例概况

2020年8月20日，在北京市海淀区商务局、北京市海淀区文化和旅游局的大力支持下，首届北京国际光影艺术季（玉渊潭站）"万物共生"户外光影艺术沉浸式体验展在玉渊潭公园拉开帷幕。"万物共生"由北京歌华大型文化活动中心有限公司、北京嘉明伟视国际会展有限公司共同承办，是"点亮北京"夜间文化旅游消费计划以及"北京消费季·悦动海淀活动"的重要组成部分。"万物共生"以玉渊潭樱落花谷独特的自然生态为依托，运用灯光、音乐、新媒体艺术装置和互动体验设备，移步换景，一步一景，虚实结合，成功打造出全国首个城市公园景观户外沉浸式光影艺术体验空间。

2. 经验解读

将艺术创作与自然环境完美结合。目前，北京玉渊潭公园可供游客观赏的樱花数量已达40余种约3000株，绿化覆盖率达95%以上，是北方最大的樱花观赏园之一。[1] 首届北京国际光影艺术季（玉渊潭站）以"万物共生"为主题，借助玉渊潭公园樱落花谷独特的地理和自然环境，借景构景，打造沉浸式艺术体验空间。

将传统舞台演艺与实景旅游演出相结合。主创团队通过数字化同步编程控制实现音乐旋律与视频画面的和谐统一，开创了传统舞台演艺与实景旅游演出相结合的典范。体验展中最大的亮点"樱花雨"项目，通过编程一体化，使近60000个设备滚动式呈现樱花似雪花般飘落的精彩画面，[2] 给游客带来美轮美奂的视觉体验。此外，在游览过程中，游客还可以通过扫描二维码将手机相册图片上传至大屏幕，实现互动留念。

科学选配特效设备。为了呈现完美的光影艺术效果，打造绿色环保的体验环境，主创团队对近百种装备及特效设备进行科学选配和实验测试，自主研发5种互动装置和一整套灯光控制软件，科学筛选出25种灯具、50000

---

[1] 《科技+文创 让北京玉渊潭"萤火"闪烁"落樱"缤纷》，凤凰网，2020年8月25日，http://hn.ifeng.com/a/20200825/14440449_0.shtml。

[2] 《夜赏"樱花雨" 玉渊潭光影艺术沉浸式体验展开幕》，北青网，2020年8月21日，https://t.ynet.cn/baijia/29471424.html。

多个点光源、3000多米LED发光灯带以及1200只仿生漂浮萤火虫灯具。①

3. 启示借鉴

充分发挥现代技术对自然和人文景观场景的改造和提升作用，可极大地扩展文化体验内容。国内城市有众多不同类型的公园，可借鉴本案例的经验，将现代技术融入自然环境、人文景观，将城市公园中的自然和人文符号转化为沉浸式体验项目，打造高品质的体验内容是提升城市品质、增强人民群众获得感、幸福感的有效手段。

通过科技与文化符号的结合，打造和培育城市文化IP，推动城市文化产业实现内涵式发展。国内城市可通过打造和培育类似的沉浸式体验展，深耕城市IP品牌，不断提高其影响力，一方面可以实现产业引流，激发城市经济新活力；另一方面可以激发消费活力，助力经济内循环。

典型案例2　北京乐多港奇幻乐园

1. 案例概况

2016年北京昌平乐多港奇幻乐园开园营业，乐园采用文化与科技结合的技术，打造了具有中国历史文化特色的20个主题文化旅游区、5个户外大型机械游玩场所，还有4000平方米左右的主要针对儿童人群的欢乐王国。② 公园集具中国历史文化特色，结合中华文明和历史的精髓，创新规划布局，打造了基于室内、室外相结合的"两门、双层、星形动线"的全新格局，并采用高科技加持的光影、音效、视频等技术，给游人带来了全新的视觉与听觉盛宴。

2. 经验解读

让全球著名主题公园项目体验形式实现本土化。通过借鉴世界上优秀的主题文化游乐公园，结合中华传统文化精髓，辅以高科技技术，使项目实现

---

① 《"万物共生"户外光影艺术沉浸式体验展》，参考网，2020年9月17日，http://www.fx361.com/page/2020/0917/7035062.shtml。
② 《北京最新的主题乐园——中国版环球影城乐多港奇幻乐园，开始奇幻之旅》，环球网，2016年9月8日，https://china.huanqiu.com/article/9CaKrnJXwnW。

了科技与本土文化的深度融合。乐多港奇幻乐园的影视制作是在奥斯卡金像奖得主、美国好莱坞导演安东尼的指导下完成的。乐园具有很多极具趣味的项目，包括"郑和下西洋""翱翔紫禁""秘境十三陵"等，集趣味与体验于一身。"神话""天地浩劫"等项目，可以让游客体验时光穿梭的神秘场景，让其在古往今来中无限遨游，在获得高科技带来的奇趣体验的同时，感受中华上下五千年的独特文化精髓。

通过高科技手段打造虚实结合的特色场景。"郑和下西洋"项目由预演厅和主演厅两部分构成，游客首先进入预演厅，在这个厅里，游客坐在河道中央的游船上，可以一边前行一边欣赏河道两边采用最新科技打造的郑和下西洋时航行中的异域美景；到达主演厅，游客会身临其境地经历一场惊天动地的海啸，以及体验在海洋中航行时的种种艰难险阻，这些都是采用高科技手段打造出来的。"翱翔紫禁"以北京历史文化变迁为主题，通过可升降的座椅系统，游客被提升到四五层楼高的位置观看球幕影院，一边感受空中飞行的刺激，一边观看波澜壮阔的北京城历史变迁。雪山、沙漠、长城、天坛、天安门、鸟巢，一幕一幕壮丽的风景，尽入眼底。

将中国传统文化与现代科技相结合。奇幻乐园将中国传统文化与高科技融合，打造了一个极具中华传统文化特色的主题乐园，五行八卦和十二生肖等中国元素与最新的科技相融合，给人以强烈的视觉、听觉刺激，既传承了传统文化，又发扬了科技精神。乐园采用室内外结合的方式，室内精彩的高科技呈现和室外惊险刺激的项目，满足了任何气候下的游客体验需求。

3. 启示借鉴

借由技术和创意让中华优秀传统文化资源"活"起来。乐多港奇幻乐园以中国的历史文化、非遗为主题，生动形象地为大家演绎了著名的历史事件、传说和神话故事等。国内其他的中华传统文化主题公园可以参考乐多港奇幻乐园的模式，将中国传统的历史、文化、非遗等背后的传说、神话故事等以高科技的手段呈现出来，以最新奇、最能让人身临其境的方式展现在游客面前，以高科技的手段将源远流长的中国故事讲得更加娓娓动听。

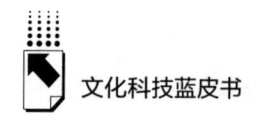

挖掘周边环境特色资源，打造展陈整体文化 IP 内涵。其他主题乐园可参照乐多港奇幻乐园的模式，将自身历史文化 IP 与中国传统文化 IP 相呼应，从而形成业态主题一脉相承、相互补充，大陆文明、海洋文明相互对话的生动格局。

（二）数字技术助推文旅场景创新

典型案例3　SKP-S 沉浸式文商旅综合体

1. 案例概况

作为 SKP 南馆项目，SKP-S 正式开放之初就以科技感和艺术感的完美融合引起了社会各界的极大关注。仅开业当天，SKP-S 销售额就高达 10 亿元。[①] SKP-S 利用数字技术打造沉浸式文商旅融合城市综合体，从设计思路、布局陈列、空间业态、运营模式等方面，全面刷新了人们对百货商场与现代零售的认知。SKP-S 围绕"数字——模拟未来"（Digital-Analog Future）这一核心理念，采用极富科技感的展现方式，打造出 Terra、Explorer、Discovery 以及 Endeavour 四个各具特色的主题零售体验场景，生动地诠释了"人类移民火星的生活遐想"，营造了一个充满未来感、科幻感、体验感的"乌托邦"，为沉浸式商业空间规划设计提供了宝贵经验。

2. 经验解读

艺术与科技交融，重构商业空间。SKP-S 将艺术、科技与商业空间结合起来，为消费者精心打造了一个沉浸式消费体验空间。在"艺术实验空间"，SKP-S 每年都会推出不同主题的艺术装置，给消费者带来差异化的视觉体验。各大品牌在店面设计方面大胆创新，采用大量前卫艺术元素，将传统与现代、工业与浪漫等元素融合在一起，以现代美学赋能新零售，打造时尚消费空间。

[①] 《开业首日狂卖10亿，看SKP-S如何打造沉浸式商业空间 | 案例精选》，"NewMediaLab"网易号，2019 年 12 月 19 日，https://www.163.com/dy/article/F0NJBG4C0511A7JO.html。

新媒体艺术给消费体验带来新亮点。SKP-S 以数字技术模拟未来生活，采用大量艺术装置呈现未来人类生活图景。由 SKP-S 与 Gentle Monster 联袂推出的"未来农场"项目，一侧是传统农场，圈养着一群机器仿生羊，其皮毛、叫声、形态足以"以假乱真"，另一侧则是被批量复制出来的机械羊，两群羊分别代表着"现在"与"未来"，为观众带来了一场"超时空"对话。

3. 启示借鉴

文化艺术与现代科技交融，打造沉浸式商业综合体，给消费者带来全方位、多维度、沉浸式消费体验。在线上购物的冲击之下，以现代技术为支撑，融入文化、艺术、科技等元素，打造沉浸式商业空间，已经成为实体经济创新发展的新方向。SKP-S 的诞生，为现代零售业的转型升级提供了新样本。不仅重新改变了人们对现代购物模式的认知，还引领消费者重新思考时尚潮流、文化艺术与未来科技，使当下沉浸式商业空间朝着艺术化和科技化的方向发展，探索出一种以文促商、以技彰艺的新模式。SKP-S 以新兴技术激发艺术创意，以文化故事赋能消费升级，给消费者带来独特新颖的体验感受，将实体商业空间打造成网红打卡地，创造性地满足了群体高峰体验需求，也使人们的消费欲望得到充分释放。

典型案例 4 故宫黑科技让清明上河图"动"起来

1. 案例概况

故宫博物院有 186 万件文物，[①]《清明上河图》在其中占据着不可替代的地位，它是中国的国宝级文物，在世界上也享有盛名。2018 年 5 月 18 日，正值第 42 个国际博物馆日，由凤凰卫视联合故宫博物院，根据这一国宝级的历史文物，采用前沿高科技手段打造的《清明上河图 3.0》正式发

[①] 《用更多方式"走近"故宫 186 万件文物》，新华网，2018 年 1 月 26 日，http：//www.xinhuanet.com/culture/2018 - 01/26/c_ 1122319950.htm。

布。《清明上河图 3.0》创新性地采用了文化、科技与艺术融合的思路，构建了人在画中游的神奇体验。故宫博物院在故宫箭亭广场上，布置了 1600 平方米左右的展馆，分 3 个展厅来展出。① 游客首先体验到的是第一个展馆内的巨幅互动长卷，展示了活灵活现的动态《清明上河图》；其次是孙羊店剧场，游客化身为宋代路人，沉浸到宋代的风土人情中；最后是球幕影院，所有的座位仿佛化作一条小船，载着游客摇摇晃晃地在汴河中游荡。最新的高科技给游客带来非凡的沉浸式体验，重现宋代历史风貌，让游客以第一视角体验和游历北宋汴京的城市百态和人文风景。

2. 经验解读

通过高科技手段展现传统文化的魅力，给游客带来沉浸式的交互体验。《清明上河图 3.0》通过各种高科技手段的加持，采用互动式沉浸、智能多媒体、全息影像等技术，深度挖掘了《清明上河图》这一艺术作品的深刻文化底蕴。8K 超高清的大荧幕与活灵活现的人物、沉浸式的声光体验、4D 动感球幕影像，使游客与作品实现了多重交互，让游客既能感受中华传统艺术的精髓，又能在新奇的体验中过足瘾。

通过现代科技手段对艺术进行创造性展现，给游客带来非凡的艺术享受。《清明上河图 3.0》展演挖掘了《清明上河图》所蕴含的艺术神韵和城市景象，将科技与艺术彻底融合，力图推动观众与作品产生交互。

通过系列教育交流活动扩大展演传播力与影响力。在项目展演期间，凤凰卫视和故宫博物院通过官方网站、手机 App 等渠道，举办了多场宣传、教育、交流活动，围绕北宋的人文、艺术、民俗、文化、教育等方面，与大众进行了交流互动，同时根据大众的建议，对演出的内容与形式进行了优化改造，让广大民众参与文化与科技这一融合交流的过程，实现了"人人都是博物馆策展人"。

---

① 《用"新方法"连接"新公众"——故宫博物院开展系列活动迎接"5·18 国际博物馆日"》，故宫博物院网站，2018 年 5 月 18 日，https：//www.dpm.org.cn/classify_detail/246678.html。

3. 启示借鉴

通过新的藏品阐释手段和新的表达方式寻找新观众。立足于超级互联的世界，博物馆需融入潮流，结合最新的科学技术，让文物展品"活"起来。可以使用高科技手段，将相关文物、IP等开发为沉浸式的体验活动，以及利于分享的数字化新形式，刷新游客的视觉、听觉、触觉感受，让游客享受到多层次、多感官的神奇体验，对中国传统文化艺术产生浓厚兴趣和自豪感。沉浸式体验活动也可以让国外的游客身临其境，感受中华上下五千年的灿烂文化。

打造高科技互动艺术展演这一全新形态。由专业数字科技团队联合艺术家、文化专家组成专项小组，通过科技、文化、艺术相融合的形式让博物馆的文物"动"起来，这一方法值得各类博物馆及文创领域借鉴。

（三）科技支撑赋能景区转型升级

典型案例5 "故宫以东·城市盲盒"，让文化"活"起来

1. 案例概况

为庆祝中国共产党成立100周年，丰富"五一"假期市场优质文旅产品供给，为东城区"文化金三角"增添优质体验内容，2021年4月29日下午，名为"故宫以东·城市盲盒"的数字体验区拉开序幕。这一体验区分为8个主题空间，围绕全新的互动形式，虚构了在北京东城玩耍走失的"兔爷"剧情，以寻找"兔爷"为主线，展开了一系列非凡的沉浸式体验，通过戏剧等艺术形式，再现了老北京的风土人情。[1] 这一活动分为线上和线下两个部分，通过盲盒的形式进行，共同塑造了沉浸式的数字体验空间。线上的"城市旅游体验盲盒"和线下的"故宫以东·城市盲盒"，是将10种革命文物、红色景区以及文化探访路线进行包装后放入盲

---

[1] 《故宫以东·城市盲盒：体验经济时代，盲盒如何体验一个城市的文化?》，"行走的小胖"搜狐号，2021年5月24日，https://www.sohu.com/a/468205554_121124402。

盒,利用线上和线下相配合的模式,提供攻略和沉浸式体验,共同助力区域经济发展。

2. 经验解读

抓住节假日打造主题线路产品及系列表情包。线上活动中,"探秘故宫以东,解锁城市盲盒"的主题线路产品正式上线销售,以"故宫以东·城市盲盒"数字沉浸体验空间为起点,链接和平菓局、励骏酒店等"故宫以东"文商旅联盟成员企业,拉动节日期间东城文商旅消费增长。继春节期间推出微信专属拜年红包后,东城区文旅品牌"故宫以东"再次将传统与科技融合,与互联网企业跨界合作,推出首款"故宫以东乖巧宝宝"专属表情包,供微信客户端用户免费下载使用。

利用主题盲盒打造线下趣味体验。在线下活动中,"故宫以东·城市盲盒"数字沉浸式体验空间中的15米长大型交互数字长卷再现了老北京生活日常;"点画成真"的"梦想盲盒"让体验者自己画出的风筝从故宫角楼飞出;科技感十足的"穿越盲盒"让公众在感受交互AR技术的同时,过了一把戏剧瘾……八大主题盲盒汇聚八大文化体验空间,让文化变成可感、可触、雅俗共赏的趣味体验。

结合关键时间节点设置主题场景。"故宫以东·城市盲盒"数字沉浸式体验空间还特别设置了红色主题场景,生动展示了东城区"党史e起学"小程序里的党史游学地图,"觉醒时代、光辉足迹、历史记忆、文人志士、日新月异"等五条党史游学线路中的代表性建筑,通过传统技艺剪纸结合光影效果呈现在空间内。

3. 启示借鉴

以数字化推动文商旅产业融合发展,运用数字化技术从产品端进行创新。"故宫以东·城市盲盒"数字沉浸式体验空间是城市文化的延伸,是"文化+科技""传统+当代"的跨界融合平台。提升城市形象、塑造城市文化品牌、促进城市经济增长、改善城市硬环境和软环境需要文化产业、商贸和旅游的联动发展。作为体验型的数字化互动空间,产品数字化应用将一个城市的文化、过往、风土人情充分展现,为文商旅融合提供了无限可能。

打造创新型城市文化 IP 线下沉浸式互动体验空间，实现人与科技的交互。在注重体验经济的当下，创新让文化有了新的承载方式，从模式上看，"盲"的概念成为包容所有城市文化的空间载体。在这样的前提下，"故宫以东·城市盲盒"可以成为任何一个城市的文化 IP。这种模式并非不可复制。"科技 + 文化 + 产业"结合的未来愿景是打造一种新的城市产业发展方式，正如将每一扇盲盒背后贯之以文化的呈现，只需将所在地的文化进行破解。

典型案例 6　北京上映全景科幻大戏《远去的恐龙》

1. 案例概况

《远去的恐龙》作为一部大型全景科幻演出剧在国家体育馆上映，利用最新的科技手段为大家讲述了最古老的故事，旨在呼吁人类珍爱生命，珍惜我们生存的家园。[①]《远去的恐龙》讲述了恐龙从兴盛到灭绝的故事，把观众带到 6500 万年以前，进入恐龙生存的世界。演出分为上下两个部分，上半部分的主角是腕龙、三角龙、霸王龙和翼龙，展现了兴盛的恐龙时代中优美的环境以及和谐的生态；下半部分是基于对恐龙灭绝的科学推断，通过声光电等手法，再现了陨石撞击地球引发的一系列灾难，沙尘暴、海啸、地震等环境灾难接踵而至，再现了恐龙灭亡前后的震撼画面。

2. 经验解读

高科技与艺术创意深度融合。大型演出《远去的恐龙》邀请了国内外的顶级团队进行制作，其利用的高科技技术打破了八项世界纪录，将高科技充分融入艺术创意。演出特制了当今世界上最大的超级 LED 高清显示屏，其巨幅画面、高清、逼真、裸眼 3D 效果大大超过巨幕影院水平。巨幅高清晰度视频与宏大的实景融为一体，呈现逼真的恐龙生活场景，特

[①]《8 项世界之最打造〈远去的恐龙〉》，新华网，2017 年 12 月 7 日，http://www.xinhuanet.com/2017-12/07/c_1122076477.htm。

别是日出、月夜、雷雨、陨石撞击地球、火山喷发、海啸、沙尘暴等画面惊天动地，极为震撼。在音效上，《远去的恐龙》对声音的要求超越了各种舞台表演，从瑞士引进WFS声学全息系统，这也是世界上首次在如此巨大的场地使用该系统，营造出极强的现场感。根据演出创意要求，观众视线内看到的完全是"自然光"而不是"灯光"。在如此严格条件下和复杂环境中设计的灯光系统堪称当今演艺界最复杂、难度最大、科技含量最高的室内舞台灯光系统。

民族"智造"与国外科技并驾齐驱。堪称世界奇观的仿生智能机械恐龙由中国和欧洲机器人工程师、艺术家、高级技工组成的团队研制成功。在巨大的厂房里，研制人员采用先进的机器人制作技术，历经近两年的艰苦努力终于研制成功20只大小不等的恐龙，最高的恐龙身高达14米，体重达10吨。① 这些恐龙通过计算机程序控制系统编排各种动作，其形态高度仿真、行走自如、表情生动，且能与观众互动。巨无霸仿生机器人恐龙的成功演出不仅会大大提升机器人研究和应用水平，更会激发人们对未来机器人科技的浓厚兴趣。

旅游价值与生态理念完美融合。为使视听效果更佳，国家体育馆压缩了座位数量，并根据购票情况，安排了更多的演出场次。根据预测，每年的观演人数将达到250万人次以上。② 国家体育馆的旅游价值将被迅速激活，与鸟巢和水立方共同成为热门旅游景点，有利于提升奥林匹克中心建造的后续价值，提升游客满意度。同时，《远去的恐龙》用中国人的哲学和智慧讲述了这些曾经是"地球统治者"的故事，不仅能给游客带来震撼体验，还能启迪游客思考人与自然、人类与地球的关系，引导人类建设美好家园，服务北京全国文化中心建设。

---

① 《〈远去的恐龙〉：一场追求极致的视听盛宴》，新华网，2018年11月9日 http：//www.xinhuanet.com/culture/2018 - 11/09/c_ 1123689803.htm。

② 《〈远去的恐龙〉：9月30日起登陆北京》，国际在线网，2017年9月30日，http：//ent.cri.cn/chinanews/20170930/260b92b8 - 3906 - 910f - c70f - 2ccd48e162ad.html。

3. 启示借鉴

奥运场馆资源赛后有效利用的新方式值得探索。国家体育馆是2008年北京奥运会三大主场馆之一。国家体育馆借力《远去的恐龙》驻场演出，盘活奥运场馆资源，宣传推广场馆品牌，打造文化体育综合体和文化体育新地标，为后奥运时代的场馆运用问题找到了一种解决方案。作为全国的文化中心，北京从来不缺少演出资源，各种剧院每天都在向观众呈现数十台不同规格的表演，而《远去的恐龙》则以独特、创新和世界级大制作的身形，填补了北京在文化演艺上的一块短板。中国国家体育馆的运营模式，不仅能够充分利用场馆资源，还能够建立新的文化坐标。

二　科技驱动创意设计发展

（一）智能设计颠覆产业生态

典型案例7　小米智能设计生态

1. 案例概况

自成立以来，小米集团将设计创新融入企业发展基因，坚持以设计诠释艺术与科技的融合。10年来，小米设计经受住了权威机构的考验，也得到了广大消费者的认可，引领了设计革命新浪潮。截至2020年4月，小米集团及生态链体系累计获得581项国内外设计大奖，包括美国IDEA设计金奖、IF金奖，以及Good Design Best 100、红点Best of the Best等设计大奖。[①]其中，2017年小米设计在一年内斩获世界四大工业设计奖顶级奖项大满贯。随着物联网时代的全面到来，小米在硬件、互联网、新零售等领域将迎来新

[①] 《小米10周年特别回顾：设计十年》，艺术与设计网，2020年8月7日，http://www.artdesign.org.cn/article/view/id/41219。

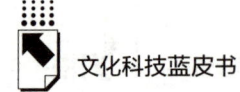

一轮全面升级，小米设计生态系统将日益完善，设计特色与核心竞争力将不断提升，更好地帮助品牌建立起与用户的真实连接，为用户提供更高效、更场景化的产品和服务。

2. 经验解读

在工业设计方面，小米集团始终追求极致，积极践行"哪怕它只有1%好，我们愿意投入100%"的设计理念，往往会打造出"违反传统商业逻辑"的创新产品。以小米MIX智能手机为例，第一代小米MIX全面屏概念手机开创性地将屏占比提高到91.3%，一举将智能手机带入全面屏时代；小米MIX 2突破谷歌系统18∶9屏幕比例限制，使越来越多的智能手机采用更极致的屏幕比例，小米MIX 2尊享版还借助自主研发的3D弧边抛光技术实现了陶瓷一体化设计；小米MIX 2S由小米与敦煌研究院联合研发，将中华传统色彩融入精密陶瓷，开启彩色陶瓷手机时代；小米MIX 3将滑盖结构与磁动力相结合，开创磁动力滑轨设计；MIX Alpha首创全新的"环绕屏"设计，实现了柔性屏分层贴合方案、柔性屏指纹解锁、屏幕发声技术等多项技术突破。[1]

在智能生活领域，小米坚持"用好设计改善更多人的生活"，打造智慧家居生态链。目前，小米已经在智能家居领域形成了一套完整的生态体系，智能门锁、扫地机器人、空调等家居产品全部可以通过"米家App"来使用，使智能家居软件设计成果服务于用户美好生活。小米智能产品还基于自身独特的设计语言，删繁就简，以极简风格给用户带来"平常至极"的舒适体验。同时，小米还为用户提供更为平价和更为优质的智能产品，让用户用更实惠的价格就能完成消费升级，做到了用平价好设计提升用户的生活品质。

3. 启示借鉴

将设计理念融入企业发展基因。2010年4月，雷军联合多位合伙人共

---

[1] 《一图回顾小米MIX历代创新技术》，"IT之家"百家号，2019年9月21日，https：//baijiahao.baidu.com/s?id=1645259610545241649&wfr=spider&for=pc。

同成立了小米公司，八位创始人中有两位是设计师，刘德就是其中一位优秀的"国际化"设计师。得益于此，小米公司自创立之初就格外重视工业设计，其工业设计团队更是被作为整个产业生态的核心。工业设计已经深刻融入产品定义、工程、量产等全流程，在小米生态系统中发挥着至关重要的作用。同时，小米公司还将无障碍设计理念融入工业设计中，为残障人士打造更加人性化的产品，切实为特殊人士使用智能产品提供便利，使其能够更加自由地享受智能生活。2019年4月，小米集团副总裁、技术委员会主任崔宝秋在"信息社会世界峰会"上呼吁全球科技公司在无障碍领域投入更多资源。

从用户体验出发，解决用户需求痛点。在产品设计过程中，小米从用户体验出发，将解决用户需求痛点作为衡量产品价值的标准。通过设计师的感性生活和理性设计，对产品进行体验、解读、解构与重塑，采用不同新玩法和新形式让设计鲜活起来，不断提升产品设计效能，从而满足用户的心理预期。同时，设计师还站在用户的角度，对产品使用场景进行深度思考，针对不同的使用场景对设计细节进行调整，合理释放现代技术与设计艺术，切实满足用户个性化的使用需求。

典型案例8　AI音乐引擎

1. 案例概况

北京灵动音科技有限公司（DeepMusic）创始团队来自清华大学，核心技术来自清华大学计算机系智能技术与系统国家重点实验室，研究小组隶属于清华大学计算机系人工智能实验室，已经在AI音乐创作领域积累了5年技术经验。公司主要目标是降低音乐创作和制作门槛，建立音乐UGC新玩法的技术解决方案，将AI赋能音乐内容生产。由该公司自主研发的AI音乐引擎，具备AI作曲、AI作词以及AI编曲等功能，能够为用户提供自助式音乐创作解决方案。用户输入音乐风格和歌曲速度，AI作曲系统即可根据初始旋律实时生成完整的乐曲。当用户输入主题关键词和参考曲目时，AI作词系统即可实时生成完整的歌词，并支持逐句修改。用户输入包含旋律与

和弦的曲谱信息，AI编曲系统则可生成具有完全器乐编制的、可媲美真人伴奏的歌曲。

2. 经验解读

跨越传统音乐创作和制作的高门槛。音乐创作制作从流程上讲，需要经过作词作曲、编曲、录音演唱、混音、母带处理等过程，最终形成音乐作品。第一步，作词作曲。创作演唱的旋律及演唱的歌词，并用曲谱或者歌曲录音样带（demo）形式为演唱者示意，通常将花费1个小时至1个月的时间。第二步，编曲。使用Logic pro等数字音乐工作站，以MIDI（Musical Instrument Digital Interface，乐器数字接口）或乐器录音等方式，为旋律添加架子鼓、钢琴等乐器音，通常将花费5~20个小时的时间。第三步，录音演唱。演唱者进行人声录制，录音师修人声的节奏和音高，通常花费2~10个小时的时间。第四步，混音。使用Pro tools等数字音乐工作站，调整各轨道混响、声相、频段均衡器等，将各乐器放在空间中合的位置，将各乐器与人声融合，通常花费3~10个小时的时间。第五步，母带处理。使用数字音乐工作站或硬件，将音频混音后提升音量和压缩器，使最终音量尽可能地放大，通常花费1~3个小时的时间。

实现AI音乐引擎融入完整音乐创作制作流程。北京灵动音科技有限公司将AI辅助融入音乐创作和制作，将音乐语言和非音乐语言通过AI音乐引擎的编辑，进行AI作词作曲、AI编曲、AI唱歌、AI混音、AI母带处理等全流程操作，最终形成完整的音乐作品。通过电脑浏览器打开作曲生成demo页面，点击"节拍器"后会有预制的8个节拍，包括第一重拍和随后的其他节拍。按照节奏输入音符，键盘上的"A"代表"do"、"S"代表"re"，以此类推。通过电脑浏览器打开歌词生成demo页面，在改写模式下，关键词处填写情感或想改编的歌词关键词，歌名处填写想改编歌词的歌曲名字，然后生成即可。数据库覆盖了十万首华语流行歌曲。生成结果，左侧为原曲歌词，右侧为AI生成的歌词。点击任意一句歌词，可以重新生成单句，也可以通过填写此句的字数、韵脚及关键词，重新生成单句。同时，可选择创作模式，即空着歌名位置，可通过操作生成新歌歌词。

3. 启示借鉴

促进音乐与科技融合，使音乐的创作制作更加方便和简单。AI辅助进行音乐的创作制作，可以让不懂音乐但爱好音乐的普通人，通过人工智能的辅助了解音乐创作的奥秘，也可以让音乐从业者、独立音乐人更容易、更低成本地创作音乐作品并获取利润。

AI音乐引擎的发展，将释放出更多的人力及时间成本留给人类的创意性思维。AI引擎在过去的几年里已经迅速发展到了相当复杂的程度，不久的将来很可能会超过专业音乐工作室和录音棚的效率，真正开始满足大众化艺术制作的需求。这将对那些重复度极高的手工制作领域产生重要影响，训练好的AI将替代人类音频工程师的参与，人们可以将更多的时间留给创意性思维。

AI赋能多渠道，可形成创新的商业模式。将AI音乐创作工具赋能分发渠道，唱片公司、音乐著作家协会、出版社、第三方出版代理机构、UGC平台及创作用户共享版权收益，可形成创新的商业模式。

（二）数字技术开拓文体娱乐新业态

典型案例9 IP虚拟人

1. 案例概况

近年来，IP虚拟人（IP Virtual Human，IVH）逐渐成为"现象级"前沿科技应用形态，媒体、电视台、金融机构、游戏厂商、硬件终端等开始探索技术、内容、信息多重升级及跨界合作，IP虚拟人竞相上岗。基于数据三维建模，人脸、语音、NLP（Natural Language Processing，自然语言处理）识别、表情、动作捕捉、无监督深度学习、语音交互、虚拟形象驱动等复杂AI技术融合，赋予IP角色多模态实时交互的能力，助力文娱、媒体、文旅、金融、电商、游戏等行业的智能化升级。

IP虚拟人实际上是复杂AI技术算法的高效融合，包括对目标主播形象进行标准化数据采集；算法自动化提取音频、嘴形、表情等高维特征；深度学习模型无监督学习特征间的潜在映射关系；文本转化成语音，支持快速声音复刻以及音量、语速调节的音频合成；根据音频特征形成口型，口型变化与音频内容保持一致，口型动作平滑，与面部元素协调契合；渲染真实照片级别的皮肤纹理，以及将口型结果、人物形象、音频、背景、特效等进行生产输出。生产引擎需要经过声音输入、文本输入、形象选择、音色选择、下载分发、形象预览输出、场景风格选择几大步骤，形成最终模型。

2. 经验解读

IP 虚拟人技术的完善和成熟赋予其很强的核心优势。IP 虚拟人的核心优势主要体现在以下五个方面。一是"高情商"的智能表达。表情、肢体动作、NLP 精准识别，智能内容、情绪理解；复杂知识图谱构建，交互服务更加拟人化。二是多元服务模式。多年技术积累，阶梯式产品服务模式，大大降低了成本。三是声画一致，零距离互动。声音与画面精准匹配，与输入信息保持一致。四是实时互动，毫秒级响应。在线云端语音合成，达到让机器实时说话响应速度毫秒级。离线在线模式无缝切换，有力支持有网、无网、弱网环境下的合成播报，多样化服务部署提升了用户体验，定制、开发、部署全链条一体化服务。五是有"温度"的交互体验。2D/3D 虚拟模型构建拟真程度高，精细还原皮肤纹理，播报水平接近专业主持人，且嘴形准确融合，表情自然流畅。

IP 虚拟人技术催生虚拟主播的兴起，具有丰富的应用形态。虚拟主播的兴起丰富了应用形态与分发渠道，无论是音频、视频还是文本，都可以快速生成虚拟形象，并具有多样的选择性。未来，在新闻节目、财经节目、军事节目、赛事播报、天气预报中，虚拟主播会有更多的展示形式，短视频平台、长视频平台、传统媒体、公众号、网站、App 也都一致看好这一技术的发展前景与应用趋势，正在逐步介入、参与合作。

3. 启示借鉴

IP 虚拟人的未来应用存在多种多样的可能性。IP 虚拟人的应用，除虚拟主播之外，虚拟教师、虚拟偶像、虚拟导购、虚拟客服、虚拟导览等都在进行研发与探索，IP 虚拟人的发展甚至可以打破时空限制，实现跨屏智能互动，未来存在广泛的发展可能。虚拟主播的线下直播间可让虚拟IP主播的空间（同步线上开播）在时尚行业发挥巨大作用。虚拟主播快速换装变身偶像设计师，特别适合应用在服装行业，从而将服装行业与虚拟偶像行业进行交叉技术联合，可比现在虚拟主播缩短70%的换装时间，能够实时打造潮流虚拟主播和流行视觉，使虚拟偶像和明星虚拟化得到广泛应用。

典型案例10　数字智能化演播室

1. 案例概况

北京影谱科技股份有限公司（以下简称"影谱科技"）是一家致力于发展智能影像生产领域的视觉技术企业，通过人工智能、视频结构化、深度学习等领域的技术，提供基于智能影像生产等相关技术的商业化综合服务。影谱科技积极响应国家广播电视总局和中央广播电视总台提出的"5G+4K/8K+AI"全新战略布局，在数字智能化演播室节目创作、数字人赛事报道、数字赛事直播、智能内容生产、数字场馆、多终端智能推送等方面结合AI人工智能技术赋能体育赛事节目的智能应用，形成节目互动立体式运营与传播的新形态。AI产品与技术应用提高了北京冬奥会的品质与效率，通过降低投入与成本，规避了风险，全方位提升了办赛、参赛、观赛的互动体验。

2. 经验解读

影谱科技数字通过计算机视觉、自然语言处理、机器学习的技术路线，运用专用硬件、专用算法、核心引擎、智能感知、人机交互和智能渲染等AI核心技术及设备，得到采集、制作、互动三个环节的解决方案。采集环节的AI核心技术包括：计算机视觉的数据采集与分析技术、超高分辨率智能视频识别拼接技术、基于图像识别的AR与虚拟植入技术、数字人智能在线播报合成技术、智能机器人自动跟踪特种拍摄技术等。制作环节的AI核心技术包括：基于NLP的智能字幕生成制作技术、基于图像识别的智能集锦制作技术、智能内容识别理解与内容监审技术、智能指纹与水印版权管理追踪技术、智能内容标签编目索引与检索技术等。互动环节的AI核心技术包括：数字孪生多模态构建技术、智能直播流传输分发优化算法技术、智能

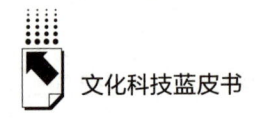

用户画像与用户行为分析技术、个性观赛千人千面与智能推荐技术、精准营销智能资源匹配与投放技术等。

通过复杂AI技术融合，实现行业智能化升级。以数字演播室互动与可视化增强为例，可以通过对主持人指定肢体动作的特征识别，智能匹配虚拟物体植入，从而达到虚实结合的视觉效果。再例如IP虚拟数字吉祥物（IP Virtual Mascot，IVM），影谱科技IP虚拟数字人基于数据三维建模、人脸、语音、NLP识别、表情、动作捕捉、无监督深度学习、语音交互、虚拟形象驱动等复杂AI技术融合，赋予IP角色多模态实时交互的能力，助力文娱、媒体、文旅、金融电商、游戏等行业智能化升级，实现与观众的多终端互动。

3. 启示借鉴

充分发挥AI对视频节目多模态信息识别和理解的作用，可丰富节目呈现效果。对视频节目进行AI多模态信息识别和理解，根据AI识别结果，将互动信息、百科信息等元素智能匹配关联知识库，实现元素与原视频内容的智能可视化增强，从而赋能演播室的直播访谈节目、赛事播报节目等，丰富节目的呈现效果。

AI智能与文化相结合，打造全媒体矩阵式传播。新技术、新手段的应用，可拓展更多演播室节目录制场景，比如世锦赛、马拉松以及综艺、娱乐、访谈等类型的直播、录播节目，并能够进行深度常规性应用。随着AI人工智能技术的不断深入应用，机器与人工相互协作、优劣互补，这将为全媒体矩阵式传播和技术创新提供孵化器，涌现新生力量。

（三）虚拟现实技术创新文化艺术体验

典型案例11　心灵的畅想——梵高艺术沉浸式体验

1. 案例概况

2020年6月22日，由国博（北京）文化事业中心与丽博国际文化传媒股份有限公司联合主办的"心灵的畅想——梵高艺术沉浸式体验"（以下简称"心灵的畅想")在中国国家博物馆正式开幕。展览共设梵高生平序厅、沉浸式主厅、星空沉浸式厅、花瓶投影厅、纪录片放映厅、梵高卧室还原厅、互动绘画体验厅、VR 虚拟现实厅、衍生品商店九大区域,还推出"寻找小天才梵高"儿童绘画比赛和"梵高印象派大师之旅"两大主题活动,全方位、多角度、多感官调动观众沉浸式体验感和参与热情。①

2. 经验解读

艺术与科技结合打造多重观展体验。"心灵的畅想"实现了技术与艺术的完美统一,从历史、文物、艺术、科技等多个维度给用户带来沉浸式体验,使其成为北京市新晋网红打卡地。在画作呈现方面,此次展览采用了 VR 虚拟现实技术以及超高清激光投影设备,360 度全息全景再现 200 多幅梵高名画。在沉浸式主厅设计方面,主创团队利用 3D 影像,清晰地展现出梵高画作的绘画手法和细腻笔触,配合环绕式原创音乐,为观众带来沉浸式感官体验。此外,主创团队还通过技术手段不断提高参展体验的趣味性与互动性,人们还可以在互动绘画厅参与亲子趣味绘画,在 VR 虚拟现实厅通过 VR 设备与梵高画作场景进行互动。

科技助力,讲好故事。主创团队在内容策划过程中,本着通俗易懂的策展理念,设置了"一生""艺生""忆生"3 个主题单元,简明地讲述了梵高的人生经历,将其在不同时空的生命历程展现给观众,在"过去的梵高"和"现在的我们"之间搭建起穿越时空的艺术桥梁,生动鲜活地讲述了梵高的故事。"心灵的畅想"还设置了 AR 画作互动环节,观众通过扫描画作二维码,即可通过语音讲解了解画作背后的故事,见证梵高独特绘画风格形成的影响因素及其艺术风格形成的完整历程,了解梵高缔造艺术之美的心路历程。②

3. 启示借鉴

新技术的创新性应用能够有效促进文化艺术的交流与传播。目前,新技

---

① 《心灵的畅想——梵高艺术沉浸式体验》,中国国家博物馆网站,2019 年 5 月 17 日,http://www.chnmuseum.cn/portals/0/web/zt/201906vr/。

② 《"心灵的畅想——梵高艺术沉浸式体验"在国家博物馆开幕》,人民网,2019 年 6 月 23 日,http://pic.people.com.cn/n1/2019/0623/c1016-31175546.html。

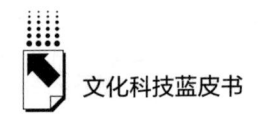

术已经在文化产业和文化事业中得到广泛应用，在文化交流与传播过程中发挥着重要作用。在艺术展览领域，新一代数字技术可以穿越时空，搭建过去与现在沟通的桥梁，让参观者能够全方位、多角度欣赏艺术之美，感悟艺术创作者的生命历程。虚拟现实、三维图像、3D投影等新技术的使用，为现代展览提供了全新的呈现方式，使展览内容更易理解、更具传播性、互动性、趣味性与科技性，极大地提高了观众的兴趣，在一定程度上还达到了艺术科普的目的。"心灵的畅想——梵高艺术沉浸式体验"的成功举办，是现代技术在艺术展览领域日渐成熟的生动体现，为引进世界近代著名画作到中国展出提供了宝贵的经验。

典型案例12 LIVE TANK——活的3D博物馆

1. 案例概况

"LIVE TANK——活的3D博物馆"（以下简称"LIVE TANK"）在行业内运营状况非常显著，对科普工作在青少年和社会中的传播做出了杰出贡献。伴随着文化娱乐需求的综合化、规模的大型化和空间的复合化，LIVE TANK 提出的"科技遇见艺术"数字文化科技综合体是一个全新的概念，该博物馆也是全国第一家可以满足消费者多样化的消费需求、引领消费习惯、提升全民消费理念的创意博物馆。

2. 经验解读

运用最新数字技术打造寓教于乐综合体的高科技互动产品。数字文化科技综合体是运用 VR/AR/MR、3D、数字动漫、特效等最新数字技术，构建的"数字主题乐园 + 数字教育"的寓教于乐综合体。既可以是科普教育基地、城市商业中心科技文化综合体等产业形态，又可以是文化科技主题公园、文化科技主题小镇等产业形态。同时展示了 AR 增强现实互动内容、360度VR影院以及沉浸式新媒体艺术剧等内容。

LIVE TANK 由旧变新，在政府扶持以及与多家公司平台密切合作之下顺势而生。综合体的概念最早应用于地产模式的最高形式——豪布斯卡（HOPSCA，是伴随着城市功能综合化、规模大型化以及空间与流线组织复合化而形成的一种全新的复合地产)。LIVE TANK 将中国最著名的废旧工业设施改造成中国第一家数字文化科技体验馆,已经在北京 751 艺术区成功运营 7 年,获得了产业链上下游机构的密切关注和认可。"科技遇见艺术"LIVE TANK 得到教育局、文化局、科委、科协、文资办、中国文联等部门和机构的支持,并与国际领先的 VR/AR、3D、数字技术的创意内容公司和营销网络平台密切合作,不断推出丰富多彩的活动,如创客课堂、企业拓展、科学大爆炸等。"科技遇见艺术"文化科技综合体顺势而生。

VR/AR、数字技术等现代科学技术已成为文化产业寻求发展和转型的核心支撑与重要引擎。VR/AR、3D、数字互动技术等作为近几年的最新科技代表,正逐渐被广大消费者熟知。在"科技遇见艺术"文化科技综合体发布会上,LIVE TANK 向观众展示了以 VR/AR、数字技术等为基础的系列互动娱乐产品,如 AR 建筑增强枪战、VR 情境过山车、《绿野仙踪》新媒体艺术剧,以及《赏金少女》《美猴王》《天使瀑布》等 VR 电影,向参加发布会的嘉宾展示了虚实结合、亦真亦假的魔幻世界。作为沉浸式新媒体大型高科技融合艺术剧,《绿野仙踪》创造了一个立体互动、虚实结合的想象空间。在剧目中,舞台和观众席的概念被打破,大空间被分割成几个不同形态的主题空间,观众一步一景、感观双收、互动融入。

3. 启示借鉴

"概念 + 商业模式 + 联盟"为 3D 博物馆的运作提供了重要手段。本案例中,LIVE TANK 提出的"文化科技综合体"是一个全新的概念,与创意公司合作的商业模式不断推陈出新,打造出丰富多彩的主题活动,对 3D 博物馆的运作具有重要的借鉴意义。

活的 3D 博物馆具备科技性、人文性、创意性、娱乐性和互动性五大特性。基于这些特性,活的 3D 博物馆一方面可以很好地服务于满足大众的艺术审美需求,另一方面可以发挥人的主观能动性,在参观活动中提升人的艺术素养。因此,我们需要不断探索文化与科技的融合,坚持以内容为王、质量为先,以技术推动文化内容、模式和场景的创新,用观众喜闻乐见的现代技术手段传播文化。

三 媒体融合实现文化传播创新

（一）国家级媒体融合发展创新

典型案例13 新华社客户端

1. 案例概况

新华社客户端是国家通讯社移动门户、中国新媒体国家队领军者、中国最大党政客户端集群统一入口和综合信息服务统一平台，也是中央主流媒体中最早上线的客户端之一。[①] 截至2021年5月，新华社客户端下载量累计超4亿次，重大时政新闻首发率超80%，每日发布原创新闻超3000条。[②] 作为国家通讯社，新华社贯彻落实中央关于推进媒体融合发展的决策部署，把握媒体融合发展趋势，顺应移动通信技术迅速崛起、用户阅读习惯急剧变化以及受众移动端迁移倾向等外部变化，促进新闻专业和移动互联网深度融合，开拓新兴移动媒体市场，以新华社客户端为抓手，探索主流媒体创新发展之路，着力推进央媒战略转型。

2. 经验解读

版本更新迭代，多措并举提升用户体验。新华社客户端1.0版本利用Web技术实现了内外部资源的对接整合。1.0版本打通了客户端栏目、频道及新华社发稿部门、线路的对接渠道，形成了集生活、服务、交流等品牌于一体的客户端集群，充分发挥了多媒体即时联动的新闻采编播一体化优势。新华社客户端2.0版本引入3D信息技术，推出"3D动新闻"栏目，用3D技术模拟在线新闻现场，实现了新闻产品从可读到可视、从静态到动态的升级创新。新华社客户端3.0版本引入全新的"现场新闻"理念，采用最新

---

① 《新华社客户端专题聚焦满洲里"两会"》，"正北方网"搜狐号，2017年1月12日，https://www.sohu.com/a/124114855_116198。

② 满丽：《在央媒平台讲好厦门故事，新华社客户端厦门日报订阅号今日起试运行》，厦门网，2021年5月27日，https://www.sohu.com/a/124114855_116198。

的互联网信息技术,在新闻现场实时抓取尽可能多的要素,以"云+端"的新闻传播形式,把新闻现场实时、全方位、全息化地呈现给受众,极大地提高了新闻阅读的生动性和鲜活性。同时,3.0版本还开创了全新的"现场云"全国服务平台,向全国新闻媒体开放"现场新闻"功能,为入驻媒体提供了移动端新闻在线采集、在线加工、在线分发"一站式"解决方案。新华社客户端4.0版本依托智能推荐技术,推出"语音智能引擎"和"语音资讯助手",以主流价值为导向,实现稿件的个性化、分众化分发,满足了用户个性化的新闻阅读需求。

3. 启示借鉴

充分结合移动互联网,创新媒体新闻传播模式。从1.0版本的诞生到4.0版本的创新,开创性应用现场新闻、现场云、智能推荐等技术,新华社客户端不断迭代与完善,顺应媒体融合发展脚步,加快战略转型升级步伐。新华社客户端以实战性的产品属性、系统性的创新品质、融合性的思维方式和平台化的协同特征,引领主流媒体融合发展。新华社客户端紧随新技术发展步伐,始终坚持改革创新,促进线上线下相结合,充分释放原创内容生产力,为移动端新闻传播注入新活力,将媒体融合水平推向新高度。

典型案例14 中央广播电视总台公布5G+4K/8K+AI战略布局

1. 案例概况

中央广播电视总台(以下简称"总台")CCTV13新闻频道高清直播系统和CCTV付费频道高清播出及编码压缩系统的建设完成,标志着CCTV公共频道和付费频道的全面高清化。在4K/8K超高清的政策规划中,总台全面推进4K/8K发展,其中要符合标准规范的要求,以应用需求为目标,结合总台的4K技术体系平台建设,与产学研机构联合开展。[①] 总台视听新媒体中心负责首个国家级5G新媒体平台建设,并以内容充分共享、数据互联

---

① 《中央广播电视总台智卫:5G+4K/8K+AI重构超高清电视制播体系》,光明网,2020年11月20日,https://m.gmw.cn/baijia/2020-11/20/34386168.html。

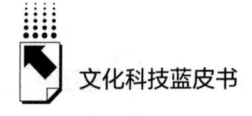

互通的方式整合总台优秀短视频和长视频资源，集中力量打造以"央视频"为品牌的视频社交媒体。

2019年1月13日，总台春晚深圳分会场4K超高清5G传输测试。2019年1月28日，总台春晚长春分会场5G网络VR实时制作传输。2019年6月26~27日，在2019世界移动大会（MWC）上，总台联合中国移动、中国联通、华为公司、中国超高清产业联盟和北京数码视讯公司，开展了"5G+8K"远程传输测试，有8K电视图像的评价中有以下16个字：栩栩如生、纤毫毕现、赫赫之光、姹紫嫣红。

"央视频"是总台的新媒体旗舰，拥有总台的独家视频音频优势，在此基础上可以与社会机构和专业创作者联合，在内容上进行创新，聚焦文艺、咨询和知识三大类，在形态上以短视频为基础，发展长视频制作。深耕新媒体领域，致力于建设真实权威、充满正能量、受观众喜爱的新媒体平台。

2. 经验解读

以北京冬奥8K转播为目标，积极进行8K超高清电视频道试验开播。根据科技冬奥的需求，积极推进8K相关的技术研究和平台建设工作。2018年启动了8K测试序列拍摄；2019年初，录制了8K版2019年春晚节目；为推进总台8K制播技术研究，已经发出了2套8K讯道拍摄设备、10套8K ENG、1套10通道8K收录服务器、10套后期编辑工作站的采购标书。根据北京冬奥会8K制播的目标，已经启动了全链路研究，并且加快了相关标准和工艺流程的制定推进工作。

与我国移动通信企业合作，探索形成5G移动新媒体产业应用。总台与多个企业签署了战略合作框架协议，联合建设"5G媒体应用实验室"，以5G技术为基础，推动4K/8K媒体应用与其结合，开展全方位研究工作：面向媒体制播领域，构建"5G+4K/8K"制播应用模式；面向用户服务领域，构建5G全媒体传播模式，从而形成5G媒体产业应用。

利用AI技术，提升媒体生产力和传播力。总台利用AI技术的优点，提供个性化推荐，从而提升用户的体验感；还密切跟踪国际国内科技的发展，将人工智能与各种识别技术相结合，在媒体的制作和传播阶段进行应用，使媒体的生产力和传播力得到大幅度提升。

3. 启示借鉴

8K超高清试验频道的成功开播，为超高清电视系统设备国产化打下了坚实的基础。高清实验频道汇集了中国超高清领域的最近科技创新成果，这个频道首次采用我国自主研发的AVS3视频编码标准，我国拥有独立的自主知识产权。这标志着我国的超高清技术已经进入世界领先行列，是我国国产化的重大突破，为今后国产技术的应用打下了坚实基础。

"5G+4K/8K+AI"的战略部署和业务实践是构建全媒体新生态的有效途径。未来，媒体会像社交化、视频化、移动化方向演进，构建全媒体新生态成为广播电视行业下一步的工作重点。总台打造的"5G+4K/8K+AI"国际一流新型主流媒体值得其他广播电视台借鉴，以技术升级促进广播电视产业升级，以技术创新深化广播电视供给侧结构性改革。

（二）省级融媒体平台发力

典型案例15　北京日报客户端

1. 案例概况

为贯彻落实中央根据媒体生态和舆论格局深刻变化做出的重大战略部署，[①] 北京日报报业集团精心打造北京日报客户端，着力推动传统媒体与新兴媒体融合发展。作为习近平新时代中国特色社会主义思想学习传播平台、全面从严治党教育平台以及市委市政府政务信息权威首发平台，北京日报客户端围绕"新闻+政务"的核心定位，聚焦时政、思想、评论三大板块，开设热点、时事、锐评、城事、学习、京味等多个频道，为广大用户提供迅速的即时新闻、全面的北京消息、权威的政策阐释、深刻的时事分析、贴心的政务服务。[②] 2019年12月，为进一步提升政务新媒体传播影响力，构建协同联

---

① 刘奇葆：《加快推动传统媒体和新兴媒体融合发展》，人民网，2014年4月23日，http：//theory.people.com.cn/n/2014/0423/c40531-24930488.html。

② 翟蒙蒙：《受广告主青睐的"北京日报客户端"》，今日头条网，2020年6月17日，http：//www.caanb.com/cmzx/hydt/2020-06-17/299.html。

动的政务新媒体矩阵，北京日报客户端全新上线"北京号2.0版"，全面对接全市各区、各委办局以及教育、卫生、文化等系统，为入驻用户提供融媒体内容生产与精准分发服务，使政务信息、成就宣传、魅力推介等内容实现多介质、多渠道立体传播，打造最具北京特色的自主可控新媒体聚合平台。①

2. 经验解读

政府部门入驻媒体客户端，构建政务新媒体矩阵。北京日报客户端以"北京号2.0版"为依托，吸引各区、各委办局入驻，聚力打造市委、市政府政务信息权威首发平台，实现了市级融媒体与各区、各委办局融媒体的有效对接、互动、协力传播，构建起新闻发布、政务信息、成就宣传、魅力推介等立体传播矩阵。同时，北京日报客户端还开设了"民声"频道，搭建起政府与人民群众沟通的桥梁，畅通诉求信息渠道，及时回应市民关切，切实解决基层治理中存在的问题与矛盾，凝心聚力。自上线以来，北京日报客户端始终秉持以社会主义核心价值观为核心内容的主流价值观，发挥自身内容优势，利用新一代移动通信技术，大胆创新，开拓进取，先后推出"70秒看北京""新中国成立70年系列报道"等精品新闻内容，不断提升新闻传播影响力，扎实推进媒体深度融合进程。

3. 启示借鉴

发挥主流媒体客户端在互联网传播领域的优势，建设媒体融合发展新阵地。北京日报客户端积极顺应移动互联网发展浪潮，以新一代移动通信技术为依托，推进媒体融合高质量发展，走在主流媒体前列。北京日报客户端致力于传播主流内容与价值观，与各区、各委办局携手，打造市委、市政府政务信息权威首发平台，将权威性、导向性放在首位，在移动互联网中开展新闻传播与舆论引导工作，既服务于地方党委、政府工作，第一时间发布新闻和政务信息，又关切基层民生治理，切实满足人民群众需求、解决人民群众问题，凝心聚力，为构建社会主义和谐社会做出应有的贡献。

---

① 《今天，北京日报做了件大事！》，"长安街知事"百家号，2019年12月10日，https：//baijiahao.baidu.com/s?id=1652532551724005717&wfr=spider&for=pc。

典型案例 16　北京广播电视台"5G + VR"技术报道两会

1. 案例概况

随着北京市十五届人大四次会议闭幕，2021 年北京"两会"报道圆满收官。2021 年北京"两会"报道在疫情防控常态化背景下进行，北京广播电视台与中国电信北京公司（以下简称"北京电信"）紧密联动，通过虚拟现实技术，实现对北京"两会"的全景式报道，开创了"5G + VR"融媒体新闻报道新模式。[①] 北京联通提供的 5G 技术为北京广播电视台提供了强有力的技术保障，通过这一技术，北京广播电视台实现了全高清的视频信号采集、传送、分享。同时，在 5G 的技术支持下，北京广播电视台通过优化现有的采编流程，提高了采编的实时性。在这其中，以"假如 70 年前有微信"这一交互式新媒体产品最具代表性，这一融媒体产品是由北京电视台融媒体中心设计和制作，在"两会"期间红遍了社交网络，这款产品将第一届中国人民政治协商会议的场景通过最新的技术呈现在人们面前，新中国的国号、纪年、国歌、国旗的议案的通过，又一次给人们带来了振奋和自豪。

2. 经验解读

借助"5G + VR"技术，开创融媒体新闻报道新模式。在北京"两会"期间，北京广播电视台和北京电信合作，首次将"5G + VR"技术用于移动新闻直播，开启"线上报道 + 线下体验"的一体化融合报道。4 场《市民对话一把手》现场均采用 5G 切片技术，通过 5G 信号高速传输，实现虚拟现实场景的实时直播，用户宛若"置身"现场，可以近距离观看节目直播。不仅如此，借助北京电信"5G + VR"技术，北京广播电视台在人大和政协会场还分别设置了 VR 体验展区，开展了"在北京两会感受全景融媒"体验活动。体验活动现场不仅有智能触控大屏，展示最新的全景视频新闻报道；市民穿戴上 VR 装备之后，可沉浸式体验"重回"两会现场。

借助基于移动社交端传播的"H5"技术，创新融媒体产品新形式。"假

[①] 《5G 赋能北京两会报道　北京电信 5G + VR 助力开创新闻报道新模式》，网易新闻，2021 年 1 月 29 日，https：//www.163.com/news/article/G1HD857500019OH3.html。

如 70 年前有微信"充分适应公众获取信息渠道的变化，以移动社交端为传播载体，将历史信息通过当代网民熟悉的信息呈现形式展现给用户，把主流价值融入社交产品，将新中国成立时期的场景通过最新的科学技术展现在用户面前，实现了文化与科技的深度融合，通过活泼严谨的互动，带给人们沉浸式的体验。

3. 启示借鉴

北京广播电视台充分利用 5G、VR、H5 等信息技术，与各种新媒体技术相融合，实现新闻报道的全媒体覆盖，通过"VR+4K"、现场拍摄、内容制作等实时的新闻制作方式，有效推进 5G 技术和融合媒体报道形式有机结合，在媒体深度融合发展中取得了新突破。因此，融合先进的技术、敢于创新是北京广播电视台为其他媒体平台提供的最有效的启示借鉴。

典型案例17　新媒体环境下《新京报》的媒介融合之路

1. 案例概况

《新京报》是紧跟新媒体时代步伐，实现跨越式转型的典型媒体。早在 2009 年，《新京报》就紧跟时代潮流，开通了官方网站和微博，通过网络和新媒体发出自己的声音，实现了网络和传统报纸的融合。2013 年，随着微信公众号这一新型社交媒体的走红，《新京报》开通了多个微信公众号，并进行多维度多层次的微信公众号宣传。2014 年，《新京报》创办了"动新闻"，通过动态新闻的模式吸引了大批粉丝，2017 年，短视频火爆网络，《新京报》在多个平台发布短视频约 800 条，粉丝达到 2500 多万人。[1]

2021 年起，《新京报》每周六、周日不再出报，逢法定节假日休刊，即"周五刊"。《新京报》大多数员工已转型到新媒体，传统媒体系统仅剩 7 人。这一数字直观显示了《新京报》进行传统媒体转型、打造全媒体人才的决心和成果。

《新京报》每天通过各种主流社交媒体（包括 App、微信、抖音、快

---

[1] 赵乐群：《新媒体环境下〈新京报〉的媒介融合之路》，《新闻研究导刊》2020 年第 11 期。

手、微博等 100 多个媒体）发布超过 450 条原创内容，365 天×24 小时不间断覆盖。报社 1100 多人的新媒体团队，都转型到移动端快节奏地开展工作。

2. 经验解读

在内容生产方面，从传统产品转型到适用不同终端的全息化产品，《新京报》实现了媒体产品从传统媒介演变到网络、新媒体、数字社交媒介等多维度转型，使《新京报》这一媒体更加丰富和立体。在宣传形式上，同时采用视频、音频、直播、小视频等多种模式，在多部门、多领域进行探索。在内容形式上，集深度调查、即时信息和碎片化内容于一身，运用视频、图文、动漫等多种用户喜闻乐见的形式进行分众化传播，探索符合多种受众需求的内容。

在传播方面，采用了内容交互化，探索双向及多向传播路径。《新京报》设置了各种互动话题来增加用户的参与感，吸引了众多用户评论转发，增强了用户的使用体验。在媒体媒介、链条、流程等方面运用"全效"媒体传播，基本实现了资源共享和智慧运营，同时使媒体的引导力、公信力等得到增强。

在科技方面，加强与科技公司的合作，使技术成为媒体融合的发动机和加速器。为了新技术的快速应用，《新京报》同各类科技公司、研发机构、商业平台展开多维度、多层次的合作。《新京报》在 2020 年扩大了 AI、AR 等技术的应用，通过这些高新科技制作了多部视频，得到了很好的市场反馈。此外，《新京报》还利用 AI 技术，研发内容自动化技术，提高内容生产效率。在多个内容模块探索程序化写作，从而提高内容的生产量和准确性。此外，研发通过 AI 技术进行文章摘要的自动提取、文字实时监测、自我修正、智能勘误等功能，希望提升审校效率。

3. 启示借鉴

紧跟时代潮流，注重新闻内容以视频形式呈现。目前短视频对受众注意力的裹挟，远远超过了之前单调的文字与图片。受众阅读时间零碎化以及受众注意力分散，还有人们阅读习惯趋于趣味性和娱乐性，让视听传播更适应当下以及未来的传播形式的变化。媒体平台应当充分重视新闻视频形式，尽

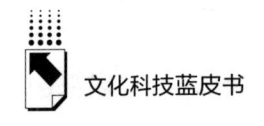

快推动新闻可视化。

重视新技术在新闻生产和传播中的快速应用与落地。随着计算机和数字技术的发展，大数据、云计算、AI、AR等技术层出不穷并应用在各个领域，移动传播加速发展。传统媒体并不擅长进行技术研发，但是对新技术的应用要有敏锐的感知力，善于将新技术同宣传内容相结合，实现媒体融合和文化传播的创新。《新京报》积极尝试新技术应用探索，为用户提供更优质的服务，这是探索全媒体时代的媒体融合发展新业态、新模式的必然路径。

（三）市级融媒体中心建设成热点

典型案例18　昌平区融媒体中心

1. 案例概况

2017年，昌平区融媒体中心率先在北京市启动区级融媒体改革，按照"突出核心职能、聚焦关键职能、合并重复职能"的工作思路，优化调整组织机构与职能，对区属广电中心、新闻中心以及网管办新闻媒体进行统一管理，对广播、电视、报纸、"两微一端一屏"等区属媒体进行统一指挥，打造集内容汇聚、管理、发布于一体的融媒体平台，形成了一个官方网站、一份电子报、一份纸质报、两个手机App、两个微信公众号、两个微博账号、三个电视频道、五个户外大屏生态格局。[①] 2018年，昌平区融媒体中心构建起采、编、发业务一体化流程体系，完善了融媒体管理体系。2019年，昌平区贯彻落实"新闻+服务+政务"深度融合发展理念，实现了昌平区融媒体中心、政务服务中心、新时代文明实践中心三大平台的成功对接，彻底打通了基层政务服务的"最后一公里"，提升了昌平区融媒体中心服务能力，促进了媒体融合深入发展。目前，昌平区融媒体中心已经形成了以"北京昌平"App为核心，以广播、电视、报纸、新媒体、运营资源为支撑

---

① 《全国"县级融媒体中心"建设六点经验总结》，"央媒关注"百家号，2018年12月23日，https://baijiahao.baidu.com/s?id=1619713843829185834&wfr=spider&for=pc。

的"一主五辅"的全媒体矩阵，①为媒体深度融合发展奠定了坚实基础。

2. 经验解读

针对融媒体建设目标与现有技术条件，昌平区融媒体建设中心围绕"一牵引、两推动"的工作思路，建立自主可控的技术支撑平台与新兴融媒体服务平台，为媒体深度融合发展提供一揽子服务。"一牵引"是指依托"北京昌平"手机App牵引媒体功能转型升级，汇聚"权威信息发布、舆论监督问政、沟通民生服务"等功能，推出"新闻+问政""新闻+服务"等板块，推动一体化融媒体服务平台建设。"两推动"是指依托采编联平台和可视化监测统计分析系统推动融媒体平台高效运转，不仅能够对新闻线索、选题、采访调度、内容制作等环节进行统一管理，实现统一指挥调度、线上协同作业、共享素材及编辑审核，还整合起舆情监控、"中央厨房"运行监控、民生热点数据显示、新闻事件分析、指挥调度、传播效果分析、直播平台展现等多个功能模块，对融媒体工作进行全流程监测。

针对渠道壁垒、层级指挥、封闭生产等制约媒体融合发展的深层次体制机制问题，昌平区融媒体中心通过"建通道、破壁垒、推项目"等方法提升媒体资源利用效能。②在内容生产方面，昌平区融媒体中心重塑内容生产传播机制，突出"线索挖掘、选题确定、任务分发、现场采集、产品制作、产品推送、落地反馈"等关键流程，重构新闻采编发业务流程，实现了"一次采集、多次生成、多元传播"的总体目标。以核心业务流程重组为基础，昌平区融媒体中心引入新的"项目中心制"管理方法，打破部门壁垒，全部资源围绕项目高速运转，切实保障新闻业务的稳定高效运行。

3. 启示借鉴

破除体制机制障碍，建设新型融媒体平台。昌平区融媒体中心对组

---

① 《「聚焦2020昌平两会」推进昌平区融媒体中心更好更快发展》，"北京昌平官方发布"百家号，2020年1月6日，https：//baijiahao.baidu.com/s？id=1654959458627910662&wfr=spider&for=pc。

② 《【案例】北京昌平：区县级融媒体中心怎么建，如何用?》，品略网，2018年8月15日，https：//www.pinlue.com/article/2018/08/1510/436792215819.html。

织架构进行优化调整，实现了对区属广电中心、新闻中心以及网管办新闻媒体的统一管理，从组织架构层面为融媒体发展提供了有力支撑。昌平区融媒体中心还对业务功能板块进行整合，以"北京昌平"App为依托，打造集选题、处理、生产、发布于一体的新闻采编发一体化业务平台。① 同时，作为市县级融媒体中心，昌平区融媒体中心立足于基层政务服务，采用集"新闻＋问政＋服务"于一体的新型发展模式，打通基层服务"最后一公里"。

四 科技重焕文博非遗活力

（一）数字技术提升中华文化传播水平

经典案例19：数字故宫

1. 案例概况

2020年是紫禁城建成600周年，也是故宫博物院成立95周年。自成立以来，故宫博物院坚持引入先进技术，不断增强和提升文物保护、研究与展示能力与水平，在我国文物保护与传承方面发挥着至关重要的示范引领作用。在数字时代，故宫博物院加快数字化升级步伐，积极建设符合时代发展要求的数字化博物馆，为未来新型博物馆建设提供了参考。1998年，数字资料中心的成立，标志着故宫博物院数字化建设的开端。20多年来，故宫博物院克服重重困难，对院内古建筑及馆藏文物进行三维数据扫描，为数字故宫的建设奠定了坚实的基础。

2. 经验解读

文物三维数据构成了数字故宫的底层架构。截至2020年10月，故宫博物院已完成1294件院藏文物的三维数据采集工作，其中220件符合4K显示

---

① 雷伶燕：《县级融媒体中心建设的核心与思路》，《电视技术》2019年第7期。

标准、257 件符合 8K 显示标准，① 这些高精度三维数据在文物保护、修复以及研究方面具有极其重要价值。近年来，故宫博物院将高精度数据与 VR 技术相结合，构建"全景故宫"VR 项目，为游客带来 360°沉浸式云上游览体验。同时，这些数据通过"数字多宝盒"呈现给公众，平台线上月均访问量已超 14 万次，未来故宫博物院还将每年采集制作 150 件左右的高精度数字文物发布到"数字多宝盒"当中。②

古建三维数据为全景式展示故宫提供了有力支撑。2000 年以来，故宫博物院对院内古建筑的三维数据进行了持续性采集，已经完成了 72 万平方米紫禁城全景三维数据、687 万平方米清代皇城全景数据以及超过 6 万平方米重点宫殿区域高清三维数据采集工作。③ 目前，故宫博物院已经完成了 1743 个高清全景点位，覆盖 78 处宫殿建筑，④ 在此基础上利用全景 VR 技术开发出"全景故宫"项目，使游客能够 360°欣赏故宫全景，并在疫情防控常态化时期"云上"畅游故宫。

3. 启示借鉴

加快完善文物三维数据，构建数字文物体系，将数字文物概念融入文物数字化保护、传承与展示等环节，为文物资源创造性转化奠定坚实的数据基础。在此基础上，以开放包容的心态，积极引入 5G、VR/AR/MR、人工智能、大数据等新一代数字技术，全面推动数字博物馆建设。以文物保护与公共文化服务顶层设计为指引，深入挖掘数字文物资源富矿，将资源优势转化

---

① 《故宫博物院副院长王跃工：VR 相关技术占据数字故宫重要一席》，"中国电子报"百家号，2020 年 10 月 23 日，https://baijiahao.baidu.com/s?id=1681352589475437335&wfr=spider&for=pc。
② 《故宫博物院院长王旭东：从"四个故宫"建设体系到使命与担当》，"齐鲁壹点"百家号，2020 年 10 月 10 日，https://baijiahao.baidu.com/s?id=1680148382830584739&wfr=spider&for=pc。
③ 《幻境智慧传媒·虚拟仿真展示系统：故宫博物院里的 VR 黑科技，让国宝"活"起来》，"幻境智慧传媒"百家号，2020 年 10 月 28 日，https://baijiahao.baidu.com/s?id=1681787380949132515&wfr=spider&for=pc。
④ 《故宫博物院副院长王跃工：VR 相关技术占据数字故宫重要一席》，"中国电子报"百家号，2020 年 10 月 23 日，https://baijiahao.baidu.com/s?id=1681352589475437335&wfr=spider&for=pc。

为行业发展优势，创新技术应用场景与文物展示方式，满足数字时代大众个性化、智能化、互动化的文博体验，助推文博事业高质量发展。

典型案例20　"互联网+中华文明"数字体验展

1. 案例概况

2020年11月15日，全网共同关注的"互联网+中华文明"数字体验展圆满闭幕。该活动在国家文物局的指导下，在首都博物馆举办，由腾讯公司主办，同时得到11家文博单位的大力支持。本次"互联网+中华文明"数字体验展的主题为"文物的时空漫游"，通过互联网新技术、新手段充分展现中华民族传统文化的魅力，是传统博物馆行业与现代科技领军企业联手开展数字文化创新的典范，得到全社会的广泛关注和好评。由于社会各界反响热烈，展览的展期由原计划的1个月延长为50天，在限流的情况下参观人数仍然突破5万人次，高达2.2亿的全网曝光量。[①]

2. 经验解读

数字化技术创新了文物展示的形式。国家文物局与腾讯公司于2017年签订战略合作协定，协议要求双方共同致力于互联网新技术与传统文物文化资源的融合发展，创新观念、技术、模式，有力促进中华民族优秀传统文化的继承与发展。经过3年来的合作和推进，"互联网+中华文明"数字体验展成功举办，是对双方合作成果的实践检验。本次展览是全国博物馆领域首个纯数字（文物）体验展，开创了数字体验展的先河，巧妙地将传统文物展的魅力与商业化数字艺术展的优势相结合，运用新技术手段的强大力量推动优秀传统文化的广泛传播。根据国家文物局提供的多样文物所蕴含的文化价值和主题内涵，本次展览分为5个主题空间，以创意互动的形式为观众提供了全新的感官体验。

互联网则拓宽了文物展示的受众群体。文物作为中华民族优秀传统文化的重要载体，承载着中华民族几千年来的历史积淀和精神文明，而促进传统

[①] 《"互联网+中华文明"数字体验展　文物漫游互联网时空》，"央广网"百家号，2020年10月9日，https://baijiahao.baidu.com/s?id=1680037158331726110&wfr=spider&for=pc。

文化传播与发展的一个重要对象是青少年群体。将互联网强大的传播力量与线下参展活动相结合，进一步拓宽了活动的受众群体，让文物展览走进更多年轻人的生活，让年轻人有更多机会去接触、了解、热爱中华文明。本次"互联网+中华文明"数字体验展中，策展团队邀请到新生代偶像王源作为活动的"首席推荐官"。邀请偶像用其粉丝喜欢的角度进行内容的二次创作，发挥明星艺人的作用，更好地宣传优秀传统文化，撬动更多的青少年人群，激发年轻人对于文博文物的兴趣和热情。

3. 启示借鉴

数字化展示有利于突破博物馆展示的传统界限，使博物馆展示向体验化转型。近年来，随着互联网和数字科技的发展，"博物馆数字化"在行业内以及社会各界引起广泛关注和热烈评论。"互联网+中华文明"数字体验展作为一次全新的尝试，为文博领域未来发展提供了更多的可能，引发了文博行业的深度思考，也为公众提供了更多的方式和更便利的机会去接触文博历史。未来文博行业要紧抓数字化发展带来的新机遇，充分利用先进的技术手段，讲好中华文物故事，推动优秀的中华文明走向人民、走向世界。

（二）技术创新推动虚拟博物馆建设

典型案例21　博物馆在移动

1. 案例概况

2019年5月18日国际博物馆日，中国移动咪咕公司（以下简称"咪咕公司"）与中国博物馆协会联合推出"博物馆在移动"项目，首次汇集130家国家一级博物馆，聚力打造博物馆聚合式平台，通过博物馆视频专区这一窗口，呈现各馆综合介绍、珍贵馆藏、精品展览、特色讲解、社教活动、文创产品、建筑空间等内容，[①] 为亿万手机用户提供博物馆视频和各种丰富资

---

① 《5·18国际博物馆日："博物馆在移动"项目正式上线》，"环球网"百家号，2019年5月18日，https://baijiahao.baidu.com/s?id=1633864026060854816&wfr=spider&for=pc。

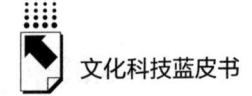

源，以满足社会公众对传统文化和美好生活的需求与向往。活动期间，咪咕公司邀请到国内七大博物馆馆长及有关专家，在"咪咕圈圈"开展线上直播，从考古、艺术、历史等专业角度，讲述博物馆及其藏品背后的文化故事，带领观众深入了解中华优秀传统文化，传播与传承中华文化瑰宝。此外，咪咕公司还与湖南省博物馆合作推出"5G+"智慧博物馆项目，与陕西文物局合作推出网络视听节目《碑后有故事》，并面向博物馆行业推出"5G+AR"导览、"5G+XR"数字展陈等智慧博物馆解决方案，助力文博衍生品开发，促进文物内涵挖掘与传播，向世界讲好中国故事。

2. 经验解读

依托5G新基建，咪咕助力新文博高质量发展。随着5G通信技术的飞速发展，博物馆"云化"已经成为大势所趋，用数字化技术创新展陈方式，既是创新传承历史文化的时代需要，也是提升公众观展体验的必然要求。作为5G新基建排头兵，咪咕公司推出"博物馆在移动"品牌项目，助力文博行业数字化转型升级。自"博物馆在移动"项目启动以来，咪咕公司在全国120余个移动营业厅布展"博物馆在移动"，建设"5G+XR"博物馆，以AR探究镜、数字画屏功能实现博物馆展品内容的数字化传播。[①] 疫情发生后，咪咕还联动中国博物馆协会以"一周一馆"的形式推出"博物馆在移动之云博物馆"5G公益项目，联合18家博物馆推出67场直播，[②] 为观众带来丰富的直播内容，极大地满足了疫情发生后人民群众的精神文化需求。在5G技术的加持下，博物馆还解锁了"直播+文创+零售"新模式。5·18文创节期间，广大网友可通过"咪咕圈圈"App与文博大咖热情互动，聊文博、话文创。咪咕商城、拼多多、淘宝等电商平台一时间成为博物馆文创精品的汇集地，汇聚起七大博物馆的文创名品，在大咖直播互动的过程中推介给广大用户，让用户把文创带回家，近距离感受文物背后的历史故事与文化魅力。

[①] 《5G赋能文博 中国移动咪咕与博物馆打造首个518文创节》，新华网，2020年5月13日，http://www.xinhuanet.com/info/2020-05/13/c_139053408.htm。

[②] 王峰：《携手七大顶级博物馆 中国移动咪咕打造首个518文创节》，中国网，2020年5月13日，http://science.china.com.cn/2020-05/13/content_41151261.htm。

3. 启示借鉴

"5G+VR"赋予博物馆更多想象空间。数字技术背景下，5G是中国移动的一大优势，蕴藏于博物馆的宝贵文化遗产资源，在"5G+VR"技术的支持下，正在以动漫、游戏、影视、文创等形式融入用户生活的方方面面。科技公司可与博物馆合作，将珍贵文物转化为虚拟数字内容，并无缝整合到真实场景中，通过"科技+技术"拓展场景，为用户开启下一代沉浸式体验，助力中华优秀传统文化的传承。数字技术将在深度和广度上提升博物馆的文化价值。"科技+文化"共创超级链接的博物馆，用二次元说文物、让文物动起来，正在成为新时代文化传承的一种潮流。相关公司可持续发挥全IP运营优势，推进虚拟博物馆建设，推动文博领域的技术创新。

典型案例22 中国国家博物馆"永远的东方红"云展览

1. 案例概况

1970年4月24日，"东方红一号"人造地球卫星的发射成功标志着中国在人造卫星领域的突破，中国成为世界上第五个具备独立自主研发卫星的国家。2020年4月23日，习近平总书记给参研"东方红一号"的老科学家们回信。在信中，总书记向老科学家们表示诚挚的问候，并提出广大航天工作者要以老科学家们为榜样，继承和发扬"两弹一星"精神，勇于攀登航天科技高峰，让中国人探索太空的脚步迈得更稳更远，早日实现建设航天强国的伟大梦想。2020年4月24日，为纪念"东方红一号"成功发射50周年，同时也是第五个"中国航天日"，纪念"东方红一号"卫星成功发射50周年云展览正式开幕，该活动由中国国家博物馆和中国空间技术研究院联合主办。

2. 经验解读

5G技术与多平台联动直播推动博物馆展览向线上拓展、向云端延伸。"永远的东方红"云展览是在中国国家博物馆中首次综合运用全景漫游、三维建模等多种高新技术，融汇广泛资源，在5G通信技术的有力支撑下在虚拟世界倾力打造的线上云展，标志着国博智慧博物馆时代的来临。"永远的东方红"云展览启幕&导览5G直播在9家平台20多个端口同步进行。本次云展览由四个单元组成，分别是"太空奏响东方红""五十年砥砺前行""精神的力量""航天强国立新功"。展览从"东方红一号"卫星研发的历程回顾出发，精彩展现了50年来中国航天事业发展的历史以及取得的成就，生动表现了在实践中不断发展和弘扬的伟大航天精神。据了解，"永远的东方红"云展览汇聚了文字、图片、音频、视频、3D模型等众多数字资源，展出"东方红一号"人造卫星、"神舟"和"嫦娥"系列卫星相关手稿、任务书、名单、邮票、模拟器、航天服等珍贵物证几十套，其中包括邓稼先使用过的手摇计算机、杨利伟穿过的舱内航天服等。①

5G技术赋予博物馆展览更强大的交互功能。在云展览启幕后，公众可随时随地参观、体验、交流。为方便公众浏览，国家博物馆联合中国空间技术研究院配合云展览推出3款H5小程序，观众借助移动电子设备，通过动画、短视频等方式即可观看了解"东方红一号"研制历程，挑战奏响《东方红》曲谱，为"东方红一号"点赞。活动特别邀请到给习近平总书记写信的老科学家之一、"东方红一号"卫星总体组成员、85岁高龄的胡其正作为嘉宾做客云展直播间，他激动地与广大网民分享了当年参研的峥嵘岁月。

3. 启示借鉴

新媒体、新技术等先进媒介的支持，可以汇聚、融合多种数字资源，并将其转化为云端文化"新供给"，为文博"新业态"提供新年的指引。未来的发展中，博物馆要积极主动接受现理念，运用新技术，发挥移动优先策略的优势，将珍贵的文物资源向线上和云端拓展，向广大人民群众靠近，将云端展示打造成文博传播的新阵地和主战场，使中华民族优秀传统文化在云端焕发新的生机与活力，开启智慧博物馆"云策展+5G直播导览+沉浸体验+深入参与+线上互动"的新时代。

---

① 《5G云游国博，拥抱星辰大海丨"永远的东方红"云展览启幕》，"国家博物馆"百家号，2020年4月25日，https：//baijiahao.baidu.com/s？id＝1664919382572039051&wfr＝spider&for＝pc。

（三）数字技术激活非遗科普和体验

典型案例23　非遗百科

1. 案例概况

非遗百科于2015年11月成立，是百度百科聚焦非物质文化遗产保护推出的大型专题页，是全网最大的非遗知识权威科普平台。希望借助互联网力量记录非遗、传承非遗。作为全球最大的中文搜索引擎和中文网站，百度搜索引擎为公众的工作、生活带来了极大的便利。基于互联网技术的发展，百度充分发展其在用户群方面的优势地位，打造"互联网＋非遗"的传播模式，通过数字科技立体化传播非遗知识，不仅有利于进一步拓展百度知识体系，而且有利于有效增强公众对于非遗的了解。经过5年的发展，非遗百科已推出咏春拳、口技、面人等超过20个专题页，包含了非遗项目1000余个，涉及几十位传承人，收录几千个非遗词条，累计PV超过1000万，线上线下辐射人群超过1800万。[①] 在页面设计中，非遗百科采用"卷轴"的叙事方式，首次采用中文、英文两种语言，促进非物质文化遗产的国际化传播。

2. 经验解读

数字非遗百科推动非遗保护。百度给予强大的互联网和数字化技术，联合文化部非物质文化遗产司、各省市非遗中心和非遗项目的传承人，积极推动非遗文化"走出去"，构建非遗知识库，助力非遗传播"互联网＋""知识＋"生态。非遗百科为每一位为非遗保护而奋斗的非遗人提供最优质的服务，比如定制专属电子名片，定制终身二维码，通过扫码即可进入个人主页，百度、360、搜狗、谷歌等搜索引擎全网收录，记录并展示非遗人的地点日程。

非遗百科创新非遗体验并推动科普与传播。百科校园自成立以来，面向全国范围内的大学生招募益知识传播负责人，由各高校校园大使组成核心团

[①] 《百度百科非遗"形意拳"专题上线，传承人分享独家资料》，"环球网"搜狐号，2016年5月4日，https：//www.sohu.com/a/73306397_162522。

177

队，目前已发展为全国最有温度的校园公益知识团队，非遗百科即是其大型品牌公益项目之一。2016年以来，百度百科先后与开封大学、中北大学、商丘工学院、烟台大学、武汉传媒学院、曲阜师范大学等众多高校合作推出非遗百科主题发布会，将非遗传承人的作品以及他们的故事带进校园。2017年百度百科"AI非遗，爱非遗"非遗百科两周年发布会上，非遗百科倡议成立了"非遗传播联盟"，希望以非遗百科为平台，将先进科技与非遗文化传播相结合，结合各界力量一起宣传我国的非物质文化遗产。

3. 启示借鉴

将AI、AR技术与非遗传播的过程相结合，将为人们获取非遗资讯、了解非遗动态提供极大便利。让公众了解、认识非遗是传承和保护非遗的重要前提和基础，通过互联网来记录、传播非遗世界能够突破时空的限制，让每个人都有机会、有条件快速获取非遗知识，提升非遗的社会普及度。在非遗文化的传播传承过程中，要进一步借鉴和利用AI、AR等技术的强大力量，破除非遗传播的技术障碍，吸引更多的人员加入非遗世界，了解非遗知识，保护和传承非遗文化。

典型案例24 数剧京韵

1. 案例概况

京剧，是一种以历史故事为主要内容、具有规范化、流播全国各地的戏曲剧种，又被称为"国剧"。京剧剧目众多，常见的表演剧目超过300个，总数超过1300个。经过历史文化的积淀，京剧早已是中华民族传统文化的重要载体和象征符号。2006年5月，京剧被批准列入《第一批国家级非物质文化遗产名录》。2010年，京剧被联合国教科文组织列入《人类非物质文化遗产代表作名录》。随着时间的推移，那些曾经辉煌的技艺只能在历史中寻觅。为了让京剧这一传统文化适应时代的潮流，中共北京市西城区委宣传部联合北京诺亦腾科技有限公司举办了"数剧京韵"京剧数字传承与创意体验系列活动。

2. 经验解读

数字技术创新京剧表演的传播形式。在北京诺亦腾科技有限公司的助力下,通过 AR 和 VR 技术,只需戴上一副眼镜,就能体验 3D 立体感的京剧戏曲名篇,重现 200 多年前的表演盛况,同时体验到戏楼等真实再现和演出互动。北京诺亦腾科技有限公司提供了采用自主知识产权技术制作的《湖广听曲》多人 VR、《三岔口》全息京剧、《京城盛景》交互画卷等四项体验内容展示。"数剧京韵"项目首期成果制作周期达 4 个月,超过 110 名海内外技术人员与艺术家参与了这一项目。内容制作过程中采用了最先进的技术成果,比如 3D 扫描、体积捕捉等,并借助多人大空间沉浸式 VR 交互、全息投影等手段进行全方位的展示,从策划到实施展示均达到国际领先水准,在全球范围内首次实现多项前沿技术与传统京剧文化融合的整体落地应用。

数字技术拓展了京剧观赏体验的维度。除了体验创新式戏曲表演,参观者还可以近距离观赏民俗专家、非遗传承人珍藏的京剧主题民俗文物。比如,清晚明初流行的吊挂年画、白氏父子亲手制作的 9 组北京鬃人、绣有 15 个著名京剧剧目的婚嫁轿帷等十几种,而且这些展品大多为第一次公开展出。展品主要是百年来富含京剧元素的各类生活用品,展现了北京民间大众生活与京剧艺术之间的千丝万缕的联系。同时,通过现代化先进设备,参观人员可以"穿越"到几百年之前的湖广会馆,置身于京剧盛世,沉浸式观看胡小毛、李继春等京剧名家的精彩表演。在夜间体验中,参观者还可以亲身体验京剧角色,感受梨园戏班的人生百态,品味京剧盛世余韵。

3. 启示借鉴

数字技术的魅力让戏曲表演艺术焕发新生。利用数字技术,使凝固于纸上的梨园盛景重获新生,在虚实之间、在声光电交汇之际,让百年传承凌驾于时间之上。沉浸式戏剧体验把科技的力量加入传统戏剧创新,使传统戏剧艺术更加贴近生活、贴近大众,从而保持活力,让国粹更易被年轻人接受,从而为中国传统戏剧的传承发展找到通向未来的道路。

专题篇
Special Topic

B.5 大运河非遗保护传承研究报告
——以通州段为例

江光华 伊彤*

摘 要： 本报告分析了大运河通州段非物质文化遗产的特点价值、保护现状和面临的问题，在总结借鉴国内外运河文化遗产保护经验的基础上，提出了促进大运河通州段非遗保护传承与利用的思路和对策建议：提高站位，建立"跨界型"体制机制；发挥政府主导作用，引导社会力量参与；传承与创新相结合，促进大运河非遗的活化利用；培源固本，丰富完善传承人培养体系；加强理论研究，助力大运河非遗提质升级；加快载体平台建设，营造大运河非遗保护传承良好环境。

---

* 江光华，博士，北京市科学技术研究院创新发展战略研究所副研究员，主要研究方向为文化科技融合、文化产业、科技政策；伊彤，北京市科学技术研究院创新发展战略研究所研究员，主要研究方向为科技战略、科技政策和科技管理。科技日报社主任记者刘垠对本篇报告亦有贡献。

关键词： 中国大运河　非物质文化遗产　北京　通州

中国大运河（简称"大运河"）与长城并称为我国古代的两项伟大工程。2014年6月中国大运河入选世界文化遗产名录，使北京等沿线省（市）又多了一项世界级的文化品牌。习近平总书记强调，"大运河是祖先留给我们的宝贵遗产，是流动的文化，要统筹保护好、传承好、利用好"[①]。非物质文化遗产（简称非遗）作为大运河文化遗产的重要组成部分，是中华民族传统文化的珍贵记忆，保护好、传承好和利用好大运河非物质文化遗产，既是保护传承大运河文化遗产的必然要求，也是北京建设全国文化中心的应有之义。

一　大运河非物质文化遗产的特点与价值

中国大运河是因为申报世界遗产而出现的一个专有名词，它是隋唐大运河、京杭大运河和浙东大运河三条运河的总称。[②] 中国大运河是目前全球现有的工程最大、里程最长的人工运河，全长近3200公里，地跨北京、天津、河北、山东、河南、安徽、江苏、浙江8个省（市），流经的地域面积超过31万平方公里，约占全国陆地面积的3.21%，贯穿华北平原与江南地区，蕴藏着丰富的物质文化遗产和非物质文化遗产。[③]

对于什么是大运河非遗，以及哪些遗产可以列入大运河非遗，目前还没有统一的说法。多数学者认为，大运河非遗应该是与大运河有直接或间接关系的非物质文化遗产，主要包括与大运河相关的民间文学、表演艺术、传统手工艺技能、传统节日与仪式活动、生产生活经验等。鉴于目前还没有对大运河非遗的权威界定，学界和业界大多将大运河沿线区域的非遗都视为大运河非遗。

---

① 《以习近平同志为核心的党中央关心文化和自然遗产保护工作纪实》，中国共产党新闻网，2019年6月10日，http://cpc.people.com.cn/n1/2019/0610/c419242-31126391.html。
② 姜师立编著《中国大运河遗产》，中国建材工业出版社，2019。
③ 吕烨：《运河文化视角下的扬州旅游纪念品设计研究》，硕士学位论文，江苏大学，2019。

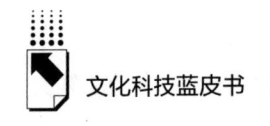

（一）大运河非遗的重要特点

大运河非遗除了具有一般非遗所拥有的非物质性、传承性、活态性等特征之外，还具有自己鲜明的特性。主要体现在以下几个方面。

1. 开放性与凝聚性

开放性和凝聚性是运河文化的显著特征之一，也是大运河非遗的重要特色之一。中国大运河南北贯通，没有明显的边缘界限，其最显著的成果就是带动了我国的商业发展、经济发展，促进了文化和社会发展，开放性特征显著。另外，大运河非遗体现了运河沿线区域的性格特点，与有相似的精神和行为活动乃至相似的人生观和价值观密不可分，展示了当地运河文化的凝聚精神。

2. 地域性与生态性

地域性是大运河非遗的标志性特征。大运河非遗的起源是大运河，它与大运河流经区域民众的生活方式、生活习惯等休戚相关，是当地民众在长期生产生活实践中所创造并历代相传的智慧成果，具有明显的大运河区域特色。同时，大运河非遗具有生态性。大运河非遗是在一定的自然人文环境中诞生的，会受到自然、社会、人文等多种因素的作用和影响。比如船工号子，它因运河而生，因南北方的口音不同，不同河段的调子不尽相同，又因运河不再承载漕运功能而几近消亡。

3. 多样性与统一性

大运河非遗展现着与大运河有关的商业文化、科技文化和饮食文化，融入并体现在社会生活的各个方面。如在美食方面，有北京的大顺斋糖火烧、河北河间驴肉火烧、山东德州扒鸡；在音乐表演方面，有串联起南北方的昆歌、昆曲、劳动号子、古琴、商羊舞等非遗表演项目。这些非遗项目既体现了不同区域非遗的特色性、多样性，又体现了与运河相关的共同点及统一性，展现了运河沿线地区民众对运河文化的认同与归属感。

4. 包容性与和谐性

开放包容是大运河文化的一个鲜明特征，也是大运河非遗的基本特征之一。大运河贯穿海河、黄河、淮河、长江和钱塘江五大流域。舟楫的往来，开阔了人们的视野，也促进了不同地区之间的物质和文化交流，推进了燕赵文化区、齐鲁文化区、中原文化区、吴越文化区、荆楚文化区的相互交流和融合。大运河非遗的种类多样，与其文化的包容性密切相关。同时，大运河文化除了蕴藏人与人和谐相处的特色之外，还体现着人与自然和谐相处的文化特色。无论是在大运河的开凿期间还是在运行过程中，人们都尽可能地尊重和保护自然，体现了大运河文化的和谐性。大运河文化的和谐性特征也体现在非遗上，许多习俗都体现了这一特点。如通州的运河开漕节，它始于明代，源于祭坝祭祀吴仲等人，是古代通州独有的大型文化活动，体现了人们尊重自然、人与自然和谐相处的文化特质。

（二）大运河非遗的多维价值

大运河非遗蕴含着丰富深厚的历史文化内涵和丰富多重的价值。这些价值不是独立存在的，而是相互关联的，共同构建了内涵丰富、形式多样的价值系统。大体上来说，大运河非遗的价值体系可以分为三个层面：其一，核心价值，它决定了运河文化的特质，包括历史价值、文化价值、精神价值；其二，内在价值，它是蕴含于大运河非遗自身的要素，一般来说不受外部环境变化的影响，是大运河非遗资源传承利用的前提和基础，包括艺术价值、科技价值、教育价值；其三，外在价值，它是通过对大运河非遗核心价值和内在价值的开发而形成的，体现大运河非遗在当前时代的现实价值，包括政治价值、经济价值、社会价值（见图1）。

1. 历史价值

大运河作为一项已有2500多年历史的古代水利工程，见证了我国历史的变迁和时代的进步。大运河沿线地区不仅有丰富的遗址等物质文化遗产，还蕴含着丰富的民间传说、传统技艺、传统戏剧、传统美术、杂技、民俗等大运河非遗。这些大运河非遗生动记录了过去生活在大运河沿线地区的民众的生产生活方式，具有重要的历史研究价值。

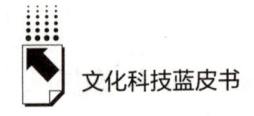

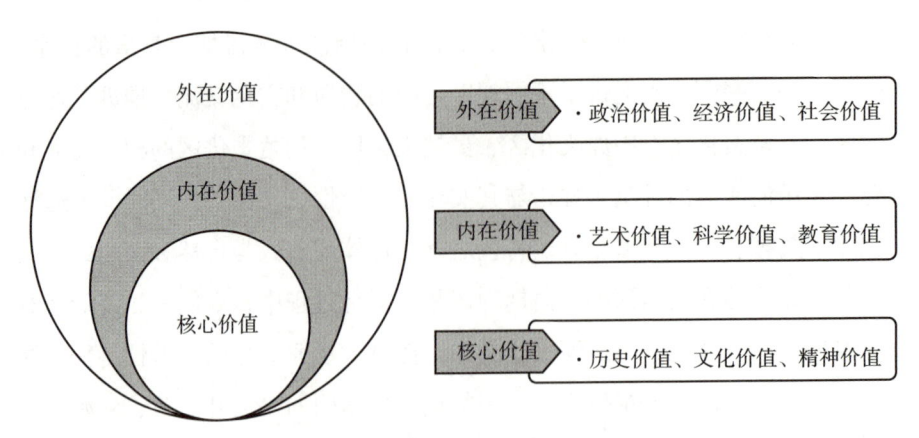

图1 大运河非物质文化遗产的价值系统

2. 文化价值

大运河非遗与大运河有直接或间接的关联，是别具一格的运河文化的重要内容，体现了运河沿线城市的文化特色。比如，《"不挽桅"的传说》讲的就是发生在通惠河八里桥有关运粮船从落帆到改为放活桅杆的故事，体现了运河船员的智慧。通州运河龙灯会，在北运河边以节庆舞龙走会的形式叙述龙与运河的故事，所舞的两条蛟龙均为蓝色，蓝色的龙在北方很少见，此项目用蓝色代表水，具有鲜明的运河文化特色。① 保护和传承这些非物质文化遗产，有利于得到大运河沿线地区民众的认同，凝聚运河文化力量，展示运河文化的魅力。

3. 精神价值

大运河非遗伴随着社会进步而生，记录了春秋、隋唐、辽金元、明清等不同时代的生活，也反映了那个时代的精神状态。比如运河船工号子，既是一种劳动号子又具有独立的艺术形态，具有鲜明的律动性，高亢有力。它是运河船工在风浪中拼搏、呐喊情景的再现，体现了中华民族团结协作的精神。另外，大运河非遗中还蕴含着尊重自然、利用自然的科学精神，锲而不

---

① 王铭：《运河非遗的历史文脉特征》，中国文明网，2018年6月25日，http://bj.wenming.cn/wmwx/201806/t20180625_4733444.shtml。

舍、久久为功的拼搏精神，无怨无悔、甘于奉献的牺牲精神，大胆探索、敢为人先的创新精神，兼容并蓄、海纳百川的开放精神。这些精神是中华民族的发展源泉。

4. 艺术价值

相较于文化价值和精神价值，大运河非遗的艺术价值更为直观。如运河龙灯会、沧州舞狮等民间表演艺术表演性极强，在民间广受欢迎。大运河非遗中包含大量的表演艺术作品，如天津的杨柳青木版年画、北京的"面人汤"面塑技艺等，这些作品是多个时代劳动人民的智慧结晶，反映了当时的审美标准和艺术水平。大运河非遗有很多工艺品，巧夺天工、精美绝伦，如花丝镶嵌等。起源于通州的"面人汤"面塑技艺，就是运河文化孕育的一朵艺术奇葩。汤氏面塑独具特色，人物神态生动逼真，惟妙惟肖、精细所致，能在半个核桃里塑造 27 个人物，堪称艺术绝品，因其精湛的艺术价值而早在 20 世纪 80 年代就享誉海内外。[①]

5. 科学价值

大运河非遗在一定程度上反映了沿线地区那个时期的认识水平、生产力发展水平，蕴含着丰富的科学知识和文化知识，也是后人获取科技信息的源泉，其科学价值显而易见。许多大运河非遗项目本身就包含相当高的科技成分，如漆雕制作、花丝镶嵌、法帖拓印等技艺，均具有极高的科学研究价值。

6. 教育价值

大运河非遗中蕴含着丰富的历史知识、文化艺术知识和科学知识等，对开展学校教育、社会教育具有重要价值。对大运河非遗的研学和传承，可以使后人了解更加鲜活、生动的运河文化，掌握非遗制作技能并进行传播和弘扬，从而更好地保护好、传承好和利用好大运河非遗。

7. 政治价值

大运河非遗是运河历史的真实见证者，蕴含着中华民族特有的精神价值、思维方式和文化意识，是我国人民不可抹去的文化记忆，也是中华民族

---

① 《面人汤面塑》，样子收藏网，http：//www.hues.com.cn/minsu/mjys/show/? N_ID=1139。

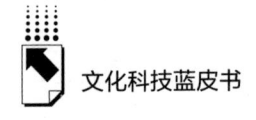

性格的写照。保护、传承和利用大运河非遗，能够增强中华民族的文化认同，提升民族的凝聚力和向心力。在全球化背景下，对大运河非遗的传承和保护，在一定程度上反映了我国文化自信的程度，有利于促进社会和谐与稳定。

8. 经济价值

大运河非遗不仅具有文化价值和艺术价值，也能为影视、旅游、音乐、戏剧、服饰、饮食等产业发展提供内容和资源。当代很多优秀的影视、戏剧、舞蹈等作品的创作灵感来源于大运河非遗。当前，许多具有美学、历史价值的民间艺术品和文化创意开发已经成为一项独立的产业，取得了令人瞩目的经济效益。随着文化产业的快速发展以及对大运河非遗的活化利用，大运河非遗的经济效应也将日趋显现。未来，对大运河非遗资源的挖掘、利用和再造，能够带来可观的经济价值。

9. 社会价值

大运河非遗的文化传播产生的美学效应、品牌效应，不仅会影响沿河民众的精神面貌，也可能会深刻影响周边地区乃至全世界民众的生活方式。此外，大运河非遗还具有促进社会交流和国际交往等方面的社会价值。大运河非遗是洞见中华民族历史和中华文化的窗口，大运河非遗交流，能够促进不同国家、区域、民族文化的交流互鉴，进而增强国与国之间、区域与区域之间的政治互信，推动构建人类命运共同体。

二 大运河非遗保护概览

大运河见证了我国的历史变迁和文明演进，也孕育了沿线城市丰厚的文化遗产，非遗资源丰富。在大运河申遗成功之后，大运河非遗保护问题也受到格外重视，各级政府在非遗保护传承与利用方面做了大量工作，在非遗保护、传承机制、传播平台建设等方面取得了可喜的成绩。然而，也存在非遗保护压力大、部分非遗濒临消失、非遗保护利用不足、理论研究不够、整体性保护不足等问题。

（一）大运河非遗保护现状

大运河流域广阔，沿线城市的非遗项目级别高、种类多样，资源丰富、内涵深厚。为促进大运河非遗的保护传承，各级政府采取了许多措施和多种保护方式，并取得了显著成效。

1. 政府高度重视，出台相关政策措施

2019年，中共中央办公厅、国务院办公厅印发《大运河文化保护传承利用规划纲要》，明确将"大运河非物质文化遗产保护传承"作为文化遗产保护展示工程之一，提出要加强大运河沿线地区非遗保护利用的设施建设，开展大运河沿线地区非遗记录，推进具有一定市场前景的非遗项目的保护传承，振兴传统手工技艺，推动各地制定并实施专项振兴方案。[①] 这为大运河非遗保护传承指明了方向。

从省级层面来看，大运河沿线8省（市）采取了不同的措施来促进大运河文化遗产的保护传承。比如，北京于2019年12月发布了《北京市大运河文化保护传承利用实施规划》和《北京市大运河文化保护传承利用五年行动计划（2018年—2022年）》[②]；河南省于2020年1月发布了《河南省大运河文化保护传承利用实施规划》[③]；山东于2020年3月发布了《山东省大运河文化保护传承利用实施规划》[④]；等等。

从非遗保护的相关法律政策来看，我国早在2011年就出台了《非物质文化遗产法》，各省市相继出台了相关的非物质文化遗产保护条例。北京于

[①] 《〈大运河文化保护传承利用规划纲要〉文摘》，新浪博客，2019年3月21日，http：//blog.sina.com.cn/s/blog_537b25ce0102yhw3.html。

[②] 《构建"一河、两道、三区"：北京发布大运河文化保护传承利用实施规划》，新华网，2019年12月5日，http：//www.xinhuanet.com/politics/2019-12/05/c_1125313557.htm。

[③] 《〈河南省大运河文化保护传承利用实施规划〉印发 打造彰显中原文化的"标签河"》，河南省人民政府网站，2020年1月21日，http：//www.henan.gov.cn/2020/01-21/1284033.html。

[④] 《大运河山东段规划出炉，济宁6个县市区为文化保护核心区》，"齐鲁壹点"百家号，2020年4月2日，https：//baijiahao.baidu.com/s?id=1662844809863585420&wfr=spider&for=pc。

2019年出台了《北京市非物质文化遗产条例》①。从目前来看,大运河沿线8省(市)都出台了非遗保护方面的地方条例,建立了非遗保护体系和代表性传承人体系。

2. 大运河沿线地区非遗项目保护成绩斐然

根据2014年的世界文化遗产框架,中国大运河横跨北京、江苏、浙江等8个省(市)。2019年中共中央办公厅、国务院办公厅印发的《大运河文化保护传承利用规划纲要》在世界遗产保护框架基础上,对大运河遗产保护范围进行了扩充,增加了9个城市和1个国家级新区(见表1)。这说明我国越来越重视大运河文化遗产,将原来一些重视不够或者认识不足的运河城市也纳入进来,以实现对大运河更全面的保护传承和利用。

表1 大运河保护带涉及城市与范围

类别	省(市)	城市
2014年大运河申遗涉及城市与范围	北京	北京
	天津	天津
	河北	沧州、衡水
	河南	安阳、鹤壁、洛阳、郑州、商丘
	山东	德州、聊城、泰安、济宁、枣庄
	安徽	淮北、宿州
	江苏	宿迁、淮安、扬州、常州、无锡、苏州
	浙江	杭州、嘉兴、湖州、绍兴和宁波
2019年扩充范围	河北	廊坊、邢台、邯郸和雄安新区
	河南	濮阳、新乡、焦作、开封
	江苏	徐州、镇江

资料来源:丁煦诗《大运河"世遗"框架与〈纲要〉框架涉及城市比较研究》,《江南大学学报》(人文社会科学版)2020年第1期。

截至2020年10月,中国大运河沿线8省(市),共有非物质文化遗产国家级保护名录1157项,其中,北京市120项,天津市47项,河北省162

---

① 《北京市非物质文化遗产条例》,中国政府网,2019年2月13日,http://www.gov.cn/xinwen/2019-02/13/content_5365365.htm。

项,山东省186项,安徽省99项,河南省125项,江苏省161项,浙江省257项(见表2)。北京等8省(市)除了拥有1157项国家级非遗项目,还有数量众多的省级、市级非遗项目。

表2 大运河沿线8省(市)国家级非物质文化遗产代表性项目数量

单位:项

省(市)	第一批	第二批	第三批	第四批	第五批	合计
北京	12	60	15	15	18	120
天津	7	10	5	11	14	47
河北	39	78	15	16	14	162
山东	27	93	33	20	13	186
安徽	26	34	14	14	11	99
河南	26	56	13	18	12	125
江苏	37	62	27	19	16	161
浙江	46	97	60	30	24	257

资料来源:中国非物质文化遗产网。

在非遗保护与开发方面,北京市已建立了国家级、市级、区级三级非物质文化遗产名录,并发布了五批市级非遗名录,时间顺序分别是2006年11月19日(共计48项)、2007年6月20日(共计105项)、2009年10月12日(共计59项)、2014年12月29日(共计49项)、2020年11月20日(共计53项)。[①]

北京段是大运河的龙头,自通州起,流经顺义、朝阳、西城、东城、海淀和昌平。截至2019年底,7个区的非物质文化遗产代表性项目共计616项,其中国家级代表性项目85项(如京剧、京韵大鼓、全聚德烤鸭制作技艺、同仁堂中医药文化等),市级代表性项目163项(如漆园村龙鼓、高跷秧歌、"泥人张"彩塑等),区级代表性项目514项(如里二泗小车会、冰蹴球等)。7个区非遗代表性传承人共644人,其中国家级代表性传承人75人。

---

① 《关于公示北京市第五批市级非物质文化遗产代表性项目名录推荐项目名单的公告》,北京文化馆网站,2020年11月23日,https://www.bjszwhg.org.cn/detail/6237。

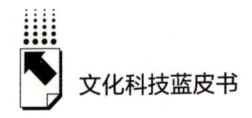

在申遗背景下，2012年，北京对大运河遗产进行了清点，将与大运河直接相关的11项非遗项目列入《大运河遗产保护规划（北京段）》，主要包括地名、传说故事、民俗及传统技艺等，① 而与大运河间接相关的非遗项目则未被列入。

3. 大运河非遗保护形式多样、成效显著

为了促进大运河非遗的保护传承，许多地区因地制宜，采取了多种有效的保护方式，具体如下。②

（1）非遗+大运河博物馆模式

许多地方通过大运河博物馆来展示大运河非遗项目。从市级层面来看，目前我国有两座以大运河为主题的博物馆，即杭州的京杭大运河博物馆和聊城的中国运河文化博物馆，这两座博物馆都设有专门的非遗展厅，用于介绍和展示当地的非遗项目。有的乡镇也设立了运河博物馆，如天津市静海区陈官屯镇运河文化博物馆，专门用于针对国家级项目冬菜制作技艺的详细介绍和展示。

（2）非遗+专业非遗基地

江苏扬州以满足民众生活和艺术观赏需求为目标，将"生产性保护"和"生活性保护"相结合，依托486非遗集聚区重要载体，着力提高扬州的琴筝、漆器、玉雕、剪纸、扬派盆景及淮扬菜的产业化水平，进而实现非遗产业与文化旅游业的融合发展。

（3）非遗+商场模式

2017年江苏省无锡市梁溪区非遗传承基地正式挂牌，该基地位于中山路红豆万花商城五楼，红豆集团投资500万元。非遗基地设有公共体验区、文艺教室等，全年常态化举行非遗体验和互动活动。

（4）非遗+非遗馆模式

苏州市拥有专门的非遗馆，不仅展出国家级非遗传承人的代表作品，还

---

① 袁源等：《文创2018：大运河文化经济研究》，中国青年出版社，2018。
② 白硕：《大运河沿岸非物质文化遗产现状、问题与对策人口与社会》，《人口与社会》2018年第6期。

展示相关项目的延伸产品以及艺术创意作品。苏州的非遗馆还会邀请非遗传承人来做讲座，并征集非遗的相关资料，具备传播、传承及保护非遗的功能。

（5）非遗+专业博物馆模式

许多地方建立了专业博物馆，通过专业博物馆来展示非遗产品。比如，中国扇博物馆是中国唯一一个以扇为主题的博物馆，位于杭州西子湖畔的中国丝绸博物馆可谓全球最大的丝绸博物馆。徐州民俗博物馆陈列了民俗文化文物千余件并设有专门的非遗展厅对香包等非遗项目进行展示，为香包项目的传承人接待游客、销售香包提供场所。

（二）大运河非遗保护面临的问题与挑战

中国大运河申遗成功后，其保护工作可以说是机遇与挑战并存，困难与希望同在。虽然我国在大运河非遗保护方面取得了一定的成绩，但必须看到，要保护和传承好大运河非遗依然面临一定的压力和困难。

1. 来自世界文化遗产保护原则及其"除名"制度的压力

中国大运河申遗成功并不意味着大运河文化遗产保护工作的结束，而是意味着站在保护大运河文化遗产新的起跑线上。正如国家文物局原副局长童明康所说，"申遗工作的完成，只是万里长征走完的第一步，更重要的工作还在后面。申遗的成功意味着责任的加大，肩上的担子更重了"[1]。为了促进世界文化遗产保护，世界文化遗产委员会对列入《世界文化遗产名录》的项目采取动态管理，设立了"除名"制度。阿拉伯的阿曼阿拉伯大羚羊保护区、德国的德累斯顿易北河谷、英国的利物浦——海上商业城市就分别于2007年、2009年、2021年遭到除名。[2] 另外，世界文化遗产委员会还对濒危文化遗产进行了界定，"当某一遗产面临具体的且确知即将来临的危险，或者潜在的危险——该遗产面临可能会对其固有特性造成损害的威胁，

---

[1] 毛建国：《京杭大运河申遗成功后更应"合作性保护"》，《中国青年报》2014年6月24日。
[2] 《第44届世界遗产大会：英国一处世界遗产遭除名》，"潇湘晨报"百家号，2021年07月21日，https：//baijiahao.baidu.com/s?id=1705910722841201265&wfr=spider&for=pc。

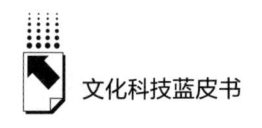

且威胁完整性的因素必须是人力可以补救的因素"①，符合此标准的文化遗产会被列入《濒危世界遗产名录》并进行监管。

中国大运河被列为世界文化遗产，是一种荣誉，更是一种责任。其实早在中国大运河申遗成功前，就有专家学者表达了这种担忧。这种担忧确实有其道理，因为中国大运河保护涉及多方面，虽然有些方面随着申遗工作的推进得到了解决，"但涉及各方利益与关系的矛盾却依然存在，这些问题并不随申遗结果的公布迎刃而解"②。因此，我们需要严格执行世界文化遗产委员会的相关要求。大运河非遗作为大运河文化遗产的重要组成部分，其保护与传承工作依然任重道远。

2. 部分非物质文化遗产传承发展难以为继

大运河非遗应运河而生，应运河兴而兴，也因运河衰而衰。随着大运河功能的逐渐衰退和丧失，许多大运河非遗因为失去了原有的经济利益和社会效益而处于逐渐被边缘化和被遗忘的状态。整体来看，目前项目传承人存在年龄普遍偏大，传承仍然处在口传心授、自觉自愿、自生自灭的状态。传统工艺的非遗项目存在工序复杂、学成周期长、就业面窄等方面的问题，尚未形成产业化，较难带来经济效益。年轻一代不愿加入非遗行业，就连很多老艺人的子女都不愿意继承祖业。比如，北京市通州区的国家级非遗项目"面人汤"面塑，由于传承人过世，这种技艺失传；江苏徐州市丰县的国家级非遗项目糖塑（丰县糖人贡），伴随我国殡葬制度的改革、丧葬流程的简化，加上丰县糖人贡用途单一，项目生存空间日益狭窄。

3. 非遗保护、传承及利用不足

目前来看，我国的非遗项目在开发利用和产业化上做得很不够，主要有以下三方面的原因：其一是政府重视程度和扶持力度不足；其二是传承人缺乏开发利用意识；其三是非遗项目有特定的历史文化背景，有些项目不符合现代人的审美和需求，需要进行创新发展，并重新融入当代生活。

---

① 杨爱英、王毅、刘霖雨：《实施世界遗产公约的操作指南》，文物出版社，2014。
② 谢光前：《大运河的后申遗时代》，《中国文化报》2014年6月19日。

比如，有些非物质文化遗产用到的原材料是不可再生的珍贵资源，如牙雕，就亟须探寻新材料作为代替品来对其创新发展。大运河非遗项目也存在保护、传承与利用不足方面的问题及因素，亟待政府、传承人及社会等多方发力。

4. 大运河非遗保护与发展的整体性较差

大运河沿线城市的非遗项目种类繁多，但从挖掘和发展程度来看，整体性保护与发展水平较差，多是小片区域的发展，并且开发档次也比较低。比如戏剧类的非遗项目，单个发展是比较困难的，其基础设施的配备和开支都比较大。如果大运河沿线城市的戏剧文化采取整体性发展，实现多方面的资源共享，则可以达到整体最优的效果。① 目前，许多运河沿线城市只关注发展各自的戏剧文化，忽略了对戏剧文化统一性的建设和发展，这虽然能够体现地方特色，但难以形成规模效应，很难形成品牌效应。其实，许多大运河非遗与大运河密切相关，蕴含着共同的运河文化，因此完全可以以运河文化为主线来打造产品，使大运河非遗产品散发出具有运河特色的魅力。

三 大运河（通州段）非遗保护现状与问题

通州是北京运河文化遗产分布最为集中、最为丰富的地区。非物质文化遗产是大运河文化遗产的重要组成部分，分布广泛、影响深远，具有很高的历史和文化价值。2017年2月24日，习近平总书记在视察北京时指出，"通州有不少历史文化遗产，要古为今用，深入挖掘以大运河为核心的历史文化资源，保护大运河是运河沿线所有地区的共同责任，北京要积极发挥示范作用"②。北京市委、市政府高度重视大运河带建设。2017年，北京市成立了大运河文化带建设专项工作组，"保护好、传承好、利用好"大运河非遗的序幕由此拉开。

---

① 柴少军、李永乐：《大运河江苏段戏剧类非物质文化遗产的保护与传承》，《戏剧之家》2019年第29期。
② 韩旭：《打造大运河文化：利在当代，功在千秋》，《北京纪事》2017年第10期。

在后申遗时代，又恰逢北京城市副中心的建设在通州区开展，因此本报告选择大运河（通州段）作为典型案例，通过研究大运河（通州段）非遗的保护现状与问题，来反映大运河北京段乃至整个大运河非遗的保护状况。

（一）非遗项目概况及特色

大运河（通州段）是古运河的北起点，与其相关的是中国大运河中的京杭大运河和隋唐大运河，孕育了通州大运河传说、运河龙灯会等丰富的非物质文化遗产。这些非物质文化遗产体现了通州人的声音、形象、技艺、经验、精神、礼俗，蕴含着丰富的历史信息、文化资源和精神价值，是运河文化的基石，也是中华民族的文化瑰宝。

1. 非遗项目概况

截至2019年，通州区有49个非物质文化遗产代表性项目列入区级名录，其中通州运河船工号子、通州运河龙灯、通州大风车、通州骨雕、大顺斋糖火烧制作技艺5个项目列入北京市级非物质文化遗产名录，花丝镶嵌制作技艺、"面人汤"2个项目列入国家级非物质文化遗产名录（见表3）。这些非物质文化遗产包括民间文学、传统音乐、传统戏剧、曲艺、传统舞蹈、传统技艺、民俗等10个种类，与大运河（通州段）民众的生产和生活方式密切相关，展现了大运河（通州段）的地域特色、文化基因和历史文脉，是运河文化的基石，也是推进北京城市副中心和全国文化中心建设的宝贵资源。

表3 通州区非物质文化遗产代表性项目名录

序号	类别	编号	项目名称	项目类别
1	民间文学	Ⅰ-1	大运河的传说	民间文学
2	传统音乐	Ⅱ-1	通州运河船工号子（市级）	传统音乐（民间音乐）
3		Ⅱ-2	半截河道教音乐	传统音乐（民间音乐）
4		Ⅱ-3	西后街夯歌	传统音乐（民间音乐）
5		Ⅱ-4	兴寿庄吹歌	传统音乐（民间音乐）
6		Ⅱ-5	延寿圣会音乐	传统音乐

续表

序号	类别	编号	项目名称	项目类别
7	传统舞蹈	Ⅲ-1	通州运河龙灯(市级)	传统舞蹈(民间舞蹈)
8		Ⅲ-2	大松垡高跷会	传统舞蹈(民间舞蹈)
9		Ⅲ-3	徐官屯路灯老会	传统舞蹈(民间舞蹈)
10		Ⅲ-4	半截河武跷会	传统舞蹈(民间舞蹈)
11		Ⅲ-5	通州里二泗小车会	传统舞蹈(民间舞蹈)
12		Ⅲ-6	通州里二泗高跷会	传统舞蹈(民间舞蹈)
13		Ⅲ-7	东堡高跷会	传统舞蹈
14	传统戏剧	Ⅳ-1	郭村"蹦蹦戏"	传统戏剧(戏曲)
15	曲艺	Ⅴ-1	通州单琴大鼓	曲艺
16	传统体育、游艺与杂技	Ⅵ-1	陆辛庄少林武术	传统体育、游艺与杂技(杂技、竞技)
17		Ⅵ-2	五行通臂拳	传统体育、游艺与杂技
18		Ⅵ-3	吴式太极拳	传统体育、游艺与杂技
19		Ⅵ-4	口技	传统体育、游艺与杂技
20	传统美术	Ⅶ-1	通州团花剪纸制作技艺	传统美术(民间美术)
21		Ⅶ-2	通州大辛庄剪纸制作技艺	传统美术(民间美术)
22		Ⅶ-3	烙画制作技艺	传统美术
23		Ⅶ-4	京剧彩塑脸谱	传统美术
24		Ⅶ-5	北京绢人	传统美术
25	传统技艺	Ⅷ-1	面人(面人汤)(国家级)	传统技艺(传统手工技艺)
26		Ⅷ-2	花丝镶嵌制作技艺(国家级)	传统技艺(传统手工技艺)
27		Ⅷ-3	靛庄景泰蓝制作技艺	传统技艺(传统手工技艺)
28		Ⅷ-4	空竹制作技艺	传统技艺(传统手工技艺)
29		Ⅷ-5	市级:通州大风车	传统技艺(传统手工技艺)
30		Ⅷ-6	料器制作技艺	传统技艺(传统手工技艺)
31		Ⅷ-7	市级:通州骨雕	传统技艺(传统手工技艺)
32		Ⅷ-8	风筝制作技艺	传统技艺(传统手工技艺)
33		Ⅷ-9	"枯木陶"陶器制作技艺	传统技艺(传统手工技艺)
34		Ⅷ-10	小楼烧鲇鱼制作技艺	传统技艺(传统手工技艺)
35		Ⅷ-11	大顺斋糖火烧制作技艺(市级)	传统技艺(传统手工技艺)
36		Ⅷ-12	通州玉器制作技艺	传统技艺(传统手工技艺)
37		Ⅷ-13	通州青铜器制作技艺	传统技艺(传统手工技艺)
38		Ⅷ-14	通州雕漆制作技艺	传统技艺(传统手工技艺)
39		Ⅷ-15	雕漆制作技艺(王慧茹)	传统技艺
40		Ⅷ-16	雕漆制作技艺(王继勇)	传统技艺
41		Ⅷ-17	黄铜掐丝珐琅制作技艺	传统技艺

续表

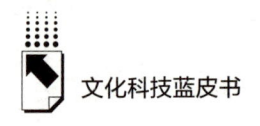

序号	类别	编号	项目名称	项目类别
42	传统技艺	Ⅷ-18	花丝镶嵌制作技艺（赵春明）	传统技艺
43		Ⅷ-19	花丝镶嵌制作技艺（赵云亮）	传统技艺
44		Ⅷ-20	毛猴制作技艺（张政）	传统技艺
45		Ⅷ-21	仙源腐乳制作技艺	传统技艺
46	传统医药	Ⅸ-1	邵氏中医按摩针灸疗法	传统医药
47	民俗	Ⅹ-1	李氏续家谱习俗	民俗
48		Ⅹ-2	"六月初六节"习俗	民俗
49		Ⅹ-3	通州饹馇饴	民俗

资料来源：通州区文化和旅游局。

2. 非遗项目的特色

通州有许多与大运河密切相关的非物质文化遗产。这些非物质文化遗产展现了大运河（通州段）的地域特色、文化基因和历史文脉，体现了通州大运河的文化特色。

（1）蕴含着水系文化、漕运文化、商贸文化等多种文化

大运河（通州段）的非遗体现了通州运河文化的根底与内涵，与水系文化、漕运文化、商贸文化、京畿—京郊文化等多种文化密切相关，具体如下。①

第一，风物和传说故事讲述着大运河（通州段）的水系文化。如萧太后河传说等口头传承的故事就讲述着运河"水"的故事；通州的节庆活动运河龙灯会，舞的是两条蓝色蛟龙，蓝色代表水，体现了运河的水系文化元素。

第二，运河漕粮转运的历史印记反映了漕运文化。"通州"之名就取自"漕运通济"。萧太后河的名称就来自历史人物萧太后，包括《萧太后河的来历》传说故事等在某种程度上反映了其与辽金时代漕运军粮之间的关系；《"不挽桅"的传说》讲的是通惠河八里桥与运粮船的故事。

---

① 《运河非遗的历史文脉特征》，北京旅游网，2018年6月25日，http：//www.visitbeijing.com.cn/a1/a-XDI3037D3F952198B761E4。

另外，通州留下了一系列与运河漕运相关的地名遗产，如皇木厂、盐滩、江米店等，这些都在一定程度上反映了大运河通州段的漕运文化。

第三，运河汇聚的技艺及传承人等蕴含着商贸文化。通州的许多有关传统工艺的非遗项目就呈现了商贸文化，如"通州三宝""大顺斋糖火烧"等。"大顺斋糖火烧"的创始人刘刚的乳名叫大顺，他就是举家从南京沿运河北迁到通州来定居的，并在通州售卖南果，这体现了南北人员的交流汇聚。再比如，通州的国家级非遗项目"面人汤"面塑，其创始人汤子博虽然是一名地地道道的通州人，但其面塑技艺是从山东菏泽的一位面塑艺人那里学来的。这些非遗均与大运河的物产、来源或原料的物资运输有一定的关系，呈现了南北的商贸文化。

第四，运河有关农耕民俗的非遗项目呈现了京畿—京郊文化。自辽金元以来，通州就是重要的京畿地区。通州在这几百年间作为京畿门户，也衍生出许多京郊民俗文化。如马驹桥镇的大松垡高跷会、张家湾镇的里二泗高跷会等，就是为祭神、举办庙会和村民娱乐而举办的。这些非遗项目都在一定程度上反映了京畿地区的民俗风情。

（2）水脉与文脉呈现整体性关联

通州大运河，流淌的不仅是奔流不息的河水，还有绵延不绝的文脉。这种文脉体现了运河文化的流动交汇、开放包容的特点，呈现与水脉的整体性关联。[①]

在元明清时期，大运河（通州段）以漕运功能为主，因此其水脉功能显著。随着清末时期铁路事业的发展，运河的漕运功能随之逐渐没落，其文脉价值反而更加凸显。现在通州段运河以文脉价值为主，已经形成了具有运河特色的文脉精神。在元代以前，很少有关于通州教育的史料记载，在元代以后特别是明清时期，通州的教育资源得到大幅提升，逐渐形成了以贡院为考试场所以及以文庙、书院、义学、私塾等为主要机构的教育体系。从非遗项目来看，通州口耳相传的文学作品、故事传说也在一定程度上反映了水脉

---

① 王铭、匡清清：《北京城市副中心文化遗产的整体特质与保护对策》，《新视野》2020年第2期。

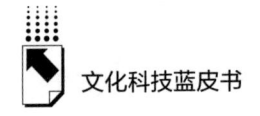

与文脉之间的紧密联系。比如，在通州有一百多篇于"大运河的传说"，尽管每个故事所用题材各不相同，但均以运河的水为背景来展开叙述，体现了通州人民的非凡智慧和创造力。

（3）大运河非物质文化遗产与物质文化遗产具有较强的联系

通州的运河文化由物质文化遗产与非物质文化遗产共同组成，两种遗产相互作用、相互补充，共同构成文化整体，并赋予通州开放包容的文化特质。通州的城镇村落、商市街区、建筑园林等与大运河相关的物质文化遗产，以及戏曲歌舞、民俗传说等与大运河相关的非物质文化遗产，都是大运河遗产本体的构成要素，[1] 两者紧密相关，需要共同保护。

在大运河文化带中，物质文化遗产与非物质文化遗产两者存在一定的呼应关系。[2] 通州佑民观与里二泗高跷会等民俗性非遗项目就是其中的典型。佑民观的牌楼正面悬挂着写有"敕赐佑民观"和"古迹里二泗"的牌匾，背面则悬挂着写有"保障漕运"的匾额，这在一定程度上反映了佑民观与漕运的密切关系。在佑民观庙会上还有精彩的非遗项目集会表演，如里二泗高跷会和里二泗小车会等都是其必备节目。可以说，佑民观、庙会以及各类非遗项目组合在一起，表现出大运河的物质与非物质两类文化遗产之间的呼应关系。

（二）非遗保护的实践探索

自从大运河申遗成功以来，国家、北京市出台了大运河保护相关规划。为贯彻落实国家和北京市的政策文件，促进非物质文化遗产的保护与传承，通州区也制定了政策规划和措施，实施了非物质文化遗产资源分类保护制度，搭建了一系列的非遗展示平台和服务平台，并取得了显著成效。

1. 制定出台相关规划

为打造大运河文化带，保护好、传承好、利用好大运河文化遗产，2019

---

[1] 俞孔坚、奚雪松：《发生学视角下的大运河遗产廊道构成》，《地理科学进展》2010年第8期。
[2] 王铭、匡清清：《北京城市副中心文化遗产的整体特质与保护对策》，《新视野》2020年第2期。

年2月,中共中央办公厅、国务院办公厅印发了《大运河文化保护传承利用规划纲要》,此规划纲要从强化文化遗产保护传承等六个方面着手,分六个章节阐述了各方面的重点工作、重点任务和重要措施。①

为加强北京大运河文化带建设,2019年12月北京市正式发布了《北京市大运河文化保护传承利用实施规划》《北京市大运河文化保护传承利用五年行动计划(2018年—2022年)》,明确了大运河文化保护传承利用的中长期目标,为北京大运河非遗保护传承利用提供了指引。②

为促进大运河(通州段)文化带建设,通州区于2020年6月发布了《通州区大运河文化带保护建设规划》《通州区大运河文化带保护建设三年行动计划(2020年—2022年)》。该建设规划基于文化、生态、旅游、开放四个层面和历史、自然、世界、未来四个维度,提出了"历史文脉""生态水脉""经济动脉""发展主脉"四大战略定位。该行动计划则对文化带保护建设规划中提出的任务进行了细化、量化、具体化和项目化。这些都为通州的文化遗产及非遗保护提供了方向指引。③

2. 实施分类保护制度

北京市通州区根据非遗代表性项目的存续状态和特性实施了分类保护制度。例如,对活态传承困难、濒临消失、具有重要历史文化价值的非遗项目,制定项目抢救计划,通过记录建档、留存实物、制作影音资料等方式,实行抢救性保护;对具有区域特色、能够活态传承的非遗项目,通过政策引导、合理利用等方式实施生产性保护和帮扶性保护。同时,对非遗代表性项目集中、特色鲜明且形式和内涵保持较为完整的特定区域,通过制定和实施专项保护规划,进行区域性整体保护等。目前已编辑出版了"北京城市副中心·通州历史文化丛书"《通州历史文化遗产精粹》"大运河文化带·通

---

① 《中共中央办公厅 国务院办公厅印发〈大运河文化保护传承利用规划纲要〉》,新华网,2019年5月9日,http://www.xinhuanet.com/politics/2019-05/09/c_1124473457.htm。
② 《〈北京市大运河文化保护传承利用五年行动计划(2018年—2022年)〉发布》,中国水网,2019年12月9日,http://www.h2o-china.com/news/299937.html。
③ 王海燕:《2025年大运河北首盛景再现》,《北京日报》2020年6月22日。

州故事丛书"。

3. 开展展示展览等文化活动

利用节假日举办丰富多彩的非遗展示展览活动。充分利用春节、清明、端午、中秋等传统节日，以项目文化内涵为核心，策划组织展演展示等一系列民俗文化特色活动。在文化遗产日、博物馆日等，举办"运河艺术节""运河文化庙会"等活动，宣传、展示非遗代表性项目和保护成果，提升公众对非遗的认知度。

开展非遗进校园系列活动。为在全社会营造保护传承非遗的良好氛围，通州区自2012年启动非遗进校园活动，多名非遗传承人走进课堂。比如，剪纸传承人先后到张家湾镇枣林庄民族小学、运河小学、官园小学传授剪纸技艺；通州大风车的传承人在西集小学开设了非遗课程，并编著了大风车乡土教学书；通州区先后组织近万名学生到"面人汤"艺术馆等非遗教育基地参观学习。

举办大运河读书系列活动。2019年6月22日，北京市通州区文旅局发起的"中国大运河成功申遗5周年——大运河阅读接力北京通州站"活动在通州区大运河森林公园漕运码头举行。内场部分设置了大运河主题讲座、大运河诗文书写等活动，外场部分在漕运码头广场配备了流动书车，提供运河主题的精品书籍。2018年，"书香通州"全民阅读联合运河沿线18座枢纽城市，开展了"大运河阅读行动计划"。[①] 2018年，通州区广泛联合社会各界力量，依托书香中国·北京阅读季活动平台和通州区图书馆等机构，举办了一系列高质量的阅读推广活动，在全区营造了浓厚的书香氛围，受到了社会各界的广泛好评。[②]

积极参与市级层面举办的大运河文化节。2020年11月7~15日，北京举办了首届大运河文化节。此届大运河文化节由市委宣传部、中国新闻社主

---

① 《大运河阅读行动走进通州》，千龙网，2019年6月24日，http://culture.qianlong.com/2019/0624/3334466.shtml。
② 《阅读美好新时代 书香浸润通州区——2018年"书香通州"全民阅读活动亮点纷呈》，"千龙网"搜狐号，2019年1月30日，https://www.sohu.com/a/292331903_161623。

办、市委网信办、市发改委、市文旅局、市文联、市广电局、市文物局、市体育局、通州区委、通州区人民政府承办，大运河北京段沿线各区宣传部和文旅局协办。文化节期间，文体融合、文艺创作、非遗展示等8大板块39项主题活动陆续开展，线上线下总参与人数达3500余万人次。其间，通州区在全市安排总体活动的基础上，安排了主题讲座、专题展览、文体融合活动、运河沿线网红打卡地、京津冀非遗绝活百姓擂台活动、2020年大运河文化创新创意设计大赛等15项丰富多彩的活动，突出运河特色、突出通州区本土特色、突出市民参与度。

通州区通过种种文化活动的开展，展现了运河历史文化的魅力，让社会公众进一步了解大运河非遗保护、传承、利用的重大价值，唤起了社会公众保护非遗的自觉意识，提高了社会公众对运河文化的认同感，增强了民族自信心。

4. 搭建相关研究和交流平台

成立大运河文化研究会。2018年6月，大运河文化研究会在通州区成立，同时设立了"如何挖掘研究大运河文化"等11项课题，这对于研究通州区的运河历史文脉，挖掘、保护和利用通州区的非物质文化遗产，推进大运河文化带建设具有重要意义。

通州区与香河县构建协同发展机制，共同推进两地的文旅协同发展。2020年12月23日，"香河县与通州区文化和旅游协同发展工作推进会"在北京市通州区召开，会议期间，两地的文旅部门签署了《香河县与通州区文化和旅游协同发展战略合作框架协议》，致力于建立两地文化旅游常态化联动合作机制、北运河旅游通航信息交流机制以及两地行业协会、文旅企业间的沟通合作机制，进而更好地利用两地的文化资源。[①]

拓展非遗的传播渠道和空间。利用京津冀文化合作平台，实施京津冀三

[①] 《香河通州联合开发大运河旅游线路 京冀共推大运河文化和旅游融合发展》，北京市人民政府网，2020年12月25日，http://www.beijing.gov.cn/ywdt/zwzt/jjjyth/bjdt/202012/t20201225_2185472.html；周禹佳、孟宪峰：《香河与通州协同推进大运河文旅融合发展》，《河北日报》2020年12月29日。

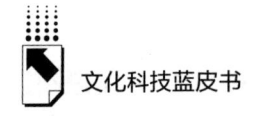

地非遗交流和联盟服务，多层次、多形式、多内容开展文化交流活动。鼓励和支持社会力量广泛参与非物质文化遗产保护。通过政府购买服务等形式，开展非遗保护以及学术交流、咨询服务、权益维护等工作，推动通州非遗保护工作向更深层次、更宽领域、更高水平发展，进而激发非物质文化遗产项目发展的内生动力。

5. 完善传承保障机制

为落实《非物质文化遗产法》，通州区将非物质文化遗产保护经费列入财政预算，每年投入90万元用于保障非遗工作的正常开展。依据《北京市非物质文化遗产保护专项资金管理办法》，每年向非遗传承人发放非遗专项资金，将区级非遗传承人每年的支持额度由3000元提高至5000元，用于开展非物质文化遗产相关工作。同时，为代表性项目和传承人提供展演展示和传习场地，支持代表性传承人和项目保护单位申请专利、注册商标、申报地理标志、登记版权等，鼓励和支持高等院校开设非遗专业或课程，建立教学、科研、传承基地，并推进产教结合、校企合作。

（三）大运河（通州段）非遗保护面临的问题

在非遗保护取得成效的同时，我们也必须清醒地看到，大运河非遗保护还面临许多困难与挑战。

1. 体制机制尚待建立和完善

大运河非遗的保护传承利用，是一项跨区域、跨部门、跨行业的系统工程，影响因素众多。从区域来看，大运河文化带横跨北京、天津、河北、山东、河南、安徽、江苏、浙江8个省（市），目前只有江苏省和浙江省出台了省级层面的法规，分别为《江苏省人民代表大会常务委员会关于促进大运河文化带建设的决定》《浙江省大运河世界文化遗产保护条例》。从政府管理部门来看，大运河非遗保护工作需要文物、文旅、水利、城建、国土、交通、环保、科技等多部门的协作配合，但目前存在管理体制不健全、沟通不顺畅的问题。从行业领域来看，大运河非遗开发利用涉及产品开发、原料采购、生产制造、销售服务等多个环节,然而受多种因素的影响,许多非遗项目仍以小作坊的方式生产,很少与金融、电商服务等领域合作。目前国家虽已出台《大运河文化保护传承利用规划纲要》,但尚未出台相关的法律法规及可操作的政策措施,难以协调各区域、各部门、各行业之间的利益。如今沿线各地的文化遗产保护基本上是切段式的各自规划、各自管理,跨区域、跨部门、跨行业的合作机制尚未建立,"河为线,城为珠,线串珠,珠带面"发展格局尚待构建。

2. 社会力量参与力度不够

当前的非遗保护工作主要依靠财政支持,很少有社会基金介入。非遗大型活动基本由政府举办,其他中小型活动也是依靠政府推动,民间自发的组织能力较弱。另外,政府对大运河的宣传力度还不够,社会力量对大运河非遗的知晓度和参与度不够,缺乏与媒体、政府、非遗传承人等各方的沟通渠道。

3. 非遗活化利用问题有待破解

随着时代的变化,许多非物质文化遗产已经脱离了现代生活,失去了原来赖以生存的社会文化环境,如运河船工号子。再说,民众的文化观念、消费理念、审美能力、鉴赏水平等也发生了很大的变化,追求多样化、个性化、时尚化、品质化成为当今的时代特点。如何通过创新发展,对大运河非遗进行利用,促使大运河非遗融入城市建设和现代生活,满足人们新的生活需求,是当前迫切需要研究的课题。

4. 非遗传承人延续压力大

非遗传承人的延续难度加大。随着科技与经济的发展,许多非物质文化遗产已经脱离了现代生活,失去了原来赖以生存的社会文化环境。像纤夫这种职业现在已经消失了,运河船工号子已经成了与现实生活脱节的活化石,它仅仅是人们了解20世纪运河文化的一种精神记忆。由于政府扶持资金有限,不能覆盖所有非遗传承人,传承人也不能依靠补贴生活,有的传承人为了谋生只能忍痛放弃非遗项目。

另外,非遗传承人的生产生活环境面临种种困境。受经济条件所限,很

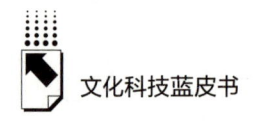

多传承人连工作室都没有，很多非遗项目招不到徒弟，甚至有些老艺人的子女都不愿意继承祖业。

5. 大运河非遗研究尚待加强

通过文献查询和调研发现，虽然政府和学界对大运河非遗做了很多收集、整理和研究工作，但大运河非遗研究还存在局限性。当前，对于什么是大运河非物质文化遗产还是众说纷纭，尚无全面的数量统计与细致深入的分析，许多政府部门或学界只是简单地将大运河沿线地区的非物质文化遗产都归为大运河非遗范畴。有关大运河的研究主要集中在大运河文化遗产和大运河文化这两个方面，虽然这些研究涵盖了非物质文化遗产，但主要是研究物质文化遗产，较少涉及非物质文化遗产，单独对大运河非遗进行研究的更是少之又少。目前对大运河非物质文化遗产的研究大都还是针对某河段的研究，缺乏对大运河沿线地区非遗协同发展的研究。

四 国内外非物质文化遗产保护的经验借鉴

本报告通过研究法国的米迪运河、加拿大的里多运河等国外大运河文化遗产保护的典型案例，以及中国大运河江苏段、浙江段等的经验做法，以期从中得到借鉴与启示。

（一）国外大运河非物质文化遗产保护的经验做法

中国大运河于2014年列入《世界遗产名录》，成为第6个直接与运河相关的世界文化遗产项目。其他5个分别是：法国的米迪运河，在1996年列入《世界遗产名录》；比利时的中央运河，1998年列入；加拿大的里多运河，2007年列入；英国的庞特基西斯特水道桥与运河，2009年列入；荷兰的阿姆斯特丹运河带，2010年列入。[①] 为了更好地保护传承和利用好中国大运河文化遗产，本报告选取米迪运河、里多运河以及庞特基西斯特水道桥与

---

① 王金铨：《世界遗产运河的保护与传承》，《新华日报》2020年9月29日。

运河作为案例，探析其在文化遗产保护、传承和利用方面的经验与做法，以期得到借鉴与启示。

1. 法国的米迪运河

米迪运河于1666年由路易十六授权，皮埃尔·保罗·德里凯设计，花费了将近15年的时间才建成，其连接地中海与大西洋。河道上有328个隧道，船闸和桥梁鳞次栉比，为世界上最为辉煌的土木工程奇迹。1996年，米迪大运河列入联合国《世界遗产名录》。为了保护和利用米迪运河的文化遗产，法国主要采取了以下措施。①

其一，重视立法保障。法国在申遗之前就有米迪运河保护的相关法律条款。在申遗成功后，又出台了如《米迪运河遗产管理手册》《米迪运河景观建设规章》等管理章程，②对运河沿岸的建筑、工程以及植被管理都做了详细说明，使米迪运河的保护、建设和利用做到有法可依、有章可循。

其二，实施分级分区管理与治理。法国采用两个保护级别对米迪运河加以管理。第一级是对运河本体的管理与治理，由法国国家航道管理局（VNF）负责；第二级是对运河景观缓冲保护区涉及的河道、水渠、景观等的管理和治理，由运河沿线各市镇分别负责。

其三，注重推进运河文化与地方文化的融合。米迪运河主要是通过设立档案研究机构、举行文化活动等形式来保护、传承、利用文化遗产。例如，人们可以在图卢兹水运管理处网站上查到与米迪运河相关的历史、文化、技术、法律等方面的电子文献，该处还设立了运河档案馆，通过预约形式向民众开放。同时，将每年的9月18日和19日设为运河节日，图卢兹市政府还会在节庆期间举行运河展览等相关活动，并邀请相关学者、历史学者参加，使公众更好地了解文化艺术、水利工程。

---

① 孙威等：《北京运河文化带保护发展的国际经验借鉴研究》，《中国名城》2018年第4期。
② 张茜：《南水北调工程影响下京杭大运河文化景观遗产保护策略研究》，博士学位论文，天津大学，2015。

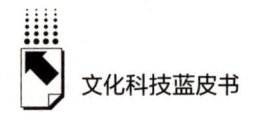

2.加拿大的里多运河

里多运河兴建于19世纪初，全长102公里，迄今从未停止使用，现在的里多运河的绝大部分设施依然保持着180年多前的风貌。加拿大的里多运河于2007年列入联合国《世界遗产名录》。加拿大在保护、利用里多运河文化遗产方面，主要采取了以下措施。

一是通过相关法律和规划促进里多运河文化遗产的保护和利用。加拿大的《历史文物法》要求每处的历史文物遗迹都要有一套管理规划，里多运河本身及其相关建筑、防御设施等也作为历史文物遗迹进行保护管理。加拿大在1996年完成了第一部里多运河管理规划，后在2005年进行了修订。这项管理规划为里多运河的保护管理提供了基本框架，强调将里多运河的保护、保存和整个遗产的展示相结合。另外，加拿大还出台了《国家历史遗址及古迹保护法案1952—53》《历史运河保护法规》等，为管理和利用运河文化遗产提供了法律依据。

二是主要采用垂直管理的方式。里多运河的所有权归加拿大联邦政府所有，主要由国家公园管理局来负责管理。国家公园管理局负责对文化遗产的统筹管理，不仅要负责制定有关里多运河保护的指导原则和实施策略，还要为里多运河相邻区的经济、旅游及工程建设提供指导意见。[①]里多运河文化遗产受到联邦计划及其规章制度的保护，对于超出其边界的土地，则由省级政府和市级政来管辖。各级政府根据其所管辖的区域负有不同的责任，共同构成里多运河的遗产保护体系。

三是采用现代科技等多种手段展示与推广里多运河文化遗产。向公众介绍和纪念运河是加拿大国家公园管理局的一项重要职责。国家公园管理局采取多种手段向公众讲述和展示文化遗产的故事、物品，如里多运河网站采用虚拟3D模型讲述运河的建造历史。另外，加拿大还注重将文化遗产与旅游结合，建立了里多遗产旅游路线协会，采取合理的旅游营销策略，促进运河

[①] 汤自军：《国外自然文化遗产产权制度比较研究——以加拿大为例》，《文史博览（理论）》2011年第5期。

文化遗产"走出去"。

四是重视民众的参与和互动。加拿大国家公园管理局一直注重在大型城市中心推广运河文化遗产，利用强大的社交媒体，加大对里多运河的宣传力度，不断扩大运河游艇及游乐场的受众群体，进而促进里多运河的传承和利用。①

3. 英国的庞特基西斯特水道桥与运河

庞特基西斯特水道桥与运河（简称"水道桥运河"），于2009年第33届世界遗产大会上列入《世界遗产名录》。该运河是跨越威尔士和英格兰两地的遗产，创建于1795～1808年，总长18公里，由庞蒂斯沃特水道桥、恰克水道桥以及马蹄瀑布三个主要节点组成。水道桥运河可谓工业革命时期土木工程技艺的典范。②为更好地保护和利用水道桥运河，英国主要采取了以下方式和措施。

其一，建立全面系统的法律法规，为水道桥运河的保护管理提供保障。对于文物古迹的法定保护，英国很早就出台了《古迹及考古区域法案（1979）》，将在册遗产列为最高的古迹保护级别，水道桥运河于1958年列入在册遗产。③另外，英国还有景观保护区、自然保护区等相关的法律法规，共同构成了对水道桥运河遗产的多维度、立体式的保护制度。

其二，重视规划管理。英国在2007年编制完成了《庞特基西斯特水道桥与运河管理规划》。④该规划共分为11章，对水道桥运河的遗产保护规划的背景、基本状况、保护意义、遗产保护面临的压力与机遇、应对措施、管理愿景与原则、行动计划、监控措施等进行明确阐述，以有效地保护和管理

---

① 敖迪、李永乐：《加拿大里多运河文化遗产保护管理体系研究及启示》，《齐齐哈尔大学学报（哲学社会科学版）》2018年第6期。
② 王元：《活态世界遗产英国运河管理规划解析——兼论对中国大运河的启示》，《城市规划》2015年第6期。
③ 王元：《活态世界遗产英国运河管理规划解析——兼论对中国大运河的启示》，《城市规划》2015年第6期。
④ 赵科科、孙文浩：《英国庞特基西斯特水道桥与运河的保护与管理》，《水利发展研究》2010年第7期。

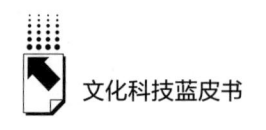

水道桥运河的文化遗产,力求平衡水道桥运河文化遗产保护与利用之间的关系。

其三,注重复合主体之间的协作管理。英国于2006年成立了水道桥运河世界遗产指导小组,其成员包括各利益相关者,并设立了常设秘书处。他们在2007年签署了一个协议,鼓励水道桥运河遗产边界及缓冲区内的其他利益相关者加入。

其四,注重引导运河沿线地区的公众参与。对水道桥运河的管理,相关管理部门注重与运河沿线地区企业、组织及居民的联络与沟通。比如在水道桥运河申遗过程中,为了更好地征求当地企业、组织、居民及游客等主体对运河遗产的保护和管理意见,特别对申遗文本以及管理规划进行了为期12周的公示。

(二)国内其他省(市)大运河非物质文化遗产保护的经验做法

1. 大运河(江苏段)

大运河(江苏段)纵贯南北790公里,从北至南纵贯徐州、宿迁、淮安、扬州、镇江、常州、无锡、苏州等8个省辖市,拥有世界遗产点22处,占全线的40%;遗产河段6处325公里,占全线的1/3。[①] 江苏是列入大运河世界文化遗产点段最多的省份,运河文化遗产品位价值高、运河文化传承利用的基础较好,为更好地保护、传承和利用好文化遗产,江苏主要推进了以下几方面的工作。

(1) 制定相关法律法规和规划

江苏省加强立法保护,于2019年11月审议通过了《江苏省人民代表大会常务委员会关于促进大运河文化带建设的决定》,对运河文化遗产的保护措施以法制制度形式给予明确规定,并自2020年1月1日起施行。另外,江苏省还制定出台了《江苏省大运河文化保护传承利用实施规划》《江苏省

[①] 吴政隆:《着力把扬州打造成为世界运河文化之都》,"乐居网"搜狐号,2019年8月23日,https://www.sohu.com/a/335908172_99986045。

大运河国家文化公园建设保护规划》，将文化旅游融合发展作为这两项规划的重要内容，并专门编制了《江苏大运河文化旅游融合发展规划》，[①] 为大运河文化遗产的保护、传承和利用提供方向。

（2）加大资金投入力度

为给大运河文化带建设提供资金保障，江苏省率先设立了大运河文化旅游发展基金，首期规模达200亿元，采用母、子基金协同联动方式支持优质项目。基金将政府主导、市场运作、多元投入和安全稳健作为基本原则，以更好地发挥政府引导和市场资源配置的作用，吸引各类社会资本广泛参与，共同推动大运河文化带江苏段建设。[②] 另外，江苏省还对大运河文化带建设专项债券进行了探索，于2020年5月12日在上交所成功发行全国首只大运河文化带建设地方政府专项债券，规模达到23.34亿元，涉及江苏省11个运河沿线市县的13个大运河文化带建设项目。[③]

（3）重视对大运河非遗的挖掘整理

江苏省十分重视对大运河非遗的挖掘整理。苏州市在非遗保护和传承方面具有丰富的经验，先后建成中国昆曲博物馆、中国苏州评弹博物馆、常熟古琴艺术馆、白茆山歌馆、河阳山歌馆、太仓江南丝竹馆、吴江丝绸馆等非遗保护基地。近年来，苏州市先后抢救、整理了40余门类的非遗资料达6000余万字，出版了数量可观的非遗研究成果，如《苏州戏曲志》《中国芦墟山歌集》《中国木版年画集成（桃花坞卷）》等。[④]

（4）促进文化和旅游融合发展，推进大运化文化遗产的传承与利用

江苏省组建了大运河文化带建设研究院，加强大运河文化基础研究，正组织编纂我国第一部运河通志——《中国运河志》。为推进大运河文化遗产的

---

① 王炜、周强：《江苏：让千年运河闪耀时代光彩》，《中国文化报》2020年11月12日。
② 吴政隆：《着力把扬州打造成为世界运河文化之都》，"乐居网"搜狐号，2019年8月23日，https://www.sohu.com/a/335908172_99986045。
③ 大运河文化带建设研究院课题组：《流动的文化遗产——大运河文化保护传承利用的江苏实践》，《光明日报》2020年6月19日。
④ 陶莉：《京杭大运河江苏段文化遗产产业化开发研究》，《洛阳理工学院学报（社会科学版）》2018年第1期。

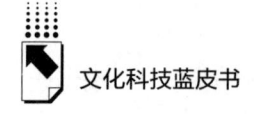

传承与利用，江苏省实施了一批文旅融合重点项目。例如，无锡市梁溪区作为首批国家全域旅游示范区，将"江南水乡地，运河遗产区"作为主打宣传口号，通过引入昆曲、古琴等活态性非遗项目以及打造运河诗歌节等大运河文旅项目，来补充和丰富旅游项目内容，进而促进文化和旅游融合发展。①

2. 大运河（浙江段）

大运河（浙江段）位于中国大运河的最南端，包括京杭大运河和浙东运河两部分，全长约327公里，共有9段河道13个遗产点，涉及20个县（市、区）。大运河（浙江段）至今仍发挥着航运、水利、行洪等功能，是仍在活化利用的省段之一。为保护、传承和利用好文化遗产，浙江省主要推进了以下几方面的工作。

（1）制定出台大运河文化遗产保护规划并立法

自2017年6月启动大运河文化带建设工作以来，浙江省先后出台了《大运河文化带（浙江）建设规划纲要》《大运河（浙江）文化带建设行动计划（2018—2022）》《浙江省大运河文化保护传承利用实施规划》等文件。② 2020年9月24日，浙江省通过了《浙江省大运河世界文化遗产保护条例》。此条例共有36条，明确了大运河世界文化遗产保护对象、基本原则、保护目标和责任主体，对大运河文化遗产的保护要求和措施做出了具体指引，鼓励展示利用大运河文化遗产和公众参与，并细化了对相关违法行为的处罚条款。

（2）重视区域之间的协作

2020年4月，嘉兴市、杭州市、湖州市三个市的文化广电旅游局与杭州运河文旅集团签订了战略合作协议，共同打造杭嘉湖一体化的大运河文旅品牌。据悉，浙江省将大运河文化带建设纳入《浙江省诗路文化带发展规

---

① 范周：《大运河文化带文化遗产保护与旅游开发利用研究》，"言之有范"百家号，2020年4月26日，https://baijiahao.baidu.com/s?id=1665045288418020771&wfr=spider&for=pc。
② 《浙江省大运河文化保护传承利用实施规划发布》，新蓝网，2020年4月15日，http://house.cztv.com/newsdetails/6277493.html；《浙江：打造运河文化和旅游示范带与"重要窗口"》，文化和旅游部网站，2020年11月10日，https://www.mct.gov.cn/whzx/qgwhxxlb/zj/202011/t20201110_901040.htm。

划》，发布了《大运河诗路建设、钱塘江诗路建设、瓯江山水诗路建设三年行动计划（2021—2023）》①，通过省级大平台推动部门联动和区域协作，进而推动运河全域的文化和旅游融合发展。

2018年5月，在杭州市拱墅区举办了中国大运河沿岸区县合作论坛。来自大运河沿岸六省二市的区县代表、20家研究机构的相关领导和专家共120余人参会，围绕大运河文化带建设发展规划研究、大运河沿岸区县运河保护与开发实践、大运河遗产的保护与利用等主题进行研讨。为了促进部门之间的协调，杭州还成立了杭州市京杭运河（杭州段）综合保护中心，该中心隶属于杭州市园林文物局，属于公益一类事业单位。

（3）开展运河课题研究，挖掘运河文化

浙江省杭州市完成"基于运河水环境改善的主次干流河网水量及污染物平衡研究""中国大运河保护与利用的杭州模式研究"，开展了"大运河（杭州段）遗产区水工遗存——驳坎保护研究""大运河杭州段打造国际旅游目的地战略研究""杭州运河漕运史""杭州运河船民"等课题研究工作。

为更好传承运河文化，深挖运河历史文化，开展运河系列丛书编纂出版工作。已完成《杭州运河文化之旅》《西湖绸伞寻踪》2册全书出版；推进"杭州全书"运河丛书编撰出版工作，编纂《运河村落的蚕丝情结》《运河食单》《杭州运河老厂》《运河文物故事》4册全书；推进《杭州运河（河道）文献集成》编纂工作，完成《运河（河道）辞典》《运河（河道）通史》编纂出版工作；推进"名人系列""老字号系列"全书编纂出版工作。

（4）采取多种形式对文化遗产进行宣传和利用

《浙江省大运河世界文化遗产保护条例》对大运河文化遗产的保护与利用措施进行了明确规定，明确提出县级以上人民政府及其有关部门开展大运河遗产保护的宣传教育；鼓励大运河遗产的利用与科技相融合，推动大运河

---

① 《浙江扎实推进大运河文旅融合发展》，"浙江省创意设计协会"网易号，2020年11月12日，https：//www.163.com/dy/article/FR8N7SFL0541BT1I.html；《浙江发布三条诗路建设三年行动计划　建设诗路文化带》，"央广网"百家号，2021年4月28日，https：//baijiahao.baidu.com/s?id=16982749288818725l5&wfr=spider&for=pc。

遗产数字化应用，并将每年6月22日所在的周确定为"浙江大运河世界文化遗产宣传周"。①

在对运河文化的宣传方面，杭州市做得比较好，具体如下。②

一是运河宣传形式系列化。以首届杭州市大运河遗产保护宣传周为主线，以"守法护河争做最美运河人"为主题，开展"12345"系列宣传活动，举办了1次"立法树德、依法综保"主题普法宣传活动，开设了运河文化和运河人文摄影2场讲座，建立了以杭州大运河世界遗产网站、志愿者队伍、党员先锋服务队为主的3大文化阵地，打造了运河大讲堂、"小小河长"、运河故事、美丽运河志愿者服务队等4大品牌，举办了宣传周启动仪式、"一带一路"国际嘉宾运河座谈会、"西湖晓蛮腰"普法问答、"江南底色·运河品迹"摄影展、观察体验水休治理、走读运河等5次以上活动。《共护我们的运河——杭州市大运河世界文化遗产保护条例动画宣传片》，获全市科普微视频创作大赛三等奖。

二是运河志愿者工作品牌化。通过打造运河党员先锋队、美丽运河志愿者、"小小河长"观察员等运河志愿者特色品牌，充分发挥党员先锋模范作用，吸纳社会公众参与大运河世界文化遗产的保护与传承。2017年共组织志愿者活动14次，志愿者参与约690人次，服务时长2000多小时。

三是运河展示方式多元化。完善自身平台建设，杭州市建设了运河综保中心宣传网站和官方微信公众号，主动构建与不断完善运河世界遗产宣传展示新阵地。借助外部平台，充分展示运河保护成果。比如，杭州市京杭运河综合保护中心，抓住第三届世界休闲博览会在杭州召开的契机，积极将桥西历史街区项目送去评审，摘得世界级大奖——"2017世界休闲组织国际创新奖"③；通过举办"行走大运河"等活动，带领全国知名网

---

① 《浙江省大运河世界文化遗产保护条例》，《浙江人大（公报版）》2020年第4期。
② 《杭州市京杭运河（杭州段）综合保护中心2017年工作总结及2018年工作思路》，杭州西湖风景名胜区管理委员会网站，2018年3月13日，http://westlake.hangzhou.gov.cn/art/2018/3/13/art_ 1229288564_ 3671889.html。
③ 《厉害了！杭州桥西历史街区获了一个世界大奖》，浙江新闻网，2017年10月25日，https://zjnews.zjol.com.cn/zjnews/hznews/201710/t20171025_ 5452132.shtml。

络媒体总编辑走访杭州段大运河，大大提升了杭州大运河的国际知名度和美誉度。

（三）借鉴与启示

从世界范围看，各国运河文化遗产的历史与现状虽然千差万别，其保护、利用、管理方式也不尽相同，但其对运河遗产保护的经验不容忽视。从国内来看，中国大运河自2014年申遗成功以来，除了国家出台《大运河文化保护传承利用规划纲要》等之外，江苏省、浙江省等省（市）纷纷出台了相关政策措施，为中国大运河非遗的保护、传承和利用做了许多有益的探索。本报告将法国、加拿大、英国等国家以及我国江苏、浙江等省（市）对运河遗产保护的成功经验总结如下。

1. 完善法律规章体系是运河文化遗产保护和发展的制度保障

无论是国外的运河还是国内的运河都非常重视相关规划的制定及相关法律的完善，使之有法可依、有章可循。从国外来看，整体性规划和直接相关的配套法律法规，是里多运河、米迪运河成功的保障。从国内来看，我国于2019年出台了《大运河文化保护传承利用规划纲要》，大运河沿线的8个省（市）都已经或正在制定相关规划。然而，目前我国还没有出台针对大运河文化遗产保护的法律法规。目前来看，只有江苏省和浙江省两省出台了针对大运河文化遗产保护的法规条例。

2. 构建多方协调合作管理机制是运河文化遗产保护的成功经验

由于各国政治制度不同，各国的文化遗产管理体制也具有差异性。从运河遗产保护的管理体制看，法国对米迪运河实施分级分区管理与治理模式，加拿大对里多运河主要采用垂直管理的方式，英国对世界级文化遗产实施国家、地方及其他相关民间组织共同保护与管理的模式，对水道桥运河遗产也是采用此种方式。总体来看，运河文化遗产空间跨度大，涉及的管理部门较多，在保护和管理运河文化遗产的过程中，需要构建多方协调合作管理机制，明确各级管理机构的责任与权力，并统筹协调利益相关者之间的关系。

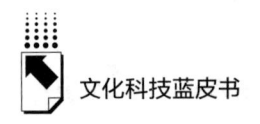

3. 发掘运河文化遗产资源，促进运河文化的传承发展

里多运河、米迪运河、水道桥运河等之所以能够得到可持续发展，是因为这些运河及其沿岸的多种文化遗产资源得到了有效整合和利用。通过建立档案、利用先进科技、促进民众参与等种方式对运河文化遗产进行保护与利用，使其运河文化得到传承发展。对于我国来说，大运河文化带的发展最终要依靠大运河文化遗产的核心资源。这些资源的种类众多、表现形式多样，包括物质的与非物质的、看得见的与看不见的、地上的与地下的、自然的与人文的、实体的与虚拟的，需要进行有效整合和发掘利用。

当前，北京、江苏、浙江等省（市）正在全力梳理挖掘大运河物质和非物质文化遗产资源。比如，北京文化和旅游局开展了"北京市大运河文化带非遗保护及文化资源统筹利用的对策研究"调研课题，该课题获得2019年全国文化和旅游系统十佳调研成果，提出了《北京市大运河非遗代表性项目清单》（42项）。清单首次提出"直接项目"和"辐射项目"，首次将未列入各级非遗代表性项目的文化资源，如燃灯塔传说、七月半放河灯、白浮泉都龙王庙会等列入清单，凸显了保护理念的更新。与以往相比，项目清单更加科学、全面，初步形成集中反映大运河历史文化风貌的非遗地图。同时，北京市文化和旅游局也专门组织编撰包括大运河在内的北京非遗文化丛书，已编辑出版了《北京市非物质文化遗产普查项目汇编》《北京市非物质文化遗产保护资源汇编》"北京市非遗丛书"《北京非物质文化遗产传承人口述史》《北京非物质文化遗产图典》。[①]

总而言之，只有全方位整合利用运河文化带资源，使其先具有总量上的优势，再提炼其文化内涵，才能具有引领和带动大运河沿线区域发展的力量。

4. 妥善处理运河文化遗产保护与利用的关系，推进大运河文化带建设

从米迪运河、里多运河、水道桥运河的成功经验可以看出，推动运河沿

---

① 北京市文化和旅游局：《北京市文化和旅游局关于北京市政协第十三届委员会第三次会议第0120号党派提案的答复意见（办理报告）》，2020年8月。

线区域发展，关键是要巧妙处理好运河与沿线地区的城市景观、居民生活、产业发展及周边生态环境的关系，使运河文化遗产的保护与利用相互促进。因此，为促进中国大运河文化带建设，需要妥善处理好大运河保护利用与其沿线地区的城市景观美化、居民生活改善、产业转型发展以及周边生态环境优化之间的关系。比如，在城市景观美化方面，可以建设一批具有运河特色文化且运河景观一致的特色城镇和美丽社区（乡村），并将其作为重要旅游景点来促进旅游产业的发展；在居民生活改善方面，可以通过吸纳沿河居民参与运河保护等方式，发挥当地居民保护传承及利用大运河非遗的作用，鼓励当地居民研发大运河与非遗相关的文化产品或提供相关文化服务，以增加当地居民的收入来源；在产业转型发展方面，加强运河文化创意产业园区建设，大力发展与运河非遗相关的文创产业和文旅产业，进而实现地区产业转型。

5. **强化宣传推广，吸引公众参与**

从国外对运河文化遗产的保护措施来看，它们都非常重视拓展社会组织、广大民众参与运河文化遗产保护的渠道。为了宣传推广运河文化，许多地区将运河的文化与旅游结合起来，通过宣传册、举办大型活动等形式吸引国内外游客。从国内来看，随着中国大运河文化价值的日渐凸显，江苏、浙江等省（市）越来越重视大运河文化遗产的宣传推广，积极谋划和布局大运河文化遗产项目，宣传大运河非物质文化遗产，着力提升大运河文化品牌。北京作为全国文化中心，需要加强大运河文化遗产的宣传推广，吸引广大公众参与，推动大运河文化与旅游融合发展，进一步提升大运河的品牌影响力。

五 促进大运河非遗保护的思路与对策

根据大运河申遗的非物质文化遗产发展要求和北京建设全国文化中心、通州城市副中心建设的实际需要，结合大运河（通州段）非物质文化遗产的保护现状和存在问题，适当借鉴国内外成功经验，提出以通州段为例促进大运河非物质文化遗产保护的总体思路和相关对策建议。

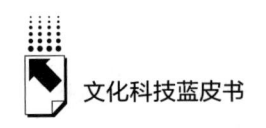

（一）总体思路

1. 强化大运河（通州段）非遗的整体性保护理念

对于大运河非遗来说，实行整体性保护是一种保护方式，更是一种基本发展理念。在大运河非遗保护过程中，需要树立整体观念并从整体上推进。对大运河非遗实施整体性保护，主要体现在以下几个方面。

第一，大运河非遗保护需要与物质文化遗产保护相结合。大运河的非遗与其物质文化遗产密不可分，相辅相成。大运河的物质文化遗产不仅为大运河非遗提供空间，甚至还是大运河非遗的重要组成部分。比如，宁波的前童抬阁便是大运河非遗与物质文化遗产相互依存的例证，前童抬阁是在年节庆典时，前童古村举办的童姓宗族参与的仪式活动，这一活动离不开前童古村这个物质文化遗产的场域。[1] 同时，前童抬阁的精湛技艺，又使前童古村得以保护和传播。因此，大运河沿线城市在非遗保护实践中，要处理好非遗与物质文化遗产之间的关系，进而促进两者相辅相成、相得益彰。

第二，大运河非遗保护需要与生态环境保护相结合。在保护传承非遗时，需要考虑对相关环境的保护。有些非遗不能脱离环境而存在，它需要依托特定的情境，运河船工号子就反映了这一点。因此，在大运河非遗保护过程中，需要以整体性原则为指引，除对该项目本身进行保护之外，必须对其赖以生存的生态环境加以关注和保护。比如，当前即便是对于船工号子这样已失去其原有生态环境的非遗项目，也要通过科技等手段，尽量反映其特定的文化生态环境。

第三，大运河非遗保护需要整合和协调各方面的利益诉求。大运河非遗保护是一项系统工程，不仅需要行政部门的强力领导，还需要学界、商界等社会各界的大力支持，尤其需要广大民众的积极参与。然而，在大运河非遗保护的具体操作过程中，参与保护的各个组织、群体或个人，都有自身的利

---

[1] 韩成艳：《非物质文化遗产保护的"整体性"理念与实践：基于宁波案例的讨论》，《西北民族研究》2016年第3期。

益，如果参与者之间的利益出现严重失衡，则不仅不能对大运河非遗进行有效的保护，而且可能会对这一文化遗产造成毁灭性的破坏。因此，在大运河非遗保护过程中，需要充分认识保护工程的整体性和复杂性，合理协调各方的利益诉求，统筹考虑非遗保护与传承过程中涉及的个人利益与公众利益、社会利益与经济利益、短期利益与长期利益，进而促使非物质文化遗产可持续发展。

第四，大运河非遗保护需要注重统筹利用多方面的资源。随着国家对大运河非遗保护项目的推进，各级政府的文化及相关部门对大运河非遗的保护也进入了实质性阶段，搭建了多种文化遗产保护和传播平台，逐渐形成了博物馆保护、生产性保护、校园传承、文化生态保护区保护等多形态的保护模式。各级政府在大运河非遗保护规划和设计过程中，一定要统筹利用博物馆、学校、文化生态保护区等多方面的资源，并通过加强博物馆、文化馆等公共文化设施建设，促进大运河非遗的保护与传承。

2. 处理好大运河非遗保护、传承与利用之间的关系

在大运河非遗保护过程中，各级政府要有大局意识、创新意识，遵循"保护为主，抢救第一，合理利用，传承开发"的方针，将保护、传承与利用有效结合，以保护传承为主，并进行适当的开发利用。

以大运河非遗的保护传承促进其开发利用。大运河非遗具有"活态、传承、流变"等特征，只有对大运河非遗不断进行活化利用，才能使其得到有效保护。这就需要与时俱进，为大运河非遗保护营造一个适当宽松的环境，允许在进行形式小于内容的变化的基础上，进行适度的取与舍，促使非遗适应经济社会发展的步伐，以便更好地保留和传承非遗深邃的精神内涵。也只有这样，才能最大化发挥大运河非遗的社会效益和经济效益。

以大运河非遗的开发利用促进其保护传承。大运河非遗之所以能够得以保护传承，在某种程度上是因为它还具有现实价值。这就需要遵循大运河非遗活态流变的规律对其进行动态保护，不能像保护文物、遗址等物质文化遗产那样去"原貌保护"。但是，这并不意味着大运河非遗为了生存就可以脱离其本质特征，否则具有运河特色的非遗就会慢慢失去本真面目。因此，在

大运河非遗的开发利用过程中，需要遵循其发展规律并保持其本质特征，不能为了片面追求经济效益就主观臆造或者随意增减内容。

对于大运河非遗，要切实处理好保护、传承与利用之间的关系。既要在保护传承大运河非遗的过程中促进其开发利用，又要在开发利用大运河非遗的过程中促进其保护传承，进而使大运河非遗的保护、传承、利用有机结合，互动发展。

3. 以创新体制机制促进大运河非遗的保护和利用

大运河非遗既蕴藏着丰富的历史文化价值，又具有经济、社会等价值。为实现这些多维价值的最大化，进一步放大运河的世界遗产效应，需要创新体制机制，进而推动非遗保护与利用的互动合作，促进保护与开发有机结合，增进合作各方的利益。对于大运河非遗传承人，政府和相关部门应当加大支持力度，为其积极创造条件，让非遗传承人自觉加强传承利用非遗资源的相关知识学习和技能培训，增强创新意识和能力。为推动大运河非遗的保护与利用，加强相关的载体平台建设，如在运河沿线地区设立非遗项目的展示区、表演区及产品交易区，将大运河非遗融入旅游产业，打造一批具有运河特色文化的精品旅游线路，并通过网络、广播电视等现代媒体，促使更多的大运河非遗资源及其产品信息进入广大公众的视野。

（二）对策建议

大运河非物质文化遗产是运河沿线地区民众智慧的结晶，反映沿线地区民众的生产生活方式，呈现了运河沿线地区民众的历史民俗、自然地理、精彩瞬间。习近平总书记提出，"大运河是祖先留给我们的宝贵遗产，是流动的文化，要统筹保护好、传承好、利用好"[①]。大运河（通州段）是中国大运河的重要节点。为更好地促进大运河（通州段）乃至整个大运河非遗的保护、传承和利用，针对当前面临的困难与挑战，本报告提出以下建议。

---

① 《文化和自然遗产日｜关于文化传承与遗产保护，习近平总书记这样说》，"中国城市规划网"搜狐号，2018年6月9日，https://www.sohu.com/a/234879001_656518。

1. 提高站位，建立"跨界型"体制机制

第一，加强顶层设计，完善相关法律政策。在落实《北京市大运河文化保护传承利用实施规划》基础上，进一步健全体制机制。对于北京而言，需要在国家的相关法律框架下，制定针对大运河保护的地方性法规及相关政策，突出大运河非物质文化遗产的重要性，并明确大运河非遗项目的保护责任主体，实现责、权、利的统一。对通州来说，要按照城市副中心的建设标准，发挥通州作为大运河重点节点的优势作用，落实落细《北京市大运河文化保护传承利用实施规划》和《北京市非物质文化遗产条例》等政策文件，大力推进《通州区大运河文化带保护建设规划》《通州区大运河文化带保护建设三年行动计划（2020年—2022年)》的实施，促进大运河文化遗产的保护、传承与利用，讲好通州故事、传播好通州声音、展现通州风貌，让大家通过非遗项目或作品深化对大运河的认识、增进对城市副中心的了解，加深对通州的认识和理解，为推动大运河文化带建设、建设北京城市副中心做出新的更大的贡献。

第二，积极构建大运河非物质文化遗产保护传承的区域联动机制。对北京而言，要发挥北京全国文化中心的作用，立足于大运河非遗保护"一盘棋"的大局，通过制定《大运河非物质文化遗产保护传承利用行动方案》及签署相关倡议书等形式，加强与沿线各地的交流、协作和联动，构建大运河非遗资源共建共享平台，将原先各自为政、分段保护开发的模式转变为区域联动、整体开发、互促共赢的新模式，联手打造和提升大运河非遗品牌的知名度和吸引力。对通州而言，要发挥好大运河重点节点和北京城市副中心的作用，加强与香河等大运河沿线县市的连接，建立大运河非遗资源共建共享机制，共同研发大运河文化旅游创意产品，联手打造大运河节庆活动及旅游路线。

第三，组建大运河非物质文化遗产合作发展联盟。鼓励通州区联合运河沿线的各区县、行业协会、社会组织等建立跨地区、跨部门、跨行业的合作组织，每年举办大运河非遗保护论坛、大运河非遗项目展等活动，介绍先进经验、非遗项目，表彰先进人物，实现优势互补、相互借鉴。发挥北京的全国文化中心作用和在国际友好城市中的纽带作用，鼓励北京大运河非物质文

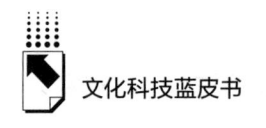

化遗产"走出去",在更高层次、更大范围、更广领域参与对外交流与合作,提升北京大运河非遗的国际国内影响力。

2. 发挥政府主导作用,引导社会力量参与

第一,加大财政投入力度,为大运河非遗保护传承提供经费保障。加强规划引导,完善落实各项财政支持大运河北京段文化保护利用的政策措施,积极统筹市级资金,持续加大市级资金投入力度,引导区级财政加大投入力度,建立健全投入稳定增长机制和保障机制。加大对大运河非遗类项目的资助力度,支持开展大运河非遗项目研究,鼓励围绕大运河文化带建设策划开展活动,资助内容包括品牌演艺活动项目、艺术推广普及项目、对外文化交流项目。

第二,制定政策,吸引社会资金参与非遗项目。在加大财政资金投入力度的同时,制定相关鼓励支持政策,通过组建非遗保护基金、税费优惠等措施吸引更多社会资金投入大运河非遗的保护传承和利用。比如,出台《北京市社会力量参与非物质文化遗产管理办法》,明确社会力量参与非遗项目的总体要求、参与范围以及支持引导措施和监督管理规范等,从而有效地吸引社会资金支持大运河非遗事业的发展。

第三,开展大运河非遗进校园、进社区、进乡村、进企业以及进新闻频道,进一步拓展大运河传播渠道。拓展大运河非遗进校园范围,完善非物质文化遗产传承人参与院校教学工作机制,鼓励高校、科研院所建立大运河非遗传承基地;继续推进多种形式的大运河非遗进社区、进乡村活动,加强美丽社区、美丽乡村建设中的大运河非遗保护传承工作;鼓励企业组织大运河非遗会展和影视创作,如拍摄大运河非遗项目的专题片等;支持社会力量深化大运河非遗保护传承工作的经验交流,树立典型,提升大运河非遗保护和利用水平;充分利用网络、电视、广播、报刊等媒体,普及和传播大运河非遗相关知识,提升大众对大运河非遗的认知度、参与度,增强大运河非遗的传播力和生命力。

3. 传承与创新相结合,促进大运河非遗的活化利用

第一,加强大运河非遗的传承创新,使之融入现代生活。在传承非遗文

化与精神的同时，抓住非遗项目中最关键的技艺和最核心的价值，进行适度创新，创作符合当前社会流行趋势的非遗作品，促进其活化利用。创新的目的是使传统文化恢复活力。通过设计新颖、时尚感十足的作品，为非遗注入时尚元素，如为花丝镶嵌制作技艺注入时尚元素，将运河船工号子、运河龙灯打造成歌剧、舞台剧等，让大众体验非遗的魅力和活力。

第二，加强与科技的融合，促进大运河非遗的传承利用。全面提高大运河非物质文化遗产的数字化、信息化水平。一是开发非遗数字化数据库，满足广泛传播大运河非遗项目的需求，形成大运河非遗数据信息采集体系。二是建立大运河非遗的数据传递标准，保护大运河非遗的基本特征和文化基因。三是促进科技成果向大运河非遗领域转化应用，利用互联网、物联网、大数据、数字技术、云计算、人工智能、新材料、VR/AR技术等现代科技手段，提高大运河非遗的保护水平，推进大运河非遗资源的综合利用。四是推进大运河（通州段）应用场景建设，强化大运河非遗与物质文化遗产有效结合，加强历史文化数字传承，做好绿色生态监测保护，提升大运河风景旅游体验，将大运河（通州段）打造成璀璨文化带、绿色生态带、缤纷旅游带。

第三，加强从大运河文化中挖掘非遗，促进文化旅游产业链形成。强化大运河非遗与物质文化遗产的结合，注重从大运河的物质文化遗产中梳理挖掘非物质文化遗产，汲取传统文化元素，讲好运河故事，促进大运河文化旅游产业链的形成。据悉，通州将要以大运河森林公园、运河公园、"三庙一塔"景区为核心区，深度挖掘运河文化的影响力与创造力，打造大运河文化旅游品牌。可以此为契机，在文化旅游开发中保护与传承大运河非遗，在大运河非遗的保护与传承下带动特色旅游业的发展，进而促进其互动发展、相得益彰。

4. 培源固本，丰富完善传承人培养体系

第一，加大对非遗传承人的支持力度。根据大运河非遗项目的传承发展特点进行分类支持，对于没有商业化价值的非遗项目加大资金资助力度；对于当前还有商业化价值的非遗项目通过搭建平台的形式给予支持，助推其产品商业化和品牌打造。加强非遗传承基地、非遗众创空间等的建设，为传承人提供更好的工作条件，引进重点非遗项目，便于非遗传承发展。

第二，加强对非遗传承人的培训，提升非遗传承人的文化素养。有计划地组织各类非遗传承人进行培训，开阔传承人的眼界，提高传承人的专业水平及文化素养。

第三，强化人才队伍建设。建议相关职业学校及高校调整教学内容，完善专业设置，如在职业艺术学校开展相关非遗培训班，加强非遗文化人才、设计人才、技术人才、管理人才等相关人才的培养。

5.加强理论研究，助力大运河非遗提质升级

第一，加强文化和科技融合理论与实践研究，提升大运河非遗保护、传承与利用能力。一是厘清大运河非遗的内涵与外延，重视智库专家和高校非遗研究基地作用的发挥，继续深入开展非遗名录项目保护、濒危项目抢救、传承人群素养提升等实践迫切需要的理论研究。二是加强大运河非遗与科技融合研究，在注重大运河非遗的精神价值研究和故事底蕴挖掘的同时，开展大运河非遗数字化保护等相关研究，将大运河文化带建设等列为北京市社会科学基金项目支持对象，探寻大运河非遗的发展规律，增强大运河非遗保护、传承和利用的科学性、有效性。

第二，搭建学术交流平台，提升大运河非遗研究水平。支持专家学者、社会组织、企业等成立大运河非物质文化遗产研究会，创建大运河非遗相关理论与实践论坛，举办各类别和主题的研讨活动，加强与高等院校、科研机构协作，整合有关大运河非遗的理论研究力量，鼓励从事大运河非遗保护传承工作的人员总结实践经验，深化理论研讨，撰写有针对性的理论文章。

第三，坚持以问题为导向，以创新发展为理念，分门类分层次开展重点课题调查和重点研究。以科研项目为支撑，以成果应用为拓展，以人才培养为重点，强化非遗保护单位与高校、科研机构的合作，推出一批具有前瞻性、权威性、应用性的优秀非物质文化遗产科研成果，并建立相应的实践基地，促进研究成果有效转化。鼓励各区继续推进本区、北京市乃至我国有关运河非遗书籍的编纂出版。支持街道、乡镇以普查成果为基础，开展大运河

沿线地区非遗资料的收集、整理等工作。

6.加强载体平台建设，营造大运河非遗保护传承良好环境

第一，加快大运河非遗展示馆等基础设施建设，积极为大运河非遗的保护传承营造空间平台。文化遗产的保护与传承需要以具体的空间为平台，非物质文化遗产也不例外。要加快建设大运河非遗展示中心，展示北京乃至大运河沿线地区的非遗，并设立非遗创意讲堂、书店、体验展示馆等，促进大运河文化遗产衍生品和文创产品发展。

第二，用好已有的平台资源，促进大运河非物质文化遗产的保护、传承与利用。充分利用现有的博物馆、大运河森林公园、公共图书馆等设施和场所，推进"大运河非遗展""大运河阅读""大运河进文化礼堂"等活动，展示非物质文化遗产，促进非遗的保护和传播。

第三，搭建公众参与非遗保护的平台。继续推出"大运河文化节""运河艺术节""运河文化庙会"等系列活动，促进大运河非遗与群众及市场的对接；进一步培育具有大运河特色的传统表演艺术精品项目和民俗节庆活动，大力展示大运河的民俗风情，吸引更多国内外的民众参与，让广大群众成为非遗保护、传承和传播的主体，全面提升大运河文化的创造力、传播力、影响力。

附 录
Appendix

B.6
2020年北京地区文化科技融合发展大事记

杨丽 江光华*

1月

1月8日 北京市国有文化资产管理中心、北京市人民政府新闻办公室召开新闻发布会，发布并解读《北京市文化产业高质量发展三年行动计划（2020—2022年）》有关内容。《北京市文化产业高质量发展三年行动计划（2020—2022年）》提出，通过3年努力，着力实现创作生产精品化、文化创意品牌化、新兴业态多元化、市场体系现代化，初步形成首都文化产业高质量发展体系。该行动计划分为引言、重点任务、保障机制、重点项目等四部分，提出充分发挥首都科技、旅游、体育等产

---

* 杨丽，北京市科学技术研究院创新发展战略研究所助理研究员；江光华，博士，北京市科学技术研究院创新发展战略研究所副研究员，主要研究方向为文化科技融合、文化产业、科技政策。

业资源优势，加快推动文化与相关领域融合发展，重点发展"文化+"新业态、新产品、新模式。

2月

2月7日 北京市广播电视局印发《关于应对新型冠状病毒感染的肺炎疫情支持网络视听企业保经营稳发展的若干措施》。推出"线上提交备案审核材料""优化网络视听平台备案制服务"等八项举措，支持网络视听节目服务机构和广播电视节目制作经营机构保经营、稳发展。

2月19日 北京市文化改革和发展领导小组印发《关于应对新冠肺炎疫情影响促进文化企业健康发展的若干措施》。提出培育产业发展全新动能，推进文化科技融合发展，支持5G、AI、4K/8K超高清、大数据、区块链等关键技术攻关，重点扶持开发一批5G、AI、8K超高清、智慧广电、智慧文旅、"互联网+中华文明"等应用场景建设项目。

3月

3月10日 北京市文化和旅游局印发《关于应对新冠肺炎疫情影响促进旅游业健康发展的若干措施》，将"鼓励景区推出在线旅游产品和电子文创产品"作为其中的一条重要工作措施。明确提出，鼓励有条件的旅游企业、文化场所、旅游景区发展在线旅游，打造在线宣传推广平台，通过图片、视频、VR、360度全息影像等方式，打造在线旅游产品，推出精品文化旅游课堂。发展在线旅游文创产品电商业务，鼓励全市的旅游企业和旅游景区开发高品质旅游文创产品，将其纳入"北京礼物"年度支持重点，并依托北京旅游网向社会进行宣传推介。

4月

4月5~6日 故宫博物院联合新华社、抖音、中信出版集团等，在抖音共同开启2020年故宫的首次直播活动。"云游故宫"直播吸引了超过966万名网友一起跟随抖音直播镜头"漫步"故宫，感受历史的温度。2020年，正值紫禁城建成600周年，此次故宫"云端旅游"的推出，是其旅游场景营销的一次创新尝试。

4月9日 中共北京市委印发《关于新时代繁荣兴盛首都文化的意见》。该意见由八个部分构成，提出新时代繁荣兴盛首都文化的基本思路和主要举措。该意见指出要繁荣蓬勃兴起的创新文化，培育首都文化发展的核心动能；汇聚文化创新的强大力量；实施"文化+"融合发展战略，推动文化与科技、旅游、体育、金融等深度融合发展；布局基于大数据、区块链、人工智能等技术的全媒体建设，加强数字内容供给。

4月9日 北京市推进全国文化中心建设领导小组发布《北京市推进全国文化中心建设中长期规划（2019年—2035年）》。该规划提出，要以首善标准做好首都文化这篇大文章，以更开阔的视角不断挖掘历史文化内涵，扩大保护对象，构建四个层次、两大重点区域、三条文化带、九个方面的历史文化名城保护体系。该规划还强调了推进"文化+"融合发展，加强高端文化装备和技术自主研发，发展文化科技融合新业态，以及强化科技对智慧型文化新业态的支撑功能。

4月26日 第26届北京电视节目交易会（2020·春季）正式拉开帷幕。2020年春交会以"云端推介，推动电视剧平稳提质"为主题，首创线上办会，充分利用互联网技术和思维，以云端发布的形式，创新办会，通过新平台新技术，实现全流程"线上办""掌中办"。2020年春交会参展项目共1185个。其中电视剧755部，网络剧84部，电影19部，纪录片、电视栏目59部，动画片52部，网络文学作品216部。

5月

5月1~10日 北京市海淀区启动"五一"消费促进月活动。以线上线下相融合的方式，通过发展直播带货、网红消费、定制消费、体验消费等消费新业态、新热点进一步助商惠民。

5月13日 北京八达岭长城景区举办"云游长城"直播活动。此次活动由北京市延庆区八达岭特区办事处、北京动漫游戏产业协会、北京文化艺术活动中心、北京快手科技有限公司等联合举办，活动主要展现八达岭长城景区的优美景色、良好秩序、外交文化以及介绍八达岭长城索道、展示长城礼物、直播文化商业街区等内容。

5月13日 2020年北京市朝阳区推进全国文化中心建设领导小组会召开。会议审议通过了《朝阳区大运河文化保护传承利用规划》，文字通报了《关于加快国家文化产业创新实验区核心区高质量发展的若干措施》。

5月19日 "逛京城、游京郊——2020年'中国旅游日'北京市文化和旅游局线上云游北京活动"成功举办。为巩固来之不易的新冠肺炎疫情防控成果，北京市文化和旅游局创新活动举办方式，利用网络手段，突出"逛京城、游京郊"的主题和文旅融合，选择了部分景区景点，借助抖音、今日头条等新媒体和16区融媒体以及平面媒体，以"线上发布＋景区云游"的形式，打破时间和空间的限制，带领市民"云上"游北京，更全面、更深入、更直观地感受京城文化和京郊之美。

6月

6月9日 中共北京市委、市政府印发《关于加快培育壮大新业态新模式促进北京经济高质量发展的若干意见》。围绕新基建、新场景、新消费、新开放、新服务出台若干政策措施，系统推进新业态新模式发展，促进经济高质量发展。该意见提出，抓住算力、数据、普惠AI等数字经济关键生产要素，力争到2022年底基本建成网络基础稳固、数据智能融合、产业生态完善、平台创新活跃、应用智慧丰富、安全可信可控的新型基础设施；制定鼓励发展商业品牌首店政策措施；拓展社群营销、直播卖货、云逛街等消费新模式，引导企业建设末端配送服务体系；扩大文化旅游消费，实施"漫步北京""畅游京郊"行动计划和"点亮北京"夜间文化旅游消费计划，支持线上体育健康活动和线上演出发展等。

6月12日 北京市朝阳区人民法院召开新闻通报会，发布《北京市朝阳区人民法院文化产业知识产权审判白皮书》及文化产业知识产权审判十大典型案例。朝阳区人民法院调研发现，互联网等数字新兴技术的发展推动了文化产业兴盛，同时也对著作权法适用提出了挑战，由新技术发展引发的著作权权属、侵权纠纷逐年增多。

6月21日 《通州区大运河文化带保护建设规划》《通州区大运河文化带保护建设三年行动计划（2020年—2022年）》正式发布。该建设规划提出了"历史文脉""生态水脉""经济动脉""发展主脉"四大战略定位，明确了四个阶段的中长期目标，提出了"一河、三区、多点"的发展格局。该行动计划以规划为依据，对规划任务进行了细化、量化、具体化和项目化，2020~2022年将分步骤、分阶段推进落实。

7月

7月1日 中共北京市委宣传部、北京市文化和旅游局、北京市财政局联合印发《北京市非物质文化、遗产传承发展工程实施方案》，提出了进一步加强北京市非物质文化遗产保护工作的指导思想、基本原则、总体目标、重点任务及保障措施等。

7月13日 根据《北京市级文化产业园区认定管理办法（试行）》，中共北京市委宣传部组织开展了2020年度北京市级文化产业园区认定评审工作，形成了100家"2020年度北京市级文化产业园区"拟认定名单，其中市级文化产业示范园区10家、市级文化产业示范园区（提名）10家、市级文化产业园区80家。

7月24日 "歌华传媒杯·2020北京文化创意大赛"启动仪式在北京延庆世园公园举行。大赛以"奋进新时代 创意赢未来"为主题，于7~9月举办，大赛期间举办了北京文化产业发展大会、北京文创之旅、北京文创市集等特色活动。

8月

8月12日 2020年"京·彩"北京文化网络传播活动正式启动。此次活动由北京市委网信办主办，涵盖主题音乐、Vlog、网络游戏等关注度高、传播效果好的网络文化活动形态，以满足各年龄段网民体验、乐享、品读、游戏等文化需求。

8月22~29日 第十届北京国际电影节在北京举办。电影节共举办了10场主题论坛、4场大师班分享、16节精彩课堂及精彩创投活动，首次集体以"云上"形式呈现，打破观众线下触达壁垒，实现专业内容与观众的零距离。

8月23日 "十年奋进·梦圆初心"——北京国际电影节十周年特展启动式暨《北京国际电影节蓝皮书》首发式在中国电影博物馆举办。北京市委常委、宣传部部长杜飞进与中国传媒大学校长廖祥忠共同揭幕《北京国际电影节蓝皮书》。本次展览以时间发展为脉络，从影人、影奖、影片、影话、影业、影节、影事七大视角，通过沉浸式场景展示、线上线下同步主题展览等形式，全面展现北京国际电影节的多年发展历程与辉煌成就。

8月29日 在国家版权局指导下，中国版权协会文字版权工作委员会在北京成立。成立仪式上，文字版权工委和阅文集团共同发起，联合人民教育出版社、人民文学出版社、腾讯、百度、搜狗等多家版权单位发出"阅时代文字版权保护在行动"联合倡议，呼吁保护原创，尊重版权，让数字内容产业保持生机活力。

9月

9月4~9日 中国国际服务贸易交易会正式开幕，国家主席习近平在全球服务贸易峰会上致辞。服贸会以"全球服务，互惠共享"为主题，在

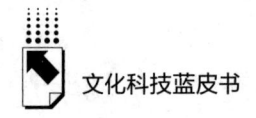

国家会议中心、奥林匹克园区景观大道及周边搭建展馆举办，采用线上线下相结合的方式，设置了7类活动：重要活动、高峰论坛、行业大会和专业论坛、洽谈边会活动、展览展示、成果发布、配套活动等。

9月4～9日 第十五届中国北京国际文化产业博览会在北京国家会议中心举办。本届文博会由中华人民共和国文化和旅游部、国家广播电视总局、国家新闻出版署、北京市人民政府主办。博览会采取线上线下融合举办的方式，借助互联网，可线上参观云展览、观看云演出，让观众足不出户领略北京文旅产业发展的最新成果。云展会为广大参展商提供了丰富的云展台服务功能，并通过云洽谈、云直播、云会议等功能，帮助参展单位加强与客户的沟通与了解。

9月4日 第四届中国"网络文学+"大会在北京海淀开幕。本届大会以"网映时代，文谱华章"为主题，着力展现网络文学助力全面建成小康社会、实现打赢脱贫攻坚战目标的积极贡献，积极引导更多网络文学作家致力于讲述中国故事、谱写时代美好篇章的精品化创作。

9月6日 2020年北京文化产业发展大会在北京国家会议中心举行。中共北京市委常委、宣传部部长杜飞进出席论坛。作为2020年北京文化创意大赛的重要组成部分，2020年北京文化产业发展大会旨在通过对文化创意产业发展的思考和讨论，分析文化创意产业面临的新挑战，深入探索新时期文化创意产业创新发展的新路径，为北京市文化创意产业发展和全国文化中心建设贡献智慧力量。

9月7日 国务院发布《关于深化北京市新一轮服务业扩大开放综合试点建设国家服务业扩大开放综合示范区工作方案的批复》，原则同意《深化北京市新一轮服务业扩大开放综合试点建设国家服务业扩大开放综合示范区工作方案》。该方案提出，对标国际先进贸易投资规则，聚焦科技服务、数字经济和数字贸易、金融服务、商贸文旅、教育服务、健康医疗等9个重点行业领域，结合重点园区示范发展、制度创新、要素供给，提出了4方面26条开放创新举措。该方案还提出，促进以通州文化旅游区等为龙头，打造新型文体旅游融合发展示范区；立足国家对外文化贸易基地（北京），聚焦文化传媒、视听、游戏和动漫版权、创意设计等高端产业发展，开展优化审批流程等方面的试点；支持在中国（怀柔）影视基地建设国际影视摄制服务中心，为境内外合拍影视项目提供服务便利。

9月8日 第七届北京市文化融合发展项目合作推介会在北京举办。本次活动由北京市国有文化资产管理中心、工业和信息化部工业文化发展中心等单位联合主办。此次推介会以"文化融合创新发展"为主题，通过有效整合首都文化、科技、旅游、教育、体育、金融、商务等多方面资源，大力推动文化与相关产业深度融合，进一步创新发展模式，实现文化产业的高质量发展。推介会发布了北京市《关于加快国家文化产业创新实验区核心区高质量发展的若干措施》。

9月8~9日 中国广电媒体融合发展大会在北京举办。本次大会是贯彻落实习近平总书记关于推动媒体融合发展、做大做强主流舆论重要论述，贯彻落实中央关于加快推进媒体深度融合发展的指导意见精神的具体实践。大会由国家广播电视总局、北京市人民政府指导，中共北京市委宣传部、北京市广播电视局主办，大会主题为"共融·共生·共美好"。

9月8日 北京市广播电视局正式发布"5G＋视听创新应用"十大场景。北京市广播电视局结合5G高速率、低时延、广连接的技术特征，贯通广播电视和网络视听，贯通内容生产和科技创新，聚焦"5G＋超高清视频应用"，论证评选了"5G＋8K超高清云转播"、"5G＋视听内容云生产"、5G广播应用、"5G＋视听云服务"、"5G＋云游戏"、"5G＋云直播"、"5G＋超高清内容展示"、"5G＋视频监控"、"5G＋全息投影"、"5G＋分布式智慧监管"十大创新应用场景，支持在京视听机构和科研单位加大投入、加快进度，着力打造视听创新应用场景，促进"北京新视听"高质量发展。

9月17日 第二十三届中国北京国际科技产业博览会在北京开幕。首都文化科技融合发展成果展也于17日在中国国际展览中心（老馆）一号馆开展。首都文化科技融合发展成果展作为科博会的重要板块，旨在通过搭建信息交流、产品展示和项目合作的平台，展示首都文化企业科技创新成果、高新技术和各类文化融合产品，推动文化与科技融合成果市场化、产业化。

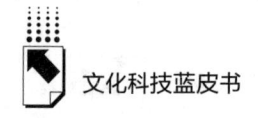

9月17日　中华人民共和国文化和旅游部印发《在线旅游经营服务管理暂行规定》，将于2020年10月1日起正式施行。该规定从运营、监督检查以及法律责任三个方面明确对平台经营者及平台内经营者的在线旅游经营活动的总体要求。

9月17~18日　由联合国教科文组织、中华人民共和国教育部、北京市人民政府、中国联合国教科文组织全国委员会共同主办的第三届联合国教科文组织创意城市北京峰会在北京召开。联合国教科文组织总干事奥德蕾·阿祖莱、北京市市长陈吉宁、教育部副部长郑富芝、芬兰赫尔辛基市市长简·瓦基亚沃里为开幕式致辞。北京市副市长张建东出席开幕式并讲话，北京市科委主任许强主持开幕式。

9月21日~10月7日　2020年北京国际设计周在北京举行。本届设计周以"民生之维"为主题，关注设计在全面建成小康社会中能够发挥的作用，引导创意设计与城市建设、文化发展、科技创新、精准扶贫、生活美学深度融合。

9月23~26日　北京设计博览会在国家农业展览馆举行。博览会构建了文化聚能、IP浪潮、智汇创享、青年力量、特邀平行展五个板块的主题内容。受疫情影响，展览依照线上化、分散化、户外化思路开展，参展商130余家，参展作品近3000件，多板块、多元化的风格与优质作品吸引了大量观众。

9月23日　"云享文化　京彩生活"系列活动推介会举办，标志着第八届北京惠民文化消费季在北京全面展开。9~12月，惠民文化消费季统筹线上线下两个市场，共举办347项活动，内容包括读好书、享影音、看展演、观赛事、玩科技、赏艺术、购文创等十大板块，为首都市民提供多种消费选择。

9月24日　"创者无界"2020年北京·温泉文化科技艺术节3.0拉开帷幕。本次文化科技艺术节包含互动潮趴场、DIY工作坊、时空隧道、网红美食坊、科创市集和文创市集六大体验板块，吸引了近百家科创文创企业踊跃报名参加。

9月25日 2020年北京国际设计周设计之夜暨专业赛事单元颁奖典礼在北京隆福文化中心举行。设计之夜旨在为中外著名设计师、设计机构搭建聚会、交流、沟通、洽商的平台。

9月25~27日 BIGC 2020北京国际游戏创新大会在北京举办。此次大会由中共北京市委宣传部、中共北京市海淀区委员会、中国音像与数字出版协会指导,北京海淀中关村科学城电子竞技产业协会、北京时度效文化传播有限公司共同主办。大会以"科技·创新·未来"为主题,从内容创新、应用创新、制作人等角度进行全方位、深层次、立体化交流。在大会"IP跨界融合营销产业创新分论坛"上,北京数字文化产业IP平台正式成立。IP平台由北京市精品游戏研发基地联合中国文物交流中心、北京市文物局、国家图书馆国图创新、北京国际设计周、北京中创文旅集团等多家单位联合构建,以进一步发挥产业集聚优势,打造完整的游戏研发生态体系,推动数字文化产业高质量发展。

9月26日 中共中央办公厅、国务院办公厅印发《关于加快推进媒体深度融合发展的意见》,该意见从重要意义、目标任务、工作原则三个方面明确了媒体深度融合发展的总体要求,要求深刻认识全媒体时代推进这项工作的重要性紧迫性,坚持正能量是总要求、管得住是硬道理、用得好是真本事,坚持正确方向,坚持一体发展,坚持移动优先,坚持科学布局,坚持改革创新,推动传统媒体和新兴媒体在体制机制、政策措施、流程管理、人才技术等方面加快融合步伐,尽快建成一批具有强大影响力和竞争力的新型主流媒体,逐步构建"网上网下一体、内宣外宣联动"的主流舆论格局,建立以内容建设为根本、先进技术为支撑、创新管理为保障的全媒体传播体系。

9月26日 由国家文物局指导、腾讯联合10余家文博单位推出的"互联网+中华文明"数字体验展在首都博物馆开幕。展览以"文物的时空漫游"为主题,以数字化结合创意互动形式,讲述近百件国宝级文物的"前世今生"。

9月27日 北京市东城区发布《贯彻落实"崇文争先"理念 进一步

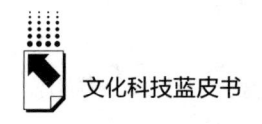

加强"文化东城"建设的实施意见（2020年—2025年）》，提出将实施文化引领工程、实施文化传承工程、实施文化服务工程、实施文化创新工程以及实施文化传播工程。

10月

10月9日 首届北京国际音乐产业高质量发展促进大会在北京音乐产业园正式开幕。大会主题为"音乐点亮城市、创意美好生活"，共设置论坛、演出、展示、盛典四大活动板块。

10月21日 "2020北京文化创意大赛文博创意设计赛区北京中轴线文化内涵挖掘与创作主题"大赛决赛在北京举行。大赛由北京市文物局、北京市文化投资发展集团有限责任公司主办。

10月22日 2020年第二届北京国际公益广告大会创意征集大赛终审会在京举行。北京市广播电视局、北京市市场监管局相关人员，高校权威学者、资深创意大咖、行业一线专家、企业品牌代表等十位评委共聚终审现场，对入围终审的作品进行评审，最终评选出获得创意征集大赛年度类、创作类的特等、一等、二等、三等、优秀等奖项的公益广告佳品。

11月

11月1日 由中国科学技术协会和北京市人民政府共同主办，国家电影局指导的"2020中国科幻大会"在北京石景山区首钢园开幕。本次大会的主题为"科学梦想 创造未来"。大会采取线上线下相结合方式进行，促进科幻电影发展联系机制成员单位、北京市有关部门、石景山区委区政府以及部分地方科协负责同志，科技工作者、科幻业界代表、影视界人士和科幻爱好者等300余人出席开幕会，10余位来自美国、英国、日本等国家的科学家、科幻作家、科幻业界知名人士与全球科幻机构和组织代表通过线上方式参会。

11月2日 在"2020中国科幻大会"期间,北京市科学技术委员会主办的"科幻产业集聚发展"专题论坛在首钢园举办。论坛邀请了科幻创作者和从业者,以及来自高校院所等科研机构和科技企业的专家,围绕科幻产业链、创新链和IP转化,共同探讨促进科幻产业发展的关键问题,梳理科技创新支撑科幻产业发展的路径。

11月6日 "2020数字艺术与数字内容赋能数字贸易发展合作论坛"在国家对外文化贸易基地(北京)拉开帷幕。论坛以"引导文化艺术创新、营造中国数字生活"为主题,通过主旨演讲、项目推介、案例分享、项目签约等形式,探讨数字文化领域的发展趋势,研究数字文化产业发展模式,挖掘数字文化新消费需求。

11月7日 以"行走运河,赋能小康"为主题的"2020北京大运河文化节"在北京国际财富中心开幕。此次文化节由中共北京市委宣传部、中国新闻社主办。文化节期间,主办方推出了文艺创作、公众参与、文体融合、非遗活动、专题展览、云端展示、学术讲座及延展活动等39项主题活动,其中的云端展示活动,包括云端征集、云赏直播、云河视频、云上畅行、云享档案等,带领公众"云端"感受大运河遗产的文化韵味。文化节期间举办了首届大运河非遗论坛,探索遗产保护与传承的新方式。

11月9日 国家广播电视总局印发《广播电视技术迭代实施方案(2020—2022年)》,明确提出利用3年左右的时间,通过实施广播电视技术迭代,加快重塑广电媒体新生态,加速重构现代传播新格局,提升广播电视媒体的传播力、引导力、影响力和公信力,更好地满足人民群众对美好生活的向往。

11月19日 第23届北京香港经济合作研讨洽谈会京港文化产业合作专题活动在北京文化创意产业展示中心成功举办。活动以"文化科技深度融合助推文化贸易高质量发展"为主题,来自京港两地的学界、业界嘉宾共同探讨通过整合两地产业要素,把握数字化、智能化、融合化发展机遇,推动文化科技深度融合,促进文化贸易在更高水平高质量发展等议题。

11月19日 首届中国(北京)国际视听大会在北京展览馆盛大开幕。

此次大会由国家广播电视总局、北京市人民政府指导，北京市广播电视局主办，以"视听改变生活，文化引领未来"为主题，将云端与线下形式有机融合，设置线上云展览平台，支持数千种产品在线展示，搭建视听产业馆电商平台；线下展览由11个专业展区构成，吸引了200家参展企业，展览面积达2万平方米，全景展示国内外视听领域产业链上下游发展与创新现状。

11月20日 第六届"世界电视日"中国电视大会在北京国际饭店会议中心开幕，本届大会以"视界触手可及"为主题，来自国家广电总局各司局、各省广电局、全国广播电视播出机构、行业领军企业、科研院所等的国内外业界代表近500人参加大会。

11月24日 北京市国有文化资产管理中心与中国传媒大学文化产业管理学院联合发布《北京文化产业发展白皮书（2020）》，盘点了2019年北京文化产业发展的基本现状、重要数据、重大事件、政策措施。

11月26日 文化和旅游部发布《关于推动数字文化产业高质量发展的意见》，明确了推动数字文化产业高质量发展的方向、思路和路径。该意见明确了数字文化产业发展目标：到2025年，培育20家社会效益和经济效益突出、创新能力强、具有国际影响力的领军企业，各具特色、活力强劲的中小微企业持续涌现，打造5个具有区域影响力、引领数字文化产业发展的产业集群，建设200个具有示范带动作用的数字文化产业项目。

11月26日 国家广播电视总局印发《关于加快推进广播电视媒体深度融合发展的意见》的通知。该通知指出，力争用1~2年时间，新型传播平台和全媒体人才队伍建设取得明显进展，主流舆论引导能力、精品内容生产和传播能力、信息和服务聚合能力、先进技术引领能力、创新创造活力大幅提升。用2~3年时间，在重点领域和关键环节的改革创新取得实质突破。

12月

12月8日 文化和旅游部网站公布了国家级文化产业示范园区创建名

单，北京电子控股有限责任公司所属798艺术区是北京市唯一一家入选单位。

12月9日 "2020中国设计红星奖"颁奖活动在北京国际财富中心举行，共有来自国内外5000余家单位超过7000件产（作）品参评。经评审，共有400余件产（作）品获奖，其中金奖11项、银奖15项，并评出了最佳团队奖1项、最佳新人奖1项、原创奖优秀设计师奖1项、未来之星奖3项。

12月17日 由北京市海淀区委宣传部主办，海淀区文化创意产业协会承办的第五届中关村文化产业新领军者评选活动举办。领军人才、创新人才的选拔标准以"创意、创新、融合"为导向，以文化产业人才胜任力模型为依据，从学识经历、产业引领、管理能力、创新能力、内驱动力、社会责任六个维度进行评价，最终评选出"中关村文化产业十大领军人物"和"中关村文化产业十大创新人物"。

12月18日 "创意点亮通惠河"大运河文化遗产创意设计大赛评审会在北京设计之都大厦举办。11个参赛设计团队围绕通惠河沿线与运河有关的文化遗产，分享了平面创意设计、文创产品及包装设计产品。活动旨在以大运河文化遗产创意设计为载体，加强各类历史文化资源的保护和利用，全方位彰显历史文化魅力。

12月21日 中国5G非遗文创直播基地在北京红桥市场启动。该基地利用5G宽带技术，以非遗文创、珍珠文化为主题开展直播业务，借助网红带货、视频营销等新手段为文创产业发展注入活力和动力。北京红桥市场首届"红桥年·微庙会"同时启动。

12月23日 北京市怀柔区举办中国影都发展建设座谈交流会。与会的政企领导、专家学者、影视从业者，围绕高标准规划建设中国影都、打造文化与科技融合发展示范基地主题建言献策，为绘制中国影都"十四五"壮丽新篇章贡献智慧和力量。

12月23日 北京市通州区与河北省香河县文化和旅游协同发展工作推进会在北京市通州区举行。两地文化和旅游部门签署了《香河县与通州区文化和旅游协同发展战略合作框架协议》，并同时启动两地协同举办的2021年文化旅游系列活动。根据协议，两地将建立文化和旅游常态化联动合作机制，实现两地文化和旅游信息互通，每半年召开一次联席会议，共同研究解决协同发展重要事项。

12月24日 北京市东城区人民政府、北京市科学技术委员会发布《关于进一步加强文化与科技融合发展的实施意见（2020—2022年）》。该意见提出了近3年东城区重点实施的四项文化科技融合任务，发布首批26个重点项目。

12月25日 以"数智引领，创新未来"为主题的北京城市副中心设计小镇创新中心开园仪式在张家湾设计小镇创新中心举行。活动首次公开发布了《北京城市副中心促进张家湾设计小镇产业发展暂行办法》。

12月26日 2020北京文化创意大赛文博创意设计赛区总决赛在中国农业博物馆启动。该活动由北京市文物局与北京市文促中心共同主办，以"文物·创意·生活"为主题。来自文博衍生品、中轴线文化、新北京节日礼服、二十四节气、中国古代益智玩具等五大主题赛道的50个优质文博文创项目，通过现场路演与远程视频路演相结合的形式同台竞技。

12月28日 北京经济技术开发区管理委员会印发《北京经济技术开发区视听产业政策》及《北京经济技术开发区游戏产业政策》。这是北京经济技术开发区首次在文化产业领域出台的专项政策，旨在进一步推进北京经济开发区视听产业及游戏产业高质量发展和产业品牌建设，打造北京高新视听产业发展集群，为首都科文融合产业发展注入新活力、新动能。

12月29日 中国共产党北京市第十二届委员会第十六次全体会议召开。全会强调，2021年做好首都文化这篇大文章，保护传承优秀历史文化，全力推进《北京中轴线申遗保护三年行动计划》，丰富高品质公共文化服务供给，深化文化与科技、金融、旅游等业态融合等。

12月29日 由北京市文化创意产业促进中心组织开展的"2020中国文创新品牌榜'文创100'暨文化产业隐形冠军企业遴选活动上榜发布仪式"在北京举办。此次文创新品牌榜评选采用大众评审、综合评审和专家评审相结合的方式，评选出"文创100"入围奖名单、文创之星等奖项。其中，北京文创市集、国图创新、中读App、晚峰斗拱积木等11家品牌斩获文创之星奖项。

12月30日 中国文化产业协会联合北京蓝色智慧中心发布国家文化产业创新实验区指数（2020）。实验区指数是国内首个反映区域文化产业带发展情况的综合指数，是文创实验区创新发展的晴雨表和风向标，引领全国文化产业发展新风向。实验区指数显示，文化创新驱动指数大幅攀升，一批文化科技融合类企业在文创实验区争相涌现。

12月31日 中国（北京）自由贸易试验区高端产业片区大兴组团（国家服务业扩大开放综合示范区大兴区域）工作领导小组办公室印发《大兴区"两区"建设工作方案》，提出强化国家新媒体产业基地的支撑作用。

Abstract

This book upgrades the regional cultural and sci-tech integration evaluation index framework (version 1.0) which was established in the *Annual Report on Beijing's Culture and Technology Integrated Development* (*2019 - 2020*), proposes a version 2.0 of the original index framework, and implements calculation and evaluation on the city's cultural and sci-tech integral development index from 2014 to 2018 based on the new framework. The result shows a continual consolidation of the foundation for cultural and sci-tech integration in Beijing; the quantity and quality of integral production have been steadily increasing; the socioeconomic environment for integral development is consistently optimized; inputs in integration stays balanced for the most part. Through a comparative analysis of six provinces and cities (Beijing, Tianjin, Shanghai, Zhejiang, Sichuan, Guangdong), it is considered that Beijing shows an overall outstanding advantage in its degree of cultural and sci-tech integration. At the same time, there is still room for improvement in areas such as the adaptability and application of advanced technologies among cultural enterprises, as well as the foundation and environment for cultural and sci-tech integration.

The spread of COVID-19 pandemic in 2020 has significantly hindered the development of cultural industries such as theaters, exhibitions and performances. But at the same time, online cultural and digital tourism and other industries prospered during the crisis. New industries such as "cloud exhibition-viewing" and "cloud traveling" kept flourishing, with new cultural formats exemplified by "Internet +" sailing against the wind. Meanwhile, some cultural and sci-tech corporates seized this rare opportunity in history. Led by creativity, spirited by culture, and supported by science and technology, these corporates, by applying

Abstract

new technologies, adjusting production structure and optimizing industrial distribution, have grown into the paradigms and exemplars in the field of cultural and sci-tech integration both in China and globally. With a robust underpinning by digital technologies, new topics such as cultural big data, digital contents, media integration, intelligent tourism and digital museums have garnered attention in the cultural industry. Since the year of 2020, the municipal government of Beijing has proposed several noteworthy policies to encourage cultural and sci-tech integration. Technological advances have brought about steady expansion and structural optimization in the cultural industry, further incubating new formats and products. Many new scenarios and models have emerged especially in the key cultural industry fields.

As the new "14th five-year plan" period approaches us, Beijing needs to further build itself into a district of the utmost prosperousness and a city of creativity, by giving an additional boost to the integration of cultural and sci-tech integration as well as to the high-quality development of cultural industries. There are four strategies to achieve the goals. Firstly, reinforce top-level cultural strategizing and policy making, base the foundation on content creating, monitor the correct orientation of public opinions, accelerate and promote vertical integration of multiple elements and development of new formats. Secondly, take advantage of the timely opportunity of "digital economy", reinforce mutual application and joined creativity of latest digital information technologies such as bid data, cloud computation, blockchain, Internet of Things, 5G technology, and AI in cultural industries. Thirdly, comprehensively explore historical and cultural resources, create intellectual properties that correspond to the local culture of Beijing with tools enabled by modern information technology, introduce digital cultural products and brands that are legible, visible and perceptible, and speak to the local attributes of Beijing. Last but not least, grasp the moment to expedite the informatization, intellectualization, networking, socialization and interactivation of cultural and service industries, innovate and upgrade the consumption and service models of digital cultural products.

Keywords: Cultural and Sci-Tech Integration; Cultural Industry; Cultural Heritage Protection; Cultural Tourism; Creative Design; Beijing

Contents

I General Report

B.1 General Report on Beijing's Culture and Technology

Integrated Development (2020 -2021)

Jiang Guanghua, Jiang Nianyun and Yi Tong / 001

Abstract: Given the ongoing development of science and technologies, strengthening the integration between culture and sci-tech has become a vital means to foster cultural industries in many countries and regions. For Beijing, one of the important ways to achieve high-quality development and expedite the construction of "four centers" is to push for a thorough integration between culture, science and technology. The major cultural industries in Beijing are showing promising prospects including but not limited to: digital technology vitalizes local cultural tourism; scientific elements embellish the construction of Beijing the "capital of design"; science and technology facilitate Beijing to build distinctive all-media highland. However, in order to effectively keep science and technology in advancement so as to support high-quality development of Beijing's cultural industries, pertinent policies still await implementation; the creative ability of cultural corporates needs to be enhanced; resource integration and branding can be improved; a solution to turn the crisis of COVID-19 pandemic into an opportunity is yet to be found. During the "14th five-year plan" period, Beijing still needs to strengthen the design of its top-level structure, optimize its environment for policy making, enhance effective streamlining of cultural production and technological innovation. The municipal mission is to bring forth a branding for culture and sci-tech integration, as well as to assist the founding of a national center of culture and a global center of scientific and technological innovation.

Keywords: Cultural and Sci-tech Integration; Cultural Industry; Digital Technology; Beijing

Ⅱ Evaluation

B.2 Evaluation Report on Beijing's Culture and Technology Integrated Development (2021)

Zhang Guohui, Wang Haifeng and Yi Tong / 037

Abstract: Based on the research result delivered last year, this report makes partial modifications and upgrades to the Beijing regional cultural and sci-tech integration evaluation index framework, while alsooffers evaluation on the 2014 - 2018 Beijing regional development of cultural and sci-tech integration through four dimensions (integration foundation, integration input, integration output and integration environment) with eight second-class indicators and 22 third-class indicators. The report shows that the Beijing cultural and sci-tech integration development index has risen to 148.6, with an 15.1% increase from last year and a 5.2% surge at growth rate. Looking at respective sections, three indexes of integration foundation, integration input and integration environment show increases to different degrees, but the integration input index in 2018 display a decline comparing to the previous year. Based on the simplified Beijing cultural and sci-tech integration horizontal evaluation index system, we evaluated the integration of Beijing, Shanghai, Guangdong, Zhejiang, Tianjin and Sichuan in 2018. Beijing leads the list with an index of 75.6, followed by Guangdong 61.4, Zhejiang 59.0, Shanghai 56.7, and Sichuan and Tianjin in the fifth and sixth places at a large gap with the top four. Our analysis demonstrates that, although

Beijing holds an overall advantage, it still has great potential for development. For instance, the city shall stress the importance of optimizing cultural and high-tech production line, honing its ability to convert technological outcomes into cultural fields, and therefore continuously improving the foundation and environment for integral development of culture, science and technology.

Keywords: Cultural and Sci-tech Integration; Evaluation Index System; Development Index; Horizontal Comparison

Ⅲ Industry

B.3 Report on Scientific and Technological Innovation and Development of the Cultural Industry in Beijing (2020 -2021)

Research Group of Domestic and Foreign Tracking Study on the Development of Scientific and Technological Innovation in Cultural Industry / 080

Abstract: This report offers a summary on the characteristics and trends in the integral development of culture and sci-tech by focusing on a few major industries such as cultural tourism, creative design, cultural exposition and immaterial cultural heritage, media integration and so on. The analysis points out that the cultural tourism industry in Beijing is undergoing transformation into an innovative progress and showing characteristics like technological empowerment, intelligent platforms, experiential economy, digitalization, etc. The integral development of "culture + technology + tourism" is promoted at a rapid rate. The competitiveness in creative design constantly escalates while deepens its integral development with real economy. Trends such as the daily utilization of design and the application of interdisciplinary integration, artificial intelligent and big data become prominent. The scale and level of creative design in Beijing are impressively elevating. Development in the fields of cultural exposition and immaterial cultural heritage is growing thanks to the leading role which the government plays during the progress. The level of precise management is increased, and the "Beijing sample" that represents immaterial cultural heritage preservation and cultural integration is gradually expanding its cases. Media integration is reaching down vertically as central and regional media presses set up cross-platform matrix and receive systematized, sectionalized and interconnected progression. Beijing insists on a unified development, catalyzing qualitative changes in media integration, and engaging deeply with a "Beijing Path" and "Beijing Plan".

Keywords: Cultural and Sci-tech Integration; Cultural Tourism; Creative Design; Cultural Exposition and Immaterial Cultural Heritage; Media Integration

Ⅳ Case

B.4 Report of Typical Cases of Beijing's Culture and Sci-tech Integrated Development

Research Group of Domestic and Foreign Tracking
Study on the Development of Scientific and
Technological Innovation in Cultural Industry / 137

Abstract: In this report, 24 representative cases in Beijing are selected in key cultural fields such as cultural tourism, creative design, cultural exposition and immaterial cultural heritage, and media integration to analyze the development of scientific and technological innovation in cultural industry. In the field of cultural tourism, enterprises help cultural tourism grow vigorously through immersive experience, boost innovation in cultural tourism scenes through digital technology, and empower the transformation and upgrading of touristic sites through technological support. In the field of creative design, enterprises overturn the industrial ecology by applying intelligent design, develop new modes of cultural and sports entertainment through digital technology, and innovate cultural and artistic experience through virtual reality. In the field of cultural exposition and immaterial cultural heritage, enterprises use digital technology to improve the promotion of Chinese culture, support the construction of virtual museums with new technologies, and activate the popularization and experience of immaterial cultural heritage with digital technology. In the field of cultural communication, media integration and communicational innovation have been achieved by integral development of national media, platform construction ofprovincial media and press center construction of municipal media.

Keywords: Cultural and Sci-tech Integration; Cultural Tourism; Creative Design; Media Integration; Cultural Exposition and Immaterial Cultural Heritage

V Special Topic

B.5 Report on the Preservation and Inheritance of Beijing's Immaterial Cultural Heritage

—*Take the Grand Canal of China (Beijing Tongzhou Section) as an Example*

Jiang Guanghua, Yi Tong / 180

Abstract: This report examines the current status and problems in the preservation of immaterial cultural heritage in Tongzhou section of the Grand Canal. It proposes ideas and countermeasures for the preservation and utilization of immaterial cultural heritage in Tongzhou section of the Grand Canal on the basis of the experience learned from cases ofcanal cultural heritage preservation both in China and abroad: adopting an overlooking perspective and establishing an interdisciplinary institutional mechanism; playing the leading role of the government and gathering the participation of social forces; combine inheritance and innovation, promoting the revitalization and utilization of the Grand Canal immaterial cultural heritage; fostering the source and strengthening the root, enriching and improving the training system of inheritors; honing theoretical research to help upgrade the quality of the Grand Canal immaterial cultural heritage; boosting the construction of carrier platforms to create a suitable environment for the preservation and inheritance of the Grand Canal.

Keywords: Grand Canal of China; Immaterial Cultural Heritage; Beijing; Tongzhou

Ⅵ Appendix

B.6 2020 Chronicles of Beijing's Culture and Technology Integrated Development　　*Yang Li, Jiang Guanghua* / 224

社会科学文献出版社

皮 书

智库报告的主要形式
同一主题智库报告的聚合

❖ 皮书定义 ❖

皮书是对中国与世界发展状况和热点问题进行年度监测，以专业的角度、专家的视野和实证研究方法，针对某一领域或区域现状与发展态势展开分析和预测，具备前沿性、原创性、实证性、连续性、时效性等特点的公开出版物，由一系列权威研究报告组成。

❖ 皮书作者 ❖

皮书系列报告作者以国内外一流研究机构、知名高校等重点智库的研究人员为主，多为相关领域一流专家学者，他们的观点代表了当下学界对中国与世界的现实和未来最高水平的解读与分析。截至2021年，皮书研创机构有近千家，报告作者累计超过7万人。

❖ 皮书荣誉 ❖

皮书系列已成为社会科学文献出版社的著名图书品牌和中国社会科学院的知名学术品牌。2016年皮书系列正式列入"十三五"国家重点出版规划项目；2013~2021年，重点皮书列入中国社会科学院承担的国家哲学社会科学创新工程项目。

权威报告·一手数据·特色资源

皮书数据库
ANNUAL REPORT(YEARBOOK) DATABASE

分析解读当下中国发展变迁的高端智库平台

所获荣誉

- 2019年，入围国家新闻出版署数字出版精品遴选推荐计划项目
- 2016年，入选"'十三五'国家重点电子出版物出版规划骨干工程"
- 2015年，荣获"搜索中国正能量 点赞2015""创新中国科技创新奖"
- 2013年，荣获"中国出版政府奖·网络出版物奖"提名奖
- 连续多年荣获中国数字出版博览会"数字出版·优秀品牌"奖

成为会员

通过网址www.pishu.com.cn访问皮书数据库网站或下载皮书数据库APP，进行手机号码验证或邮箱验证即可成为皮书数据库会员。

会员福利

- 已注册用户购书后可免费获赠100元皮书数据库充值卡。刮开充值卡涂层获取充值密码，登录并进入"会员中心"—"在线充值"—"充值卡充值"，充值成功即可购买和查看数据库内容。
- 会员福利最终解释权归社会科学文献出版社所有。

数据库服务热线：400-008-6695
数据库服务QQ：2475522410
数据库服务邮箱：database@ssap.cn
图书销售热线：010-59367070/7028
图书服务QQ：1265056568
图书服务邮箱：duzhe@ssap.cn

社会科学文献出版社 皮书系列
卡号：561487546334
密码：

S 基本子库
SUB DATABASE

中国社会发展数据库（下设 12 个子库）

整合国内外中国社会发展研究成果，汇聚独家统计数据、深度分析报告，涉及社会、人口、政治、教育、法律等 12 个领域，为了解中国社会发展动态、跟踪社会核心热点、分析社会发展趋势提供一站式资源搜索和数据服务。

中国经济发展数据库（下设 12 个子库）

围绕国内外中国经济发展主题研究报告、学术资讯、基础数据等资料构建，内容涵盖宏观经济、农业经济、工业经济、产业经济等 12 个重点经济领域，为实时掌控经济运行态势、把握经济发展规律、洞察经济形势、进行经济决策提供参考和依据。

中国行业发展数据库（下设 17 个子库）

以中国国民经济行业分类为依据，覆盖金融业、旅游、医疗卫生、交通运输、能源矿产等 100 多个行业，跟踪分析国民经济相关行业市场运行状况和政策导向，汇集行业发展前沿资讯，为投资、从业及各种经济决策提供理论基础和实践指导。

中国区域发展数据库（下设 6 个子库）

对中国特定区域内的经济、社会、文化等领域现状与发展情况进行深度分析和预测，研究层级至县及县以下行政区，涉及省份、区域经济体、城市、农村等不同维度，为地方经济社会宏观态势研究、发展经验研究、案例分析提供数据服务。

中国文化传媒数据库（下设 18 个子库）

汇聚文化传媒领域专家观点、热点资讯，梳理国内外中国文化发展相关学术研究成果、一手统计数据，涵盖文化产业、新闻传播、电影娱乐、文学艺术、群众文化等 18 个重点研究领域。为文化传媒研究提供相关数据、研究报告和综合分析服务。

世界经济与国际关系数据库（下设 6 个子库）

立足"皮书系列"世界经济、国际关系相关学术资源，整合世界经济、国际政治、世界文化与科技、全球性问题、国际组织与国际法、区域研究 6 大领域研究成果，为世界经济与国际关系研究提供全方位数据分析，为决策和形势研判提供参考。

法律声明

"皮书系列"（含蓝皮书、绿皮书、黄皮书）之品牌由社会科学文献出版社最早使用并持续至今，现已被中国图书市场所熟知。"皮书系列"的相关商标已在中华人民共和国国家工商行政管理总局商标局注册，如LOGO（ ）、皮书、Pishu、经济蓝皮书、社会蓝皮书等。"皮书系列"图书的注册商标专用权及封面设计、版式设计的著作权均为社会科学文献出版社所有。未经社会科学文献出版社书面授权许可，任何使用与"皮书系列"图书注册商标、封面设计、版式设计相同或者近似的文字、图形或其组合的行为均系侵权行为。

经作者授权，本书的专有出版权及信息网络传播权等为社会科学文献出版社享有。未经社会科学文献出版社书面授权许可，任何就本书内容的复制、发行或以数字形式进行网络传播的行为均系侵权行为。

社会科学文献出版社将通过法律途径追究上述侵权行为的法律责任，维护自身合法权益。

欢迎社会各界人士对侵犯社会科学文献出版社上述权利的侵权行为进行举报。电话：010-59367121，电子邮箱：fawubu@ssap.cn。

社会科学文献出版社